大夏书系·语文之道

站在未来教语文

语文价值的追问与重构

林秋雁 / 林虹 / 李燕玲 等 著

华东师范大学出版社
全国百佳图书出版单位
·上海·

图书在版编目（CIP）数据

站在未来教语文：语文价值的追问与重构 / 林秋雁等著 . —上海：华东师范大学出版社，2022
ISBN 978-7-5760-2775-4

Ⅰ.①站… Ⅱ.①林… Ⅲ.①中学语文课—教学研究—文集 Ⅳ.① G633.302-53

中国版本图书馆 CIP 数据核字（2022）第 053395 号

大夏书系·语文之道

站在未来教语文——语文价值的追问与重构

著　　者　林秋雁　林虹　李燕玲　等
策划编辑　朱永通
责任编辑　万丽丽
责任校对　杨　坤
封面设计　奇文云海·设计顾问

出版发行　华东师范大学出版社
社　　址　上海市中山北路 3663 号　　邮编　200062
网　　址　www.ecnupress.com.cn
电　　话　021-60821666　　行政传真　021-62572105
客服电话　021-62865537
邮购电话　021-62869887　　地址　上海市中山北路 3663 号华东师范大学校内先锋路口
网　　店　http://hdsdcbs.tmall.com/

印 刷 者　北京密兴印刷有限公司
开　　本　700×1000　16 开
插　　页　1
印　　张　19.5
字　　数　279 千字
版　　次　2022 年 5 月第一版
印　　次　2024 年 3 月第二次
印　　数　6 101-7 100
书　　号　ISBN 978-7-5760-2775-4
定　　价　65.00 元

出 版 人　王　焰

（如发现本版图书有印订质量问题，请寄回本社市场部调换或电话 021-62865537 联系）

目 录

前 言 001

追问篇 语文学科为什么需要价值重构

第一章 时代呼唤学科教学变革 003
第一节 社会发展与教育变革 003
第二节 时代选择"人"的教育 008
第三节 学科育人的基本向度 019

第二章 语文学科的价值重构 031
第一节 百年语文的回顾与思考 031
第二节 语文学科的时代认知 039
第三节 素养本位的价值指向 046

重构篇 —— 怎么走出一条自己的语文之路

第三章　语文教学的内容价值和过程价值　063
第一节　对内容价值和过程价值的理解　063
第二节　内容价值与过程价值的合一　078
第三节　价值实现的三个转向　089

第四章　多维育人的课堂融合　106
第一节　多维融合的思维原点　106
第二节　课堂融合的教师因素　114
第三节　课堂融合的准则策略　121

第五章　理性分析与情感体验　137
第一节　对理性分析与情感体验的理解　137
第二节　情感体验的意义和实施策略　146
第三节　理性分析与情感体验的相互作用　157

第六章　单元教学与综合实践　170
第一节　单元教学撬动课堂转型　170
第二节　综合实践培养关键能力　184
第三节　综合实践在单元教学中的运用　199

第七章　课堂评价与教学改进　212
第一节　课堂教学评价的基本维度　212
第二节　课堂教学评价量表的设计和应用　219
第三节　课堂教学评价促进教学改进　234

成长篇 — 前行 在问题与使命中

第八章 教师成长：寻找自我的美丽倒影
——海沧区名师工作室的实践与探索 255
第一节 应对挑战：学科育人对语文教师的新要求 255

第二节 团队修炼：工作室运行策略与实践 269

第三节 共同愿景：工作着是美丽的 284

后 记 295

前言

本书是厦门市海沧区孙宗良中学语文名师工作室全体成员研讨与探究的思想成果。自2016年工作室成立以来，工作室全体同仁抱着对于语文教学的热情与激情，围绕初始设定的系列专题，整整四年，阅读、写作、实践、研究，终于形成这样一个初步的成果。这期间探索的艰辛，创造的艰难，坚持的不易，是难以言表的。但老师们那种执着与投入，那种反思与扬弃，那种对自我和实践的超越，确实令人感佩。因此，这与其说是一本书，不如说是一段痛苦而有意义的语文跋涉，一段艰难而不乏美丽的成长历程。

本书着眼语文学科的本质属性与时代使命，探究其今天变革与发展的根本趋势，紧扣语文教学实践，始终将理性思考与实践探究融为一体，试图实现对语文学科与语文教学的整体观照，在把握学科的历史走向与时代脉搏的基础上，来回答今天我们到底应该站在什么样的立场和基点上来认识并导引自己的语文教学，走出一条自己的语文之路。对于一群身处一线的语文教师来说，完成这么一个宏大的建构，不免有好高骛远之嫌。但我们认为，在今天的时代浪潮与社会变革的大背景下，学科教学正面临革命性的变革，一线的语文教师也必须走出经验的窠臼，走出片段式感悟的碎片思维，不停留于局部的"技"的层面的深入，而必须站在更高的层面，开阔更宏大的视野，在全景认知（包括横向的空间广度与纵向的时间深度）中来研究语文，把握语文的本质属性与学科的价值重构要求。如此，才能引领自己的教学实践，让自己真正成为优秀的语文教师。工作室的四年跋涉正是建立在这样一个思考的基础上，在完成自己关于语文教学整体理解与建构的基础上，形成"道"的体悟，进而推进自己的整体成长。

当然，工作室的特征决定了这一跋涉不是纯粹的学理研究，不是试图建立一套高高在上的、俯瞰着语文教学实践的、完整的、抽象的关于语文课程的理性大厦，这不是我们这个团队所能胜任的。它是指向语文教师发展的，是基于教学实践的，只是完成今天一个优秀的语文教师应有的对学科的深刻认识，试图回答一个问题："今天，我们要站在哪里教语文？"因此，本书在某种意义上是写给工作室成员自己看的，因为写书的过程就是全体成员不断学习、不断思维、不断碰撞、不断建构，也是不断成长的过程，因而本书也就有了其独特的价值。之所以把它呈现出来，当然是希望与广大一线的语文教师分享。

本书整体上建立在这样几个逻辑构架的基础上：

首先，如何认识当今语文学科实际上也是所有学科面临的挑战与革命性变革，这是认识语文学科价值重构的背景与必然性。为此，本书建立起这样一个逻辑链：

（1）教育最根本的功能之一是培养适应社会需求、能够满足社会发展与进步要求的人。

（2）当今社会的飞速发展对人提出了新的要求，要求人具有良好的人格修养、现代意识、全球视野、高阶思维、创新能力、团队精神等，当然包括正确的价值取向、家国情怀等。

（3）教育必须顺应时代与社会的呼唤，即培养全面发展的完整的人，今天国家提出的"立德树人""五育并举"正是体现了这一教育价值观的根本改变。

（4）学科教学是教育的主要领域与基本内涵，教育价值观的变革必然要求学科价值相应变化而实现价值重构，从知识教学走向人的发展的教学，这是这些年重视并大力倡导"学科育人"的背景所在，也是"学生主体""学习经历""合作对话""思维品质"等概念与相应理念提出的缘由。我们这些年从"双基教育"的强调，到"三维目标"的倡导，再到"核心素养"的提出，也正是基于这样一种学科教学价值观的改变。

（5）语文学科同样要顺应这样的变革浪潮，在语文中关注人的完整成长，所以从语文知识技能的一元价值走向语文"三维目标""核心素养"的多维价值，我们不能停留在"字词句篇、语修逻文"这一价值层面上，而要走向学生知识成长、能力成长、精神成长等的有机融合。

这是本书前两章所建构的一个逻辑链。这一逻辑链要证明的，一是当今的语文教学变革是一个社会发展大趋势下的产物，因而它是不可逆的，我们必须理解、把握并顺应这样的趋势；二是变革的核心是学科价值观的变革，因而实现价值重构就成为语文改革的核心任务，这也是今天讨论所有语文问题的基本点与出发点；三是从新课程标准的改革倡导以来乃至今后相当一个时期的语文课堂教学改革，都是站在这个基点上的思考与探索。这也就回答了"站在哪里教语文"第一个层面的思考，必须站在时代与社会发展的角度，站在语文学科在这一发展中所处的位置与所要实现的价值的角度来教。实际上，就是要进一步探讨：语文教学如何走向"未来"？我们如何建构起自己的"未来"视角？站在"未来"教语文，这也是本书书名的由来。

其次，价值重构只是一个起点。语文学科价值的实现不能只停留在语文教科书中，而是要转移到学生身上。或者说，只有学生真正获得了，学科价值才得以实现。因此，我们既要认识价值的内涵构成，还要认识价值所依附的载体。为此，本书又建立起第二个逻辑链：

（1）语文学科价值是一个多维的存在，指向学生成长的各个方面，是通过学生的习得来实现的。因此，学科价值的实现就不是一种静态的呈现，而是一个动态的过程，价值一定是在动态中实现的。也就是说，语文学科价值是通过"教学"或者更应该说"学习"来实现的。

（2）语文学科的价值，不只是通过课程标准或者语文教材等所表达与呈现的，语文学习过程同样是学生成长的价值之源。例如，同一个教学内容，经由不同的学习过程去获得，学生得到的成长是不一样的。由此，我们提出了"过程价值"这个概念，即"学习过程"对人的成长是有价值的。事实上，像语文核心素养所要求的诸如逻辑能力、创造能力、批判能力、审美能力、文化判断能力乃至理想、信念等，都必须在科学有效的过程中才能养成。

（3）语文学科的育人价值，主要通过两个维度实现：一是通过对学习内容如课程标准、语文教材等所蕴含的关于语言形式、关于思想情感，特别是一个个具体的文本是用怎样的语言形式去最好地表达思想情感等的深入体悟与把握，从而获得关于语文的认知、理解、应用、综合等能力，我们简称其为内容价值；二是在语文内容的学习过程中，学生的思维、思想、情感、品质等作为人的成长的重要素养，通过一个个有效的过程，在学生的心里扎下根来，我们简称其为过程价值。前者主要是对教材价值的发掘、理解与建构，它是显性存在的，成为我们教学目标确立的主要依据；后者则是不同过程中实现学习力与思想力的提升，它是隐性存在的，因而往往没有引起我们应有的关注。

（4）这样两个维度的价值，不是各自独立、互不相关的，而是相互依存且融为一体并同步实现的，即内容价值更好地实现必须依赖有效的过程，而过程价值则需要在对内容的有效学习中得以实现。两者互为载体，在同一个过程中同步完成。可见，语文学科真正的有效学习，是一个个价值引领下的感知、体悟、升华进而内化的过程，是一个由下而上、由浅入深、由表及里、由感性到理性、由外显的知识与方法等到内蕴的素养的养成过程。因此，在语文学习中，过程的建构与多元价值的有机融合是非常关键的，它直接决定学科价值的有效实现。

（5）以往的语文教学，更多关注的是内容价值，无论教学目标的确定还是教学内容的选择，都是基于内容价值的实现。即使关注过程，也只是从方法或者策略的角度来认识，即如何更好地传递内容价值或者教材价值，或者只是知识化的方法、技能的获得，而对过程本身的育人价值的认识是不够的。近些年来，语文教学确实越来越重视过程，但基本没有脱离上述的认识范畴。这一认识上的偏颇，正是语文始终难以真正把"人"放到教学的核心位置或实现他们的主体地位的重要原因之一。本书的核心任务之一就是对这一问题进行深刻反思，并进一步探究如何解决。

这是本书第三、四两章所建构的一个逻辑框架。这一框架要强调的，一是语文学科价值的实现，我们不能只是停留在"语文课程"或者"语文课程标准"甚至"语文教材"这些视角上，而必须站在"语文教学"乃至"语文学习"的视角上；就是说，语文育人价值的实现，不只是一个学术探究的问题，更是一个教学实践的问题，因而教师必须站在这一层面来重新认识与思考自己的教学。二是明白语文学科价值重构与课堂教学或者语文学习改革的关系。实际上，我们今天倡导的几乎所有语文课堂改革，诸如课堂对话与互动的追求、小组合作与学习活动设计的要求、整本书阅读或者综合实践进入语文教材、大单元教学和项目化学习，都是顺应学科价值重构的需要。三是正确认识内容与过程的关系，并在价值层面认识它们在学习中的地位、作用与如何合理运用。我们面临的教学实际往往是，当只是关注内容价值实现的时候，课堂就常常用直接传授的方式，把内容价值抽象为结论并告诉学生；而当只是在方法策略层面关注过程时，则容易把它们抽象为可行的、模式化的操作程序，让学生获得一些技能。上述两种状况下，学生的获得是概念化、浅表化的，很难转化为高位面的、作为一个优秀的人应该形成的居于核心地位的素养，包括关键能力和必备品格。今天课堂教学改革面临的种种困境与阻塞，往往与这个认识没有很好地建立有关。这实际上是对"站在哪里教语文"作出了第二个层面的回答，它同样建立在对"未来"的思考这一基点之上。

再次，价值重构决定课堂理解，这两者又共同决定教学内容选择与教学过程的设计和实现，这需要由"道"走向"技"的实践操作。在这方面，本书形成了这样的探究过程，或者说第三个逻辑过程：

（1）对语文教学现状的深度审视。在这个环节，本书不主张对传统教学作简单粗暴的肯定或者否定，甚至用一种居高临下的态度进行所谓的批评，而是着重从课堂教学与价值实现的匹配性角度来审视。本书认为，任何一种教学形态和实践都是为它背后的学科价值认定服务的，比如讲授式课堂，就主要是为知识教育服务的，对于知识的传授来说，讲述可能是一种有效的方式。

（2）今天的语文课堂教学改革，是因为原本的比较具有代表性的诸如讲授式教学等与今天的学科价值认知以及由此形成的路径策略选择是不相匹配的。所以，探究的起点就是在审视与反思的基础上，选择并建构合理且合适的教学内容、教学形态、学习过程和教学策略。

（3）由于知识教育和工具理性的影响，长期以来语文教学更多地诉诸人的理性思维而忽略人的情感体验。我们认为这不符合语文学科的基本特质，也不利于学生在语文学习中获得应有的成长。这不仅因为语文学科本身具有丰富的情感因子，而且因为人的价值意识的建立，首先建立在情感认同基础上，然后内化升华为价值观念。因此，本书提出了理性分析与情感体验的关系与实现策略，这是第五章所重点表达的。

（4）在前五章整体完成对语文教学带有理性色彩的建构性思考基础上，第六章走向策略探索。本书在众多教学策略中抓住当前的两个热点——单元教学与综合实践，因为它们是今天语文教学改革中具有跨越意义的倡导，也是在教学实践中具有较多困惑的领域。实际上，在三、四、五、六这四章中都有策略的呈现，只是第六章更加纯粹些。这是本书指向教学实践的一条逻辑线，它实际上是站在实操层面对如何"站在未来教语文"作出的一些回答。

最后，本书还有第四个逻辑架构，即探讨如名师工作室这样的教师培养项目中，如何在对学科的理性审视与实践探究中实现教师的成长，其顶层设计、团队建设、支持系统、实施策略，以及研究过程中如何处理好理想与现实的关系等。这在前七章其实有一条隐性的线索，而在第八章把它显性化了，这里就不做赘述。因此，本书站在教师成长的角度，重在呈现对语文教学的整体理解，形成对教师语文实践和专业成长的一种指导性建构。它是对今天语文教学和教师成长的一种新的思考与探索，而不是一种完全学术意义上的建设与表达。

第八章的内容体现了本书一个附加的意图，即以这个工作室作为样本，引发更多的关于学科教师培养的平台建设、促进学科教师群体发展的有益思考。同时，也感谢厦门市海沧区教育局、海沧区教师进修学校在这方面的可贵付出与不懈努力。本书的面世就是一个明证。

孙宗良（语文特级教师）

追问篇

语文学科为什么需要价值重构

第一章
时代呼唤学科教学变革

新时代背景下,社会发展对语文教育提出了新要求,呼唤教育者重新思考语文学科的变革方向。教育部颁发的《普通高中语文课程标准(2017年版)》提出,应增强语文学科的实践性与应用性,重视培育学生的核心素养,充分发挥语文教育的育人功能,并根据时代发展的需求推动语文课程改革,落实立德树人的根本任务。这一举措不仅将深刻影响高中教学,也必然给中小学基础教育带来前所未有的冲击与挑战。时代发展要求教育与教学进行变革。在这样的变革浪潮中,一线教师必须走出经验的窠臼,走出片段式感悟的碎片化思维,站在更高层面,建立全景认知,把握语文的本质属性,从而对学科价值进行重构。

第一节 社会发展与教育变革

教育伴随人类社会的发展而产生,历经多个阶段后,仍在不断地完善、演变,以更适应社会的需要。回顾教育的变革历程,我们不难发现,教育对人的塑造和影响,在不同的历史发展阶段有着不同的指向和侧重点,而这些归根结底都取决于社会需要培养什么样的人。也就是说,社会需求决定了教育的价值取向，社会的发展决定了教育的变革。

一、教育的基本功能之———为社会培养合格的人

据考，人类在前氏族时期是没有有声语言的。那么，这个时期的原始人是靠什么交际和沟通的呢？又是靠什么来积累和传递知识、经验的呢？

参考已有的研究成果，我们大致概括成两个方面：一是实物和规范。原始社会虽然没有文字，但各式各样的工具却凝结了人类的劳动智慧，在语言和其他交际手段尚未成型的时代，这些工具便在一定意义上起着"文字"和"书本"的作用。当年长者向儿童传递石斧、弓矢等工具时，实际上就是以实物的形式把世世代代积累起来的知识经验传递给下一代。而"规范"是指成年人根据群体生活中的约定俗成，对儿童的行为进行约束和限制，形成必须遵守的共同规则。二是示范与模仿。在有声语言出现前后，示范与模仿都发挥着重要的作用。示范者在做事的同时给了学习者模仿的范本，之后再对学习者的模仿偏差进行修正和规范，所以模仿和示范在劳动中经常是同时发生的。在语言产生之前，原始人类积累和传递知识经验主要通过以上两种途径实现。

在这样的模仿和传承中，教育逐渐萌芽。这一时期的教育，主要服务于人类社会基础的生存需要，教授的都是一些基本技能，但我们也由此看出，雏形期的教育，也是在社会需求中应运而生的。

在人类从单纯适应自然法则的野蛮状态走向超越野蛮、粗野的自然法则从而达到文明状态这一过程中，教育的作用不容忽视。教育是人类最重要的发明，是人类不断提升其生命力和生命质量的法宝。没有教育，人类的经验、思想、文化就不可能得到传承；没有教育，人类就无法拥有任何其他发明。

教育的意义包含两个维度：一个是"教"，即传授经验、思想和理论；另一个是"育"，即孕育人类的精神生命，培育人类的文化气质。无论是"教"还是"育"，其根本都在于培养合格的、满足社会需要的人。

二、社会发展决定教育的目标与形态

依照马克思关于剖析简单劳动过程的方法,大致可以将教育发展史分成三个阶段:"跟社会生活融合在一起的非形式化的原始教育""供少数人享受的初步形式化的古代教育""逐步普及的以制度化教育为主干的现代教育"。① 由此可以发现,不仅是最初的非形式化的原始社会的教育是由社会发展需要决定的,任何阶段的教育,不论其内容、形态和目标,都适配于时代要求,符合社会对人的需求。

如果说原始社会"行为示范与模仿"式的教育主要是生存基本技能的可复制和规范化,那么,教育的第二个维度"化育人性",则主要到奴隶社会和封建社会才开始逐步展现出来。我们可以此为分界点划分为第二个阶段,即供少数人享受的初步形式化的古代教育。

这一阶段的社会历史形态发生了巨大改变,生产力虽较前一阶段有了较大发展,却仍十分低下,只允许少数人脱离劳动;不过,社会中已出现了脑力劳动和体力劳动的分工,使得教育能够从生产劳动和社会生活中分离出来,开始出现专门的教育者,只是教育活动仍从属于政治。这一阶段的教育主体一般都具有较高的社会地位,甚至本身就是统治者,他们的社会地位得到君王和主教的维护,受教育者则有着极大的局限。

这一时期的教育大致可分为"问学"和"讲学"两种模式。

"问学"是以学习者的问、讲授者的解答作为主要形式,比较具有代表性的是孔子和苏格拉底。问学式教育,从其本质上来讲,主要是一种成人教育,是针对社会群体中的少数人因自身的需求而产生的解惑式的教育。这一时期的教育,是形成人的个别差异的重要原因。因此,这一时期教育客体的社会地位大多较高。由于统治阶级占有生产资料,因而也享有教育。受教育的权利是和社会地位联系在一起的,也就是说,只有少数特权阶级的后代才能成为受教育者。

---

① 桑志军.试论教育的发展阶段[J].江西教育科研,1997(6):31-34.

"问学"模式并没有得到大面积推广，真正对后世产生深远影响的是"讲学"模式，即通过教育者的讲授来传播思想和知识技能。之所以如此，或许是因为在这一时期，教育往往作为暴力统治的辅助手段，政治道德、伦理教育自然就成了这一阶段教育的主要构成。

到了资本主义初期，教育进入了以逐步普及的制度化教育为主干的现代教育阶段，并延续至今。这种制度化、规模化的教育，更清晰地指向在人的全面发展基础上的满足社会不同领域需求的学科化目标。

生产力的迅速发展，使科学技术成为第一生产力。教育的经济功能不断增强，教育的结构、规模也随之飞速发展，教育的内容也直接反映了经济发展状况。

在这一阶段，由于社会分工的进一步发展，教育者逐渐脱离官方身份，成了职业教师。官和师的相对分离，也使讲授内容变得相对独立，不再过分紧密地与政治、宗教捆绑在一起。随着学科分化及学科内容的增加，教育者的指导作用也日益增强。

大量的分科知识转化为学科知识后，教师的职能也产生了分化，多数科任教师同少数非科任教师分工，即科任教师之间实行分工，教师与教育行政人员分工，学校教师与教材编写人员分工。这些分工从某种意义上说是肯定了教育者"人"的地位，不再过分神化教育者，承认了教育者并非全知全能，同时也肯定了教师的地位。

教育的构成在这一阶段也产生了极大变化。总的来说，在现代教育中，教育的构成已经涵盖了德育、智育、体育、美育以及劳动技术教育。而三维目标体系中"知识与技能""过程与方法""情感态度与价值观"的构成，也明确了当今社会对于人的基本素养的需求。

虽然文字材料仍然是现代教育最重要的传播媒介，但现代新传播媒介的出现，也为教育开辟了广阔前景。这些新传播媒介包括电影、广播、电视及其他电子媒介，尤其是电脑和网络。大数据时代提供的信息远比学校教育广泛得多，更重要的是创造了教育对象与教育者在不同现场平行活动的前景。这在一定程度上动摇了千百年来教育者与学习者之间的结构联系。随着"学科核心素养"这一概念的提出，现代教育也越来越呈现出关注人的个体、个性发展的趋势。

由此可见，教育始终是随着社会的发展而发展，并且反过来服务于社会。

三、以社会需求为导向的教育变革

由教育发展的历程我们不难看出，不论教育模式如何演变，任何形式的教育变革都是以社会需求为导向的。随着社会科学技术的发展，教育在社会发展中所起的作用也日益增强，现代社会对受教育者的要求不断提高，教育的发展也逐渐呈现出社会化的趋向。各种传播媒介的发展使人们接受的信息愈发多样化、现代化，整个社会正在逐步成为一个巨大的"教育体"。并且，社会的教育化和教育的社会化是相辅相成的，有了教育社会化的需求，就会有社会的教育化。社会对于人的普遍性的教育需求也使教育的社会化成为必然，而这种必然也恰恰促进了社会的发展。

教育的变革方向，归根到底取决于社会对于劳动力的需求。与此同时，教育所赋予人的价值，也反过来影响和推动着社会的价值观导向。

今天，以人工智能为代表的新一轮科技革命和产业变革风起云涌，正深刻改变着人们的生产、生活、学习方式，将人类从简单的脑力劳动中解放出来，推动人类社会迎来人机协同、跨界融合、共创分享的智能时代。在如今科学技术极大发展的背景下，人们对于自身个体价值的体现给予了更多的关注。未来社会，物质财富会更加丰裕，价值会更加多元，选择会更加多样；在物质丰裕的多样化世界里，更需要的是个性化的兴趣专长，以及围绕兴趣做到极致的专注精神。未来社会的人才，除了要秉持社会核心价值观之外，还需要有创造力、共情力和意义感，以及能够把看似不相干的概念、资源整合成新事物的能力，设身处地体察他人的情感以及在平凡事物中发掘意义的能力。而这些未来社会所需关键能力的培养，需要教育作出相应变革。因此，我们看到，如今的教育模式正日益创新，出现了诸如网络信息化教育、学习共同体、交互式教学等众多新型教育模式。随着人们审美需求的提高，指向艺术的学科也逐渐增多。"学科核心素养"的提出,更是把关注人个体的发展纳入了课程框架。

著名未来学家彼得·伊利亚德说:"今天我们如果不生活在未来,那么未来我们将生活在过去。"教育应该帮助个体全面发展,进而帮助个体在未来的生活中更成功地寻求自己的幸福。所以,在当今这个急剧变化的知识经济时代,教育仍要不断发展和演变以适应社会需求,切实承担起传递人类历史文化以及为未来社会培养新人的使命。

第二节 时代选择"人"的教育

教育是新生一代成长和社会生活延续与发展不可或缺的手段,是社会发展的不竭动力与源泉。教育的变革与社会的发展相伴随,两者之间互为依存、相辅相成。教育在对社会发展变革产生推动作用的同时,也被社会生产力的发展影响与决定着。因此,在"问学"—"讲学"—"双基教育"—"三维目标体系"—"学科核心素养的提出"这一发展过程中,我们便可清晰地梳理出社会生产力以及社会文化的发展对教育产生的影响和提出的要求。

今天,无论是社会生产力的发展抑或是社会文化的发展,都要求我们的教育工作者认真思考如何调整教学目标和改变教育方式,以适应社会生产力和多元文化的发展需求,关注每一教育视域中的"人"的地位和价值,进一步发挥教育的"育人"功能。

教育应成为"人"的教育,这是时代发展的必然。

一、当今社会的时代特征

(一)经济高速发展,生产技术日新月异

20世纪70年代末,随着改革开放政策的实施,中国逐步融入"国际一

体化"。世界以前所未有的精彩呈现在国人眼前，同时也使我们意识到经济发展水平的巨大差距。于是我们致力于发展经济，社会生产力得到极大解放，国民经济实现了快速增长，人民生活水平得到迅速提高，中国经济一次次震惊了全世界：1978年，我国国内生产总值（GDP）为3645亿元，而2020年我国国内生产总值首次突破100万亿元大关，按不变价计算，增长了约40倍！中国外汇储备2020年年底达32165亿美元，稳居世界第一位，而在1978年，我国的外汇储备只有15亿美元！中国已经成为仅次于美国的世界第二大经济体。党的十九大报告提出，中国特色社会主义进入新时代，我国社会主要矛盾已经转化为人民日益增长的美好生活需要和不平衡不充分的发展之间的矛盾。①

伴随着经济高速发展的，是我国科技水平的迅速提升。高速铁路、扫码支付、共享单车和网络购物被誉为中国的"新四大发明"。它们深刻地改变着人们的生活方式，成为科技创新推动数字经济和实体经济快速发展、重塑中国形象、推动中国经济转型发展的生动注脚。近年来，中国一系列大规模基建建设和超级工程竣工，其背后各项技术的发展提供了强大支撑。此外，天上的嫦娥探测器、天宫空间站，海下的蛟龙号载人潜水器，海面的辽宁号、山东号航母，以及以华为、BAT为代表的一大批科技创新型企业崛起，都彰显着我国科技实力的迅速提升。

这一切变化对人才提出了新的要求。新一代人才需要具有适应时代的技能。我们需要一种能培养学生全面发展能力、让学生得以应对种种变化的教育。

（二）文化多样，社会价值取向多元

在中国文化发展进程中，20世纪极为重要。在这个世纪之初，发生了五四新文化运动，陈独秀、李大钊等思想先驱们举起了民主与科学两面大旗，把批判矛头直接指向落后思想，猛烈抨击孔孟之说，揭露封建道德的虚

---

① 本段相关数据来自新华网。

伪性，号召青年男女挣脱封建束缚，成为独立自主的人。五四新文化运动具有伟大的进步意义，它促使"人"的概念第一次出现在中国文化的显示屏上；但在客观上，一些矫枉过正的提法也对中国传统文化的传承产生了不良影响。

改革开放以后，经济的迅猛发展带来文化的多元繁荣与发展。由于经济全球化迅猛发展，大量西方文化涌入中国，不断改变着中国人的生活方式——中国人开始喝可乐、看NBA、流行过西方的节日。与此同时，越来越多的西方文化和价值观开始传入并渗透到中国人的观念中。20世纪90年代，被称为第四大传媒的互联网飞速发展并在日常生活中广泛应用，人类社会步入了网络时代。上述因素在推动我国思想文化多元发展和多样性方面起到了积极作用。然而，我国传统的民俗文化、乡村文化、家族文化、民间艺术等，也在经济发展浪潮和西方文化的冲击下变得岌岌可危。

一个民族的文化组成，除了有形的书籍、文物、古迹以及民间曲艺、民俗文化、生活习俗等载体外，更应包括这个民族所特有及共有的精神气质和思想品质。2020年，一场突如其来的疫情，让我们更清醒地认识到中华民族特有的精神文化的可贵："天下兴亡，匹夫有责""杀身成仁，舍生取义""苟利国家生死以，岂因祸福避趋之"……正是这些优秀的民族精神文化，使中国的抗疫战果让其他国家无法企及。正是我们优秀文化的凝聚力，使14多亿人无怨无悔地战斗在一起。中国传统文化的精髓日益得到国人认可，中国传统文化成为多元文化中的重要一元！

习近平总书记在庆祝中国共产党成立95周年大会上提出了"四个自信"，特别是"文化自信"，这在强化中国传统文化地位和重要性的同时，也使传统文化和多种文化互相融合创生，文化的多元性、创造性逐渐成为我们这个时代文化的主要特征，文明的现代化进程日益加快。

中华民族传统文化是世界优秀民族文化的代表之一，有很多令人称道、值得传承的内容。但不可否认的是，也有一些文化糟粕，如封建等级观念、封建迷信思想等，以各种形式对国人产生影响。改革开放后进入我国的西方文化思潮，在引进先进文化的同时，也不可避免地带来一些不良影响。再加上生活节奏日益加快，生活压力加大，社会竞争加剧，社会阶层的分化和社会地位的转变速度也日益加快，这都加剧了当下人们内心的焦虑。这同样需要教育的介入与干预。

（三）全球化成为当今时代人类发展的必然趋势

数千年来，人类不同文明体之间就存在各种形式的交往和联系，人类文明在相互吸收和借鉴中不断向前发展。但是在一段漫长的历史时期里，由于生产力水平和人类交往方式的限制，居住在世界各地的各个民族并没有改变各自孤立、分散发展的格局。直到15世纪末，欧洲人开启了地理大发现的航海时代，随之而来的是对海外殖民地的野蛮开拓，让原先各自分散的地区联系日渐紧密，世界上大部分国家被逐渐纳入同一全球化过程，世界历史的整体进程由此开始。

近现代以来的全球化是以西欧和美国作为中心向外推进的，因此不可避免地受到西方资本主义经济周期的影响。冷战结束至今，以美国为代表的西方国家将政治利益与跨国公司的资本利益相结合，经济金融化呈现全球性蔓延的态势，"金融几乎渗透到了现代经济行为和社会生活的各个层面和细节"。与金融化资本主义同时存在的是信息革命与相关技术的进步。它推动了这一轮经济全球化的迅猛发展，将世界上绝大部分国家和地区都卷入全球化浪潮之中。到20世纪末，世界上绝大部分国家和地区之间已经形成了多层次的利益交汇点，并在此基础上形成了"你中有我、我中有你"的利益共同体。

进入21世纪，经济全球化导致的劳资失衡日益加剧，包括发达国家在内的很多国家两极分化趋势日益明显，美国和西欧等多个发达国家深陷产业空心化和经济金融化等困境，于是出现了"反全球化"或"逆全球化"的社会思潮与社会政治力量。尽管如此，全球价值与生产链已经把世界绝大部分国家和地区纳入其中，跨国公司的持续膨胀仍在促使该链条日益复杂化，现代交通技术和信息通信技术的发展极大便利了人类在世界各地迁徙，科学技术的不断扩散和资本等的迅捷流通使得任何国家或民族都不可能脱离经济全球化进程而孤立发展。

认为全球化只和世界金融秩序之类的大系统有关,这个想法是错的。全球化不只是关乎"别的地方",它也关乎"此地",影响着个人生活的方方面面,必然对个人的价值观、知识水平、能力结构、心理状态提出新的要求和挑战。

上述种种变化,都要求我们的教育作出相应改变,由原先注重"工具"培养转向关注"人"的培养。

二、时代发展呼唤"人"的教育

既然时代的发展呼唤着教育的改变,那么,我们首先应该明确"教育应该培养怎样的人"这一问题。

(一)从学科教学走向学科教育

党的十八大以来,习近平总书记站在新时代党和国家发展全局的高度,对我国的教育事业、对培养社会主义建设者和接班人问题高度重视,先后发表了一系列重要讲话,深刻回答了新时代中国教育事业发展中的方向性、全局性等重大问题,提出要培养德智体美劳全面发展的社会主义建设者和接班人,要在加强品德修养上下功夫,要教育引导学生培育和践行社会主义核心价值观,踏踏实实修好品德,成为有大爱大德大情怀的人。他主张要把立德树人作为教育的根本任务。

中国历史文化有着悠久的"立德"和"树人"传统。何谓"立德"?"立德"就是树立德业。"树人"即培养人才。"立德"与"树人","立德"在先,自身德立,再垂范他人;"树人"是"立德"所要达到的结果或实现的总目标。

今天的中国正处在历史发展的伟大变革时期,教育是国之大计,培养什么人,成为当代教育发展的根本问题。"立德树人"从根本上回答了这个问题,我们首先要培养有正确道德价值取向、德智体美劳全面发展的人。一个人无论拥有多么丰富的知识,掌握多么完备的能力和素养,具备多么灵活的思维能力,只要存在道德价值取向方面的问题,他就是社会发展的危险品。这样的人，简言之，能力越强，对社会的危害也就越大。我们的教育要在坚定理想信念上下功夫，青年学生要坚定理想信念，它是立德树人的首要任务；要在厚植爱国主义情怀上下功夫，爱国是人世间最深层、最持久的情感，是一个人立德之源、立功之本；要在加强品德修养上下功夫，青年学生处于价值观形成和确立的时期，"人生的扣子从一开始就要扣好"①；要在增长知识见识上下功夫，德才兼备是社会主义建设者和接班人必有的品格，也是学生德智体美劳全面发展的题中应有之义；要在培养奋斗精神上下功夫，鼓励青年学生要立鸿鹄志，做奋斗者，为实现中华民族伟大复兴的中国梦而奋斗；要在增强综合素质上下功夫，青年一代的理想信念、精神状态、综合素质，是一个国家发展活力的重要体现，也是一个国家核心竞争力的重要因素。

其次，我们的教育应培养具备创新思维的人。前文所述，我国经济的飞速发展，生产技术的巨大进步，固然是我国综合国力提升的重要保证和具体体现，但关键核心技术的创新能力依旧不足，也是不争的事实。创新型关键人才的培养应该成为重中之重，因此，思维的创新性应成为教育要培养的人的主要特点。

再次，我们的教育应培养会合作、懂沟通的人。一个社会越发达，它的社会分工也就越细致，完成一件工作所需要的专业门类也就越多。可以毫不夸张地说，在当今社会，出现古希腊时期亚里士多德或者文艺复兴时期达·芬奇那样的全才的机会可谓微乎其微。因此，我们的教育应该培养会合作、懂沟通、能交流的人，这样才能真正发挥团队的力量，实现 1+1>2。

最后，我们的教育应培养具有较强心理素质的人。时代的发展带来的竞争日益激烈，而且失败和困难是在所难免的。所以我们在教育过程中应关注教育对象的心理健康问题，塑造他们形成较强的心理素质和心理承受能力，培养积极乐观、健康向上的性格特点，以应对激烈的竞争和严酷的生存环

---

① 习近平总书记于 2014 年 5 月 4 日在北京大学考察期间发表讲话，以这一生动的比喻劝勉广大青年学子。

境,这样才能立于不败之地。

那么,目前的教育是否满足这样的需求呢?

我国的课程建设走过了一段曲折的发展历程。19世纪末,国门被打开,西学东渐,西方学校制度和课程体系开始进入我国,可以说民国时期的学校制度和课程体系基本是中西结合的模式。新中国成立之后,我国的学校制度和课程体系主要是受苏联课程教育体系的影响,学科教育比较重视学科知识的教学和传授。改革开放初期,因为急于弥补"文化大革命"时落下的知识缺漏,这种情况变得更为严重。即使如语文这样传统上肩负着育人价值的学科,也过于关注学生的基础知识和基本技能,忽视学生情感、态度、价值观的引导和培养,对学科的育人价值重视不够。加之受到当时教育评价体系和人才选拔机制的影响,不免培育出一些如钱理群教授所言的"精致的利己主义者"。

再者,因为对学科思维和学科素养的形成重视不够,新时期适应社会发展和生产力进步所需要的自主创新能力明显不足的问题也逐渐凸显,并进而使我国在经济建设和科技发展中出现核心技术对外依存度较高、具有自主知识产权的产品少、产业发展需要的高端设备与关键零部件和元器件以及关键材料等大多依赖进口等情况。这也对教育提出了新的要求。

综上所述,如何从学科"教学"走向学科"教育",已成为我国基础教育阶段亟须面对的问题。

(二)知识教学不同于"人"的教育

以知识点掌握为主要目标的知识教学与以育人为目的的"人"的教育有何不同呢?

首先,两者对学习的研究视野不同。知识教学是传统视角下一种窄化的教学思维,它将学习过程异化为单纯"教"学科知识。教师带着学生把教材上的知识进行"地毯式"的扫荡,不管是识记的、理解的、掌握的、运用的,或是精读的、自读的,也不管课程标准如何规定,凡是教材上出现的,哪怕是课下注释和说明,都视为知识点,拆开、揉碎后重复训练、检测,以求达到可背诵、会解题、能考试的目的。

而"人"的教育则是在更加宽泛、更加充满活力、更加具有生活体验和生命体验范式内的教育活动，旨在让学习方式、学习范围、学习内容等更加符合学生的年龄特点和认知规律，力求将"死的知识"变成"活的记忆"，将学习方式最优化，使学习方法最多样，将各类知识与个体体验进行链接，让学生学习更积极、更主动，进而促进学生学科思维和学科素养的形成。可以说，"人"的教育是一种更为隐性也更为深刻和长远地影响学生成长的教育活动，它与知识的教育一起服务于学生的成长，从不同方面促进学生发展，从而成为合格的社会公民。

其次，两者采取的教学手段不同。知识教学是以知识为本、以传授式为主的教学，带有明显的强制性。其根源在于知识本位的教学思维还没有打破，教学被认为是教知识、记知识，未能顾及学生"学会"的目的和"学会"的路径，也未能关注"学会"的过程可能对学生的思维特质、思想品质产生怎样的影响。

"人"的教育则关注到教学活动实质上是学习主体的一种精神活动，在培养和提高学生的学科素养的同时，造就着学生的思维品质，陶冶着学生的心灵和精神。任何一种学习行为和方式，都是由学习者的精神形态决定的。因此，如果单纯强调通过学习者的外在表现来进行教学活动，就无法触及学习者的内部生活，很难真正实现教育目标。学科"教育"的目的，就是要让学科课程深入学生的心灵，直接或间接地影响到学生内在的精神，造就并优化他们的思维品质。

不同学科由于其内在属性和规律的不同，给学生个体发展所带来的实际影响自然也各有侧重。因此，如何发挥好不同学科的育人功能，对公民素养的提升无疑有着十分深刻的影响。

因此，加强课程建设，需要使这一体系中的各门学科都能强化育人功能，使得最终的教育能真正达到"教"与"育"的目的，即"教"所侧重的知识传授与技能训练和"育"所侧重的素养熏陶与文化传承缺一不可，知识教学必然要走向"人"的教育。

三、"人"的教育的特征

人是社会的主体,社会是人的创造物。马克思指出,"人就是人的世界,就是国家,社会"。人与社会不是两个东西,而是一体两面的关系,从这个意义上说,人的进步就是社会的进步,社会的发展也必依托于人的发展。所以,人是教育的原点,育人是教育的根本。

概括而言,"人"的教育具有以下特点。

(一)"人"的教育是以"人"为对象和目标的教育

教育是一种有目的地培养人的活动,它规定着人的发展方向,是一种以教育人为目的的活动。它能排除和控制一些不良因素的影响,给人以更多的正面教育,使人按照一定的思想意识、政治方向发展,更有利于思想品德的培养和思维方式的形成。古往今来,人们都认识到教育对人的发展所起到的重要作用:"干、越、夷、貉之子,生而同声,长而异俗,教使之然也"(《荀子·劝学》),"玉不琢,不成器;人不学,不知道"(《学记》),"植物的形成由于栽培,人的形成由于教育"(卢梭),"人只有通过教育才能成为一个人。人是教育的产物"(康德)……从这些言论中,我们不难看出,教育对"人"的发展产生巨大作用与影响,使一个生物意义上的"自然人"通过教育的作用与影响成为符合社会公共道德规范和社会发展需求的"社会人"。

既然教育是一种有目的地培养人的活动,规定着人的发展方向,那么"人"的教育的目标当然就是使教育对象成为"人"。爱因斯坦的一段话可以很好地诠释"人"的教育的目标——"用专业知识教育人是不够的。通过专业教育,他可以成为一种有用的机器,但是不能成为一个和谐发展的人。要使学生对价值有所理解并且产生强烈的感情,那是最基本的。他必须获得对美和道德上的善和鲜明的辨别力。否则,他连同他的专业知识,就更像一只受过很好训练的狗,而不像一个和谐发展的人。为了获得对别人和对集体的适当关系,他必须学习去了解人们的动机、他们的幻想和他们的疾苦。……"①

受教育者在完成学业时,应该首先成为一个和谐发展的"人",成为一个符合社会道德规范和价值取向的"人"。换言之,教育首先得育人,这才有价值。

(二)"人"的教育是"人"对"人"实施的教育

在教育实施过程中,教育的主体与客体,即教育实施者与受教育者都是"人",他们之间的区别主要来自社会性差异、知识积累的差异以及思维方式和思维深度的差异。正是这些差异的存在,使教育得以发生,知识的传承、思维的养成得以产生。教育实施者在教育过程中天然地成为受教育者的引导者与引领者。也正因为教育是"人"对"人"实施的,教育实施者与受教育者在人格上是平等的,所以两者是平等的关系。且因为受教育者在教育过程中处于相对弱势地位,教育实施者应对受教育者有充分的服务意识,而非控制意识。

因此,"人"的教育是"人"对"人"实施的教育,规定了受教育者的主体地位、教育实施者的主导地位和教育过程的服务意识。

(三)"人"的教育是尊重人性的教育

教育的本质就是发现、唤醒、培育。尊重人性的平等,发现人性的良善,唤醒人性的潜质,培育人性的能量,才能真正把学生培养成符合社会公共道德规范和社会发展需求的"人"。"人"是教育的核心要素,教育是完善人、发展人的活动,同时人性既是教育存在的前提与起点,又是教育活动的目的和归宿,而教育作为一种有目的地培养人的活动,是完善人性的重要手段和根本途径。求生存、求发展的人性观,要求我们在教育实践中必须发现人性、尊重人性,进而发展人性,也就是要充分尊重人的主体性,特别是受教育者的主体性。

---

① 阿尔伯特·爱因斯坦.爱因斯坦论科学与教育[M].许良英,等,译.北京:商务印书馆,2016.

教育过程是学习主体的一种精神活动，也可以说是教育实施者的一种精神活动。只有相互尊重，教育才能够自然发生，教育的目的才能真正达成，思维能力和思维方式才能在一种相对放松的精神状态下养成。教育，不是一种居高临下的恩赐，而是平等、尊重。只有如此，才能激发学生的内在动机和需要。

在实施教育的过程中，要充分尊重学生的意愿和需要，不断改进教育的方式和手段，正确地引导学生，充分调动和发挥学生的主观能动性，发展和培养学生的独立人格，提升个体素质，从而促进人的自由发展、全面发展，最终达成教育目标。

（四）"人"的教育是尊重学习过程，关注多元价值的教育

教育过程主要是通过文化知识的传递来培养人的过程。我们知道文化知识蕴含着有利于人的发展的多方面价值，如知识的认识价值、知识的能力价值、知识的陶冶价值、知识的实践价值等，但往往会忽视知识传递过程中的过程价值。

教育作为一种培养人的活动，是以过程的形式存在，并以过程的方式展开的。离开了过程就无法理解教育活动，更无法实现教育目标，过程属性是教育的基本属性。杜威认为："教育的过程，在它自身以外没有目的，它就是它自己的目的"，"教育的过程是一个不断改组、不断改造和不断转化的过程"。[1]他认为，离开了过程就不可能有真实意义上的教育目的，过程就是教育活动的存在方式和展开形式。

而在实际教学过程中，教师往往只关注到教学的起点与终点，而忽视教学过程产生的教学价值和意义，即忽视了学生获得知识、形成能力所需要养成的思维方法、思维深度以及探寻路径。为此，《义务教育语文课程标准（2011年版）》大力提倡"自主、合作、探究的学习方式"，这可以说是对教育过程价值的重要提示和充分肯定。

---

[1] 约翰·杜威.民主主义与教育[M].王承绪，译.北京：人民教育出版社，2001.

当然，我们重视教育过程价值，并不等于否定其他知识价值，教育的全过程一定是多元价值综合呈现的过程，"人"的教育也一定是关注教学多元价值的教育。

综上所述，社会的发展与进步，文化的传承与创新，"人"的地位价值的重新认识和提升，都要求我们强化学科教育的"育人"功能，使教育真正从知识教育走向"人"的教育。

无论时代如何发展，不变的是"教育的本质"。教育的本质就是"教天地人事，育生命自觉"。

在人工智能时代，我们既要站在时代的潮流中，也要跳出来看清楚时代的特点，改变的同时也应该有不变的基石。作为教育者，在人工智能时代，不变的是教育者的爱和想象力。对教育的爱、对学生的爱是教育者亘古不变的底色；教师要有对人的生命成长可能的想象力、对教学可能的想象力，要清楚地知道教学是一项充满无限可能的事业。

第三节　学科育人的基本向度

既然学科育人是时代的必然，我们首先就要清楚把握"学科育人"的基本含义，还要明确学科是如何育人的。

我们认为，学科教育是通过培养学科核心素养来促进人的成长的。由此，我们就有必要把握学科育人行动必须坚持的基本原则和必须遵循的行动理念。

一、学科育人的基本含义

"学科"，本义指人类知识的分支或领域，是相对独立的知识体系。人类的活动产生经验，经验的积累和消化形成认识，认识通过思考、归纳、理解、抽象而上升为知识，知识经过运用并得到验证后进一步发展至科学层面形成知识体系，处于不断发展和演进的知识体系根据某些共性特征划分成学科。

现代教育以学科知识体系为基础，对教育教学内容按知识领域进行划分，就形成了教学科目。因此，从教学角度说，"学科"事实上指的是教学内容的基本单位，可以说是"教学科目"的简称。学科的划分基于学科知识体系，所以它是基本稳定的。

在过去相当长的一段时期，学科教学的中心是知识教育，是注重"教"而忽视"育"的。"学科教学"必须转向"学科育人"，也就是以知识授受为主要任务的"教学"必须转向以促进人的发展为主要任务的"教育"。

这种"转向"不是"替代"，不是"人"替代"知识"，学科教育应该是"教书"与"育人"的统一。叶澜教授指出，要解决学科知识之"教"与人格养成之"育"的分离问题，"不可能取消分科教学，也不是只通过加强思想品德课、班队课，加强与学生实际的联系和社会实践等能完成。一条最为基本的改变渠道是，通过深度开发不同学科教学的育人价值，使'教'与'育'在学科教学中真正得到融通，使教育的融通渗透到学校每节课的日常教学之中"①。

我们必须首先明确，"育人"是学科教学的根本目标和根本价值。

2014年3月，教育部颁布《关于全面深化课程改革落实立德树人根本任务的意见》，提出："研究制定学生发展核心素养体系和学业质量标准。要根据学生的成长规律和社会对人才的需求，把对学生德智体美全面发展总体要求和社会主义核心价值观的有关内容具体化、细化，深入回答'培养什么人，怎样培养人'的问题"，"研究制定学生发展核心素养体系，主要是明确学生应具备的适应终身发展和社会发展需要的必备品格和关键能力"。这是国家文件首次正式提出"核心素养"这个概念。2016年9月，中国学生发展核心素养研究成果发布。中国学生发展核心素养以培养"全面发展的人"为

---

① 叶澜.融通"教""育"，深度开发学科的育人价值[J].今日教育，2016（3）：1.

核心,分为文化基础、自主发展、社会参与三个方面,表现为人文底蕴、科学精神、学会学习、健康生活、责任担当、实践创新六大素养,具体细化为国家认同等18个基本要点(如下图所示)。

《普通高中语文课程标准(2017年版)》在前言部分指出:"中国学生发展核心素养是党的教育方针的具体化、细化。为建立核心素养与课程教学的内在联系,充分挖掘各学科课程教学对全面贯彻党的教育方针、落实立德树人根本任务、发展素质教育的独特育人价值,各学科基于学科本质凝练了本学科的核心素养,明确了学生学习该学科课程后应达成的正确价值观念、必备品格和关键能力,对知识与技能、过程与方法、情感态度与价值观三维目标进行了整合。"①

可以说,学科核心素养综合体现为具有学科特色内容的价值观念、必备品格和关键能力。由此我们可以这样理解:学科育人是立德树人根本任务和学生全面发展总体要求在特定学科的具体化,旨在培养学科核心素养,促进人的全面发展,应是知识教育、价值教育、情感发展、思维发展、能力提升、习惯养成的一体化,其中尤为凸显的是学科核心价值观、学科思维方

---

① 中华人民共和国教育部.普通高中语文课程标准(2017年版)[S].北京:人民教育出版社,2018:4.

式、学科学习策略方法等。

需要注意的是，这里所说的"核心素养"是相对于"普通素养"而言的，只有那些基础的、关键的、重要的、必需的才能被称为"核心素养"；具体到某一学科来说，"学科核心素养"应是一个学科区别于其他学科的核心价值所在。各学科核心素养是各不相同又相互联系的。如《普通高中语文课程标准（2017年版）》提出的语文学科核心素养包括"语言建构与运用、思维发展与提升、审美鉴赏与创造、文化传承与理解"四个方面；而《普通高中历史课程标准（2017年版）》提出的历史学科核心素养包括"唯物史观、时空观念、史料实证、历史解释、家国情怀"五个方面。这两个学科的核心素养在体系和表述上有根本的区别，但也有联系，如"文化传承与理解"和"家国情怀"就有互相包容的成分。

不仅如此，学科核心素养是一种综合素养，并不是某些知识、技能、方法、态度的简单机械拼接。"核心素养是学生经历一系列具有不同主题或需求的现实情境或任务后，通过不断综合相关的领域知识、方法或观念，不断探索实践而建立起来的心智灵活性。"

正因为如此，学科育人才具有多层次性。理想的"学科育人"应包含两个层面的意思：一是单个学科的育人，二是学科体系的育人。单个学科的育人，是有其侧重点和局限性的，只有互相呼应的学科组成学科体系，才能达成理想的育人目标。我们探讨学科育人，要观照学科内部，更要纵览学科体系。

总之，学科育人需要有系统观、发展观和多元价值观。

二、学科育人的基本原则

基于对"学科育人"的理解，我们认为，学科育人必须坚持一定的原则，才能真正落实立德树人的根本任务。

（一）基于学科知识内容

要从学科知识体系出发进行教学。没有学科知识体系作为基础，就没有所谓"学科育人"。

学科知识是随着人类对世界的不断探索而丰富起来的，最终形成不断发展的学科知识体系，这是人类智慧的成果。我们认同卢梭自然主义教育尊重儿童身心发展规律、尊重儿童天性差异的思想，但也认为教育不同于树木的自然生长，教育是有目的的社会行为，是文明传承的重要方式。人类在探索世界的过程中形成的群体文化，必然成为教育教学内容，因此，我们无法认同杜威的"教育无目的论"。

从认识论的角度看，基于学科知识体系的教育无疑是一种较为高效的教育方式。然而，儿童完全靠本能和在真实情境中的活动来学习是不现实的。因此，我们反对生硬地灌输和说教以及为学知识而学知识，提倡创设问题情境引导学生学习，有学科知识体系作为基础和支撑。

当前，跨学科的"融合课程"或"跨学科课程"受到热捧。跨学科课程的教学也是基于学科知识体系的，并不是知识的大杂烩。有"跨"之必要，正说明了学科知识体系的存在和各学科知识的特殊性。跨学科或融合学科课程能够成功，正是因为各学科充分体现了个性，充分发挥了各自优势。不顾学科知识体系，学生获取的将是没有完成建构的支离破碎的经验。脱离学科知识体系的教学，学生的学习往往低效，难以持续和深入。

（二）确立学生主体地位

"立德树人"是教育的根本任务，"人"自然要成为教学场域里的主角。

确立学生主体，首先要正确认识"人"，特别是认识到学生是正在发展中的、具有个性的、整体鲜活的生命体；其次是要让学生在教学场域中获得与教师、知识平等的地位，有"平等对话"的权利；再次是要让学生的自觉意识、自主能力不断增强，拥有与教师、知识"平等对话"的能力和反思能力，不断自我超越（实现自我成长）；最后是要充分尊重并发展学生的个性，"对话"的必要前提就在于对话主体是富有个性的、各不相同的。学生的主体性通过对话得到发展。

这里必须指出的是，强调学生主体，并不是杜威的"学生中心论"。杜威反对传统教育"课堂中心""教材中心""教师中心"的"旧三中心论",提出"儿童中心""活动中心""经验中心"的"新三中心论"。在理想的形态中,课堂是一个教育场域,在这个场域中的学生、知识、教师三者平等对话,从而实现学生的成长、知识的增长和教师的发展。"对话"场域内的不同参与主体发挥着各不相同但同等重要的作用,正如《义务教育语文课程标准(2011年版)》指出的:"学生是语文学习的主体,教师是学习活动的组织者和引导者。"①

(三)把握正确育人方向

学科课程是"用以指导学校教育、教学活动的育人方案",自然具有设计性和计划性,有特定的价值取向。这些"设计价值"一方面源于学科内在的意蕴,另一方面来自课程设计者的意图。同样是语文、数学、历史、科学等课程,通过这些课程传播什么样的价值观、培育什么样的人,中国和美国不尽相同,美国和日本不尽相同,日本和新加坡也不尽相同。

党的十九大报告指出,"要全面贯彻党的教育方针,落实立德树人根本任务,发展素质教育,推进教育公平,培养德智体美全面发展的社会主义建设者和接班人"。立德树人,是学科育人的根本任务,也是学科育人的最终价值追求。习近平总书记在全国教育大会上指出,我们的教育必须把培养社会主义建设者和接班人作为根本任务,培养一代又一代拥护中国共产党领导和我国社会主义制度、立志为中国特色社会主义奋斗终生的有用人才。这一论述明确了新时代包括学科育人在内的学校教育的价值取向。

教育为学生一生发展奠基,为社会培养未来人才,所以是一个行在当下、成于未来的事业。一方面,学科育人必须着眼于学生未来发展,要注重学生的全面发展;另一方面,学科育人要积极回应时代要求,密切关注社会需要,要始终把握国家育人方向。

---

① 中华人民共和国教育部.义务教育语文课程标准(2011年版)[S].北京:北京师范大学出版社,2012:19.

（四）关注核心素养发展

通过学科教育提升学生核心素养、促进学生发展是学科教学的最终目标。教育部《关于全面深化课程改革落实立德树人根本任务的意见》提出的核心举措就是，"组织研究提出各学段学生发展核心素养体系，明确学生应具备的适应终身发展和社会发展需要的必备品格和关键能力"，并以此指导学科教育。

学科教学要彰显"育人"本质，就必须围绕学科核心素养来开展。知识传授自然是学科教学的重要任务，但更重要的是通过知识传授提升学生核心素养。随着中国学生发展核心素养的发布，各学科核心素养也逐渐被确定，并写入学科课程标准。如《普通高中语文课程标准（2017年版）》提出："语文学科核心素养是学生在积极的语言实践活动中积累与构建起来，并在真实的语言运用情境中表现出来的语言能力及其品质；是学生在语文学习中获得的语言知识与语言能力，思维方法与思维品质，情感、态度与价值观的综合体现。"[1] 教育者要把学科核心素养作为一个有机系统加以深刻认识，避免教学行为的机械和固化。

三、学科育人的行动理念

明确了学科育人的基本原则，还须遵循学科育人的行动理念。

教师在学科育人的具体行动中，应遵循以下行动理念："知行并重"，既关注内容价值也关注过程价值；"德能融通"，在知识传授、能力培养的同时提升品德修养；"'人''文'合一"，不仅关注人的个体发展，还关注学科知识的发展和人类文化的传承。

（一）知行并重

这里的"知"指的是学科知识内容，"行"指的是学科教学行动。

---

[1] 中华人民共和国教育部.普通高中语文课程标准（2017年版）[S].北京：人民教育出版社，2018：4.

众多学者注意到，学科育人价值不只蕴含在学科内容中，还生发于学科教学实践过程中。也就是说，不仅学科知识能育人，学科教学行为本身也能育人。学科课程内蕴的学科核心素养价值并不会在任何教学活动中无差别地完全彰显出来，内蕴价值实现、实现得如何，受到学科教学行动的巨大影响。可以说，学科教学行动的质量，直接决定着学科育人价值的成色。

"知行并重"具体到课堂教学行动，教师首先要解决好以下两个问题：

一是"教什么"。教学目标的确立，不能把"知识与能力"作为唯一的教学目标，应该从知识与能力、过程与方法、情感态度与价值观等多个维度审视并确定教学目标。教学内容的选择与处理，一方面要考虑学科知识的完整性、系统性，科学地选择和安排学科知识内容，不能把知识内容拆解得支离破碎；另一方面要围绕教学目标和学情进行大胆的选择、舍弃、编排和统整，也就是对学科知识进行教学重构。

二是"怎么教"。从古至今，人们总结了许多课堂教学方法，如讲授法、实验法、问答法、讨论法、练习法……众多学者的实践和研究证明，不同的教学方法适用的教学内容和场景不同，不同教学方法产生的效果也有很大差异。但我们不能轻言这些方法孰优孰劣，其教学效果取决于运用的时机和运用的能力。教师应该对这些常用方法进行深入研究，并根据教学内容、场景、阶段和对象，恰当选择、综合运用各种教学方法。综观教学发展历程，从学科教学转向学科育人，我们更需要深入研究并积极运用能凸显学习者主体地位的"自主、合作、探究"式学习方法；我们更需要关注学生思维品质的提升，研究并运用能促进学生思维较为全面发展的教学方式，使学生的理性思维和感性思维都能向高阶发展。

"知行并重"，不能忽视学生的"行"。学生是学习主体，教师的教学之"行"是否妥当、效果如何，最终还是要看学生"行"的情况和效果。

因此，学科教学的关注重心要做三个明确的转向。第一个转向，是从关注教师的教转向学生的学。要研究学生的学习基础、学习起点、学段特征、学习兴趣、思维特征、情感特征、个性特征等，要注重学习兴趣的激发、学习方法的指导、学习情境的营造、学习过程的分析、学习成效的评价。这是基础的、首要的转向。第二个转向，是从关注知识的传授转向学生知识的获得与应用。这是学科知识内容层面的重心转向，关注的重点不再是知识本身，而是对知识产生的作用。第三个转向，是从讲授式教学为主转向问题引领、任务驱动式的探究性学习为主。这是学科教学行动层面的转向。它要改变教师主宰课堂、知识占据课堂的局面，充分体现、发展学生的主体性，让学生在自主学习中获得素养的提升。

（二）德能融通

"立德树人"，首在立德。

学科育人的价值不同于德育价值，学科的德育价值也不是都通过特别的德育教学行为来实现。学科育人的过程中，要实现德能融通，协同发展。

叶澜教授指出："育人价值指向学生个体精神发展的全部：包括头脑中的知识结构层级，思维方式与思维品质，符号理解、互换、互换与整合、综合运用的能力；对未知领域的好奇，发现问题和解决问题的创造能力；对事物认识的穿透力和时空贯通感；对他人的善解、合作与处理矛盾和冲突的能力；对自然世界的感受、理解、理性相处与和谐共生的自觉意识和能力；对人生中相遇的各种美之感受与欣赏，乃至创造愉悦与美的能力；最终归结到对自我个性与人格、发展理想与信心、策划与在现实中践行的生命自觉意识与能力。"[1]

科学教育学的奠基人赫尔巴特在《普通教育学》中说："我得立刻承认，不存在'无教学的教育'这个概念，正如反过来，我不承认有任何'无教育的教学'这个概念一样。"[2]

教师在对学生进行知识能力教育的同时，也在进行思想品德等诸方面的教育。教书和育人是密不可分的。学生关注社会的意识可以来自对历史知识的学习，学生坚忍品格的塑造可以是受历史人物或文学形象的影响。正如雅斯贝尔斯指出的："教学应当使教育的文化功能和对灵魂的铸造功能融合起

---

[1] 叶澜.融通"教""育"，深度开发学科的育人价值[J].今日教育，2016（3）：1.
[2] 赫尔巴特.赫尔巴特文集（三）[M].李其龙，等，译.杭州：浙江教育出版社，2002.

来。……教学活动中的读、写、算的学习并不只是技能的获得，还是以此参与精神生活。……以正确的方式传授知识和技能，其本身就已经是一种对整个人的精神教育。"[①]

如何实现学科教学的"德能融通"？

首先，我们在学科教学中要加深对德育的认识。我们不能把德育理解为仅仅是思想道德教育——这一理解是狭隘的。德育的内涵极为丰富，包括情感、情趣、态度、意志、精神、心理、价值观……只有这样认识，才能把德育融入学科核心素养之中。

其次，我们还要努力开发学科知识中的德育资源。事实上，因为每个学科具有不同的特性，其在德育上所发挥的作用也是不同的，甚至不可替代。

最后，我们要将德育融入学科教学全过程。要摒弃"知识本位"观，树立正确的学科育人观；要摒弃"机械主义"思想，不能认为德育是班主任、道德与法治课教师的专门工作；要清醒地认识到本学科的育人特性和优势，摒弃德育"旁观者"的观念，把德育作为自己学科教育的重大使命，落实全员育人、全程育人的要求。

（三）"人""文"合一

人，主要指的是学生；文，指的是学科知识和人类文化。学科育人不仅要关注学生的生命成长，还应该站在社会文化的高度审视和把握育人价值，关注学科发展和人类文化的传承与发展。

顾明远教授认为："教育的本质是促进人的发展，是通过传承文化、创新知识的过程促进人的发展，把一个属于生物的人培养成社会的人。"[②]顾明远教授的话不仅指出了教育的本质，也阐明了受教育者与知识、文化之间的关系：受教育者是知识的学习者、创新者，也是文化的传承者和发展者。

"学科"，本质上就是人类认识世界的知识体系，也可以理解为认识世界的文化符号系统。每个学科，都是人类打量世界或大或小的窗口，也有各具

---

① 雅斯贝尔斯.什么是教育［M］.北京：生活·读书·新知三联书店，1991.
② 顾明远.教育观念现代化是教育现代化的灵魂［N］.人民日报，2016-01-31（05）.

特色的观察、把握世界的方式，反映出人类文化的不同阶段、不同领域或不同侧面。人类文化高度发展，学校教育是人类传承文化的重要方式，也是传承文化最基础部分的主要方式。学科作为学校教育的主要载体，可以让学生通过把握学科的文化符号系统从而认识世界，完成文化的传承、发展。

学科育人，要注重让学生认识学科与世界的关系，即学科逻辑；把握学科认识世界的方式，即学科思维；注意学科对世界的认识，即学科世界观。如此，学生才能在更宏观的层面认识学科，传承和发展学科知识、价值理念。如此，我们才能在更宏观的层面认清并把握学科的育人价值：不仅促进人的发展，也促进学科发展与人类文化的发展。

参考文献

[1] 张昕.金融化与全球资本主义的秩序之争[J].文化纵横，2018（3）.

[2] 魏南枝.当代国际形势下中国面临的双重压力与挑战[J].世界社会主义研究，2019（9）.

[3] 桑志军.试论教育的发展阶段[J].江西教育科研，1997（6）.

[4] 叶澜.融通"教""育"，深度开发学科的育人价值[J].今日教育，2016（3）.

[5] 成尚荣.学科育人的意蕴[J].教育研究与评论（中学教育教学），2018（5）.

[6] 廖哲勋，田慧生.课程新论[M].北京：教育科学出版社，2003.

[7] 阿尔伯特·爱因斯坦.爱因斯坦论科学与教育[M].许良英，等，译.北京：商务印书馆，2016.

[8] 约翰·杜威.民主主义与教育[M].王承绪，译.北京：人民教育出版社，2001.

[9] 赫尔巴特.赫尔巴特文集（三）[M].李其龙，等，译.杭州：浙江教育出版社，2002.

［10］雅斯贝尔斯.什么是教育［M］.北京：生活·读书·新知三联书店，1991.

［11］中华人民共和国教育部.普通高中语文课程标准（2017年版）［S］.北京：人民教育出版社，2018.

［12］中华人民共和国教育部.普通高中历史课程标准（2017年版）［S］.北京：人民教育出版社，2018.

［13］顾明远.教育观念现代化是教育现代化的灵魂［N］.人民日报，2016-01-31（05）.

［14］中华人民共和国教育部.义务教育语文课程标准（2011年版）［S］.北京：北京师范大学出版社，2012.

第二章
语文学科的价值重构

　　学科育人必须着眼于学生未来的发展，必须适应时代发展的要求。语文作为一个学科，其教育的核心指向也必然要满足这两个要求。新时代语文教育的核心指向是学生的生命成长，这是语文教育变革发展的必然，也是社会发展的必然。我国百年语文教育史，是语文学科不断适应社会发展与自我建构的历史。这一历史清楚表明了时代需求决定语文教育的核心指向这一特征。面对新的时代要求，语文学科需要进行价值重构，回到生命与成长的需求，把培养全面发展的人作为根本价值。

第一节　百年语文的回顾与思考

　　从 20 世纪初算起，我国现代语文教育的探索已经有一百多年的时间。对于这一百多年的语文教育史，于漪老师在《语文教学现状的思考》、郑桂华老师在《从我国语文课程的百年演进逻辑看语文核心素养的价值期待》里都做过较为详细的梳理。她们从不同的视角对这一百年来的语文教育史进行了阶段划分，并分析了国际国内背景及相应的语文教育追求，发现百年语文教育史是语文教育根据社会变化和学习者的需要不断作出调整，以适应社会需要的历史；语文教育的发展始终顺应时代发展的趋势，语文教育的发展与社会发展相一致：民国初期新学制适应了社会表达范式变化的需求，"五四"以后与生活教育、平民教育、职业教育结合的语文教育多元化，适应了启发民智和改造社会的需求；1949年以后的语文教育规范化适应了国家统一和社会建设的需要；"文化大革命"结束后的科学化适应了"四个现代化"的需要；当下"语文核心素养"的提出适应了社会迅猛发展的需要。

一、适应社会变革的需求，语文单独设科

从清末到新中国成立前的半个世纪，可谓中国历史上最为动荡不安的历史时期之一。一方面，传统社会的没落、帝国主义的入侵，引起了中国社会变革的热潮，中国面临着社会制度的变革，八股取士和科举制度已走到末路；另一方面，大部分时间，国家都处于实际的分裂状态，教育投入严重不足，政令难以统一，教育政策无法连贯，而且社会经济发展严重不平衡，识字教育普及率极低。

在中国古代，教育往往是为学习"儒家经典"服务的。但在中国社会大变革时代，有识之士认为应该向西方学习，对西方科学技术顶礼膜拜，新学与旧学、东学与西学辩论不休，语文的旧有功能无法满足时代所需，必须作出相应调整。因此，1904年清政府在批准并颁布《奏定中学堂章程》（后世称之为"癸卯学制"）时规定："立学宗旨，无论何等学堂，均以忠孝为本，以中国经史之学为基"，"而后以西学瀹（yuè，岳）其知识，练其艺能，务期他日成才，各适实用"。这可以看作语文单独设科的正式开端。语文单独设科，并把培养学生的听说读写能力作为基本目的，这就使语文教育摆脱了附庸的地位，在学校中发挥了基础学科的作用，具有深远的历史影响。

二、顺应工业经济时代的需求，语文以"双基"教育为主

新中国成立后，党和政府十分重视教育事业，为建设全国性的语文课程提供了必要的政治前提。同时，国家大力发展工业经济，工业经济的发展需

要人有足够的知识储备或技能技巧,因此语文教育也注重基础知识的传授和基本技能的训练,即"双基"教育。

新中国成立之初,我国学习苏联教育经验,受凯洛夫教育思想的影响,语文学科教学倾向知识化。凯洛夫教育的核心思想是重视智力的地位和作用,认为学校的首要任务就是授予学生以自然、社会和人类思维发展的深刻而确实的普通知识,培养学生的技能技巧。国家颁布了《初级中学汉语教学大纲草案》和《初级中学文学教学大纲草案》,初步建立了语文学科内部的汉语文学学科体系,为探索语文教学的科学化作出了重要尝试。

20世纪五六十年代,我国语文学科知识体系建设成绩十分突出,如今语文课程仍在沿用的学科知识,包括后来被戏称为语文知识系统"八字宪法"的"字""词""句""篇""语""修""逻""文",几乎都是那一时期提出或定形的。语文知识体系建构对建设规范的语文课程来说是不可缺少的重要条件,也是一门学科走向成熟的基本标志之一。

1959年6月,北京《光明日报》、上海《文汇报》以"关于语文教学目的任务"为题组织过一次规模较大的讨论,这场讨论前后持续两年多。1961年年底,主持方以《文汇报》社论的形式作出总结:"语文,归根结底是一种工具,是阶级斗争的工具,是生产斗争的工具,是交流思想和感情的工具,是传播知识的工具,是学习马克思列宁主义和攀登文化科学高峰的工具,一句话,是人们用以认识世界和改造世界的一个重要工具。"该社论谈到:"学生在语文课上学习的主要就是掌握和运用语言文字这个'手段';学会'手段',恰恰成了语文教学的重要目的;语言文字这个'形式'恰恰成了语文教学的重要内容。"

顺应这一变化,"语文的基础知识教学和基本训练"得到加强,"双基"教育雏形渐显。

1978年,吕叔湘在《人民日报》上发表文章《当前语文教学中两个迫切问题》,引起语文改革的热潮。

1979年年底,人民教育出版社组织部分人员到福建、四川等部分地区就中学生语文水平进行调查,发现学生的语文基本功很差,知识不丰富,作文用词不当、句子不通等现象"相当严重"。调查组在报告中提出，要从教材编写、培训师资、加强基础训练等几方面着手，切实提高语文教育的质量。这也是后来一段时间语文教育中抓"双基"教育的现实背景。社会的发展把"双基"教育推到了一个高潮。

不可否认，重视语文知识传授与语文技能训练的"双基"教育适应了我国工业经济发展的社会需求，确实提高了语文教学的质量，但同时也造成知识灌输及功利主义倾向，忽视人文熏陶、情感态度与价值观教育。

20世纪90年代中期以后，社会经济技术的发展大大提高了生产和生活的效率，大大加快了社会生活的节奏，也改变着人们的学习途径、学习方式。在信息技术的发展和支持下，人们获取知识的途径越来越多元，知识的获取越来越便利，技能的学习越来越容易。另外，改革开放后，我国社会经济条件越来越好，物质越来越丰富。人们在创造和获取丰富的物质财富时，精神需求越来越迫切，仅仅传授知识、训练技能的语文教育已越来越不能满足社会的需要。因应新时代人的需求，语文教育的功能、目标、核心追求必须作出根本转变。不仅如此，语文教育也需要遵循规律，追求高效教学。

种种诉求，引发了新的文道之争。不过，这场争论并未掀起大波，思想教育不能外加，应将其渗透于语言文字的教学之中的看法较快地得到认同。多数论者认为，任何一篇课文都是思想内容和语言形式的统一体，思想性是语文的固有属性，它蕴含在语文教材里，贯穿在语文训练中。语文学科的思想性与工具性一样，都得到了认可。1988年，《九年义务教育全日制初级中学语文教学大纲》颁布，肯定了语文的思想性和工具性："语文是学习和工作的基础工具。语文学科是学习其他各门学科的基础。""在教学过程中……培养健康高尚的审美情趣，培养社会主义思想品质和爱国主义精神。"

在当时的特定社会文化背景下，对语文学科的性质作出以上理解和判断，有着积极意义。然而，现在看来，这场涉及语文学科性质的讨论，主要是在语文教育界内部和操作层面上展开的，未能吸引诸多相关学科的共同参与，未能利用国内外语言学、心理学、教育学、人类学、社会学等领域的新的研究成果，未能对母语教育和外语教育进行系统的比较研究，视界不够开阔，学理缺乏底气，若干有价值、有新意的理论观点又没有得到充分的论证和及时的整合。在多种因素的作用下，"语文课就是基础工具课"的思潮仍然广泛地支配着群体教学行为。

三、语文教育的变革方向是指向人的生命成长

在简单片面的语文教育工具化思潮的冲击下，到了20世纪90年代中后期，语文教育由强调"双基"（基础知识和基本技能）训练逐渐沦为考什么教什么的应试教育，学生负担越来越重，引起社会反思与批判。语文教育需要纠正科学化偏差，重新强调育人功能。

1996年，《中国教育报》组织了关于学生语文水平滑坡的讨论。1997年，《北京文学》第11期发表"忧思中国语文教育"系列文章。以此为标志，社会上开展了一场声势浩大的语文大讨论。讨论成果集中反映在王丽主编的《中国语文教育忧思录》（1998）和孔庆东等主编的《审视中学语文教育：世纪末的尴尬》（1999）里。对语文教育的批评意见主要有：语文教材陈旧落后，语文教学高耗低效，语文考试荒谬绝伦，等等。其中有许多很好的意见，表现了作者对中国语文教育的高度关注。但有些文章借讨论语文教育改革之名散布错误言论，全盘否定中国语文教育取得的成绩，甚至说"误尽苍生""祸国殃民""培养听任流氓语言支配的奴隶和奴才"等。面对批评，时任中语会理事长刘国正发表《提倡科学态度，反对危言耸听》（1998）。人教社、中语会、小语会以及中国语文报刊协会及时组织召开研读会、座谈会，并以"钟晓雨"的名义出版《问题与对策：中小学语文教育改革》（2000）。《求是》杂志也发表了钟易之的《语文教育改革必须坚持正确的方向》（2000）一文。

这场大讨论说明，"双基"教育已不适应社会发展的需求，语文教育必须探索新的发展路径，而要探索新的发展路径，首先涉及对语文学科性质的

重新认识与确定。

语文教学中出现种种偏差,关键在于教育观念。教师的教学行为受教育观念支配。群体性的教学行为,往往受到某种教育观念的支配。语文教育观念是对语文教育诸问题的看法,从语文教育性质到目的任务,到教材教法,到师生作用,到质量评估,到考试方法,到课外教育,等等,构成体系。教育观念附着于教育者脑中,形成心理定式,有意识或不完全有意识地指挥教学行为。在语文教育观念体系中,最为核心的是性质观。

关于语文课程的性质,于漪老师认为,我们进行的是母语教学,语言和文化不是两个东西,而是一个整体。"工具性与人文性是语文教育这一统一体不可分割的两个侧面。没有人文,就没有语言这个工具;舍弃人文,就无法掌握语言这个工具。"[1]说语言学科具有人文性,绝不是排斥它的科学精神;说语文学科具有工具性,也绝不是削弱它的人文精神,不存在限制一个、弘扬另一个的问题,应沟通交融,互相渗透。

由此可以看到,于漪老师认定语文的性质是工具性和人文性融为一体的。应该看到,这一认定是科学合理的。人类文明发展史上,任何一门学科的成长,总是与"自身到底是什么"的争论相伴随,特别是在一门学科面临突破性进展的时刻,更要对自身的性质进行深入的反思。于漪老师等教育者对语文教育性质观的反思,无疑将让语文教育健康发展。

这样的反思也确实促进了语文教学的发展变化。

1999年,教育部启动新中国成立以来的第八次课程改革。2000年颁布的高中语文教学大纲,第一次提出语文是最重要的交际工具,也是人类文化的重要组成部分,加强了语文与生活的联系,强调学生创造精神和创造性思维的培养。2001年7月,教育部颁布新的义务教育阶段语文课程标准,用"工具性与人文性的统一,是语文课程的基本特点"来界定语文学科的性质和功能,并强调"语文课程应致力于学生语文素养的形成与发展"。2003年

---

[1] 于漪.语文教学现状的思考[J].语文教学通讯·高中,2016(10):15.

4月颁布的高中语文课程标准，也重申了"工具性与人文性的统一"和语文课程的目的是"全面提高语文素养"的观点，这等于为持续了几十年的"工具性"与"人文性"争论作了总结：不承认语文的人文性，必然是只注重语文形式，忽视语文内容；忽略语文的人文性，必然只强调语文工具而看不到使用语文工具的人。不仅如此，大量新概念、新说法，如"学生是学习和发展的主体""三维目标""探究性学习""综合性学习""与文本对话""形成性评价"进入课程标准。从此，我国语文教育进入以培养语文素养为目标的"课程标准"时代。

值得注意的是，语文素养的提出充分顺应了时代的发展需求。

21世纪中国发展速度飞快，物质资源极大丰富，科学技术日新月异，信息交流日趋广泛，读写听说应用日益普遍，对语文素养能力的要求越来越高。互联网＋、云计算、大数据等信息技术作为一种新的教育资源大规模进入教育领域，使得知识和技能的获得变得非常容易、便捷，给语文教学带来极大便利。但同时，日新月异的信息技术给阅读方式带来的悄然改变，对依赖传统阅读方式和读写体验所维持的学校语文教学造成巨大的冲击，尤其是近些年新媒体、自媒体崛起以后，其对传统教学模式的破坏几乎是致命的。

与此同时，社会正朝着建设新时代中国特色社会主义的目标前进，语文教育需要有机融入坚持和发展中国特色社会主义、培育和践行社会主义核心价值观的基本内容和要求，继承和弘扬中华优秀传统文化、革命文化，发展社会主义先进文化，加强法治意识、国家安全、民族团结、生态文明和海洋权益等方面的教育，培养良好政治素质、道德品质和健全人格，使学生坚定中国特色社会主义道路自信、理论自信、制度自信和文化自信，引导学生形成正确的世界观、人生观、价值观，达到立德树人的目标。

这就使得越来越多的人达成共识，语文教育应该指向人的生命成长，要让学生在接受相应学段教育的过程中，逐步形成适应个人终身发展和社会发展需要的必备品格与关键能力，即"核心素养"。

新的时代背景呼唤新的语文教育追求，以"语文学科核心素养"为中心的《普通高中语文课程标准（2017年版）》，是对当下语文学习背景和语文学习需求作出的积极回应。《普通高中语文课程标准（2017年版）》提出四个"坚持"，第二个"坚持"即"坚持反映时代要求"。要反映先进的教育思想和理念，关注信息化环境下的教学改革，关注学生个性化、多样化的学习和发展需求，促进人才培养模式的转变，着力发展学生的核心素养；并要求根据经济社会发展新变化、科学技术进步新成果，及时更新教学内容和话语体系，反映新时代中国特色社会主义理论和建设新成就。

《普通高中语文课程标准（2017年版）》提出的"语文学科核心素养"也扬弃了过去将"工具"与"人文"平行排列的机械、平面的"二元对立"思维，代之以多层面和互相促进的"融合论"，着力于人的思维发展和精神成长。"语文"强调的是语文学科的特殊地位，明确了语文学科在整个学科教育结构中的基本职能，有利于将语文学科定位从以往一些时期过于泛化的育人目标中区分出来；"核心"强调的是语文课程内容上的特点，它提醒人们在知识爆炸、信息化加速的背景下，在课程架构和教学内容中如何透过纷繁的语言现象去选择材料以及提纲挈领地组织教学内容的意义；"素养"强调的是语文学习指向学生终身发展的目的特点，它提醒人们应超越单纯的某项学习内容和具体学习活动的优劣得失之争，更关注关键的、综合的素养，利于学生未来的发展。

在新的社会发展态势下，语文教育工作者需要肩负起新使命，对语文教育心存敬畏，勇于担当，积极探索，主动适应时代和社会变化，研究在新形势下如何改进语文教育，创新教材编写，提高课堂教学效率，改革考试评价方式，提升学生语文核心素养，为推进教育现代化、实现中华民族伟大复兴作出新的更大贡献。一线语文教师则需要及时了解社会发展态势，更新教育观念，围绕"立德树人"的总目标，着力打造新的语文教育，培育语文核心素养，培养具有适应当下社会发展及未来发展的思维品质和必备人格的新型人才。

第二节 语文学科的时代认知

时代的迅猛发展导致传统的价值观遭遇冲击，诸多迷惘与困惑摆在社会和个人面前，重建我们的精神家园迫在眉睫。重建不是推倒重来，而是面向当代社会现实的重新构建，做到有所坚持，有所担当。要重建，根底在教育，尤其是语文教育。基于这样的时代要求，语文教育应成为适合生命成长的教育，语文的核心价值应指向人的生命成长。

一、语文学科具有不可替代的教育价值

教育是培养人才的基础，对经济和社会发展具有先导性、全局性的作用。随着信息时代的到来，人工智能、万物互联、大数据、信息爆炸等构建了新的社会生态，新时代对创新人才的新需求正在推动教育体系的深刻变革。

今天的人类比以往任何时候都更加依赖阅读、写作和口语交际。言语活动就像空气与阳光一样不可或缺：蜂拥而至的报刊、书籍，扑面而来的广告，铺天盖地的网络信息……信息时代、知识经济时代对人的言语能力提出了更高的要求。不会阅读、写作和口语交际，就不会学习，就不能胜任具有较高智能性与挑战性的工作，也就不能很好地生存。不会听、读、写、说的人要取得事业的成功，是不可想象的。

时代的需求凸显了语文学科不可替代的教育价值。

第一，语文是基础学科，可以为其他课程的学习打下基础。联合国教科文组织国际教育发展委员会在《学会生存——教育世界的今天和明天》的报告中提出了"学会学习，学会做事，学会共同生活，学会生存"的教育理念，这四个方面都离不开言语活动。其中，"学会学习"被摆在了教育的首位。在怎么"学习"这个问题上，美国加州大学伯克利分校提出"学习通过写作"的口号，认为在各科的学习中，应运用写作的方式来获取知识，推动、促进对所学知识的理解与运用，写作是提高学习效率的一个重要途径。

而写作能力的培养恰恰是语文课程基本任务的应有之义。

有别于其他学科，语文课程的基本任务是学习语言运用。叶圣陶先生明确论述："语文这一门课是学习语言运用本领的。"[①]《义务教育语文课程标准（2011年版）》也明确指出："语文课程是一门学习语言文字运用的综合性、实践性课程。"[②]西方学者把语言看作开启人类社会文化起源和发展奥秘的钥匙，不仅视语言为一种文化现象，称语言基本上是一种文化和社会的产品，还把语言看作文化建设中的一种力量，认为语言和文化相互塑造、相互渗透、相互从属。汉语汉字的人文性尤为突出。

可以说，语文学科的根在"语言"。语言不仅是一个符号体系，更是一个民族认识世界、阐释世界的意义体系和价值体系。语言不但有自然代码的性质，而且有文化代码的性质；不仅有鲜明的工具属性，而且有鲜明的人文属性，离开了人文性，就无法真正地掌握语言这一工具。

语文教学应切切实实扎根在"语言"这块沃土上，让学生初步学会运用祖国语言文字进行交流沟通，吸收古今中外优秀文化，提高思想文化修养，促进自身精神成长，适应新时代人际交往沟通的需要。

第二，语文学科可以培养学生认知、独立思考、逻辑推理、信息加工、批判性发现和创造性解决复杂问题的能力，在不确定、变动性增强的世态中实现自我发展的生存能力之养成；还能给予人基本的文化修养，促成人的精神发展。人的发展，人生的美丽，需要人文熏陶和人文积淀，语文学科将为学生开阔了解历史、人生、社会、世界、文化、艺术、科学等的视野。因为工具性与人文性兼而有之，语文学科可以将思想情感的渗透融入语言文字的运用之中，让学生在理解、感悟、积累、运用语言文字的过程中，感悟到文字间蕴含的哲理、情趣、价值，从而培养学生的文化积淀、人文情怀和审美情趣。语文学科可以为学生形成正确的世界观、人生观、价值观以及良好个

---

① 引自叶圣陶1980年7月14日在小学语文教学研究会成立会上的书面发言《语文是一门怎样的功课》。
② 中华人民共和国教育部.义务教育语文课程标准（2011年版）[S].北京：北京师范大学出版社，2012：2.

性和健全人格打下基础；为学生的全面发展和终身发展打下基础；养成个体人格，健全公民素养，培养融入和改变身边世界的能力，培养与人为善、热爱生活和生命的人生态度，以自觉创造并可能拥有幸福人生。

第三，语文学科对继承和弘扬中华民族优秀文化传统和革命传统，增强民族文化认同感，增强民族凝聚力和创造力，具有不可替代的优势。中华民族要以更加昂扬的姿态屹立于世界民族之林，需要继承传统文化中精粹的部分并加以发扬光大。语文教材中的经典篇章往往蕴含着高远的人生理想、傲岸的精神品格、积极的生活态度。借助这些篇章，学生能提升自己的境界，熏陶自己的品格，树立"为中华之崛起而读书"的远大目标，增强文化传承的意识，使中华文化绵延流传，滋养一代代学子的生命。

语文学科上述价值的根源在于其基本特点：语文是工具性与人文性的统一。语文的工具性，只有与人文性统一，才能焕发强大的生命力；语文的人文性，只有以工具性为基础，才能成为有源之水，源远流长，发挥语文育人的作用。实现工具性和人文性的统一，既有利于学生提高使用语文工具的能力，又不致使语文教学嬗变成技艺之学；既有利于学生打好语文学习的基础，又有利于对学生进行情感陶冶、文化熏染，端正其价值观。

二、时代要求语文学科充分挖掘育人价值

2000年，中共中央办公厅、国务院办公厅所颁布的《关于适应新形势进一步加强和改进中小学德育工作的意见》指出："德育要寓于各学科教学之中，贯穿于教育教学的各个环节。"学科德育受到广泛关注。2002年，叶澜教授指出："传统的学科教学大纲和教科书的呈现方式……造成了学科育人价值的贫乏化"，提出要"拓展学科丰富的育人价值"。2014年，教育部《关于全面深化课程改革落实立德树人根本任务的意见》特别强调："统筹各学科，特别是德育、语文、历史、体育、艺术等学科，充分发挥人文学科的独特育人优势，进一步提升数学、科学、技术等课程的育人价值。"基于国家政策的要求，语文学科应把育人价值作为核心目标，充分挖掘学科育人价值。

语文学科的育人价值，就是语文这门课在教育人、培养人方面的作用。叶澜教授认为，课堂教学要从"教书"走向"育人"，其实也意味着从"知识传递"走向"生命价值的挖掘与提升"。

语文学科育人价值的内涵主要有以下三个方面：一是以学生的生命成长为立场，坚守语文教学的生命价值，要求语文直接关联学生的健康成长，充分体现生命成长的完整性、差异化，注重动态生成价值。二是牢牢把握语文课程的根本性质，确定语文学科的教学重心。这个教学重心，就是"学习祖国语言文字的运用"。三是基于国家课程的地位，提升语文教学的价值高度。这种价值高度主要是满足现代民族国家建构的需要，传承、发扬中华优秀传统文化，吸纳人类优秀文明成果。

这三重价值分别着眼于生命价值、学科本位和国家意志，具有层次化的特征：层次一是为育人打底的通识与互通的价值，层次二是语文学科特有的教学价值，层次三是语文教学活动的跨界及融通价值。其中，语文教学活动的"融通价值"主要体现在学科内的融通、学科外的跨界、语文学科教学内容的融通三个方面。

那么，要如何挖掘语文的育人价值呢？

有学者主张从"教学内容""教学方法""教学工具"三个角度挖掘教学的"育人价值"。从教学内容来看，文本潜在的价值经过教材分析、教学实践，转化为显在的内容，此即"化潜为显，化静为动"。语文教师改变单篇教学的价值取向，走向多篇、大单元的思路，此即"从零为整，由篇达类"；要从注重学生的认知发展到生命体验，此即提升学生的生命价值。从教学方法来看，具体的课堂教学方法如小组合作探究、体验与表演等，都蕴含着育人价值。从教学工具看，语文学科与汉字、汉语有关的内容以及独特的媒介等，也都蕴含着某种育人价值。这一分析角度，适用于所有学科，但具体到各学科的不同特点，也应有所区别。例如语文阅读教学、写作教学、口语交际与综合性学习等中包含的师生对话内容，其实也隐含着语文教学的"育人价值"，甚至语文教师本身的形象、学识、品质等，也都有这样的价值存在。

但在实际教学中，并不是所有教师都对语文学科的育人价值有着辩证的、全面的理解。有的过分强调语文的文学性，认为中学语文教学就是文学教学，语文能力就是写作能力，只重视分析主题思想和研究写作方法；有的片面理解语文的工具性，只重视字词、语句和句段，只培养学生的表达与交流能力；有的只传授语文基本知识和技能，轻视甚至忽视发挥语文课程的育人功能；有的则从教育的政治性、立场性着眼，认为语文是"文""道"的统一，思想教育是语文课的重要任务，窄化了语文的育人功能。

这显然不利于充分发挥语文学科的独特优势。因此，语文教师必须推动课堂教学的"转型""转向"与"改变"，促进学生学习方式的转变，充分挖掘学科内涵，真正把育人作为核心目标。

事实上，在当前的一线教学实践中，无论是指向知识观变革与人的心智自由迁移的项目化学习方式，还是以典型问题作为教学主线，在探索问题的过程中引发学生深层思维的问题引领，或者是为学生提供体验实践和感悟问题的情境，让学生围绕任务展开学习，改变学生学习状态的任务驱动，都是这一转变的具体体现。

语文要从"教"走向"学"，从"教书"走向"育人"，从"知识传递"走向"生命价值的挖掘与提升"，最终实现由"知识"到"生命"的转换，融通"教"与"育"。唯其如此，才能弥补传统教学中"生命价值"的缺失，真正将生命成长、促进个人全面发展作为终极目标。这就要求语文教师必须思考和探索蕴含在课程、教材和具体教学内容中独特且不可替代的生命价值或育人价值，基于对学科教学育人价值的已有认识，将其转化为日常教学中真实具体的行为、策略与方法，从而使语文的育人价值真正落地。

三、多元教学流派对时代需求作出的回应与探索

时代对语文教育提出了新的要求，语文教育必须作出变革，大批优秀教师、语文教学研究者纷纷对传统的语文教学进行了全方位、多角度的思考，对语文学科教学进行了大胆的创新尝试，各种流派应运而生，如特级教师张孝纯的"大语文"、赵谦翔的"绿色语文"、王开东的"深度语文"、王君的

"青春语文"、黄厚江的"本色语文"、熊芳芳的"生命语文",异彩纷呈,林林总总。上述流派尽管在教育思想、核心理念、实现路径上或有差异,但呈现出以下共同点。

第一,对人的理解更文明,对教育的理解更进步;尊重个体,秉持践行"全人教育""生活语文"的理想;试图把握语文最基本的内涵,回归语文本源,把语文学习还原到生活之中,用恰当的方法教语文。

第二,把语文教育从应试教育的桎梏中解放出来,把人的发展作为语文教育的终极目的,挖掘生活中的语文资源,打通语文与生活的关系,唤醒学生情感,激发学生思维。

第三,主张用大格局和长远眼光来对待语文学习,不囿于语文的课堂教学,不断地拓展语文学科和语文教学的边界,开发课程资源,打通语文与文学、艺术、历史、地理、民俗文化等领域的关系。

第四,重在培养学生的品格情操、审美能力,提高文学修养,激发学生对真善美的追求,促进其生命的成长与成熟,学会从更高的精神层面去体验生活,逐步形成正确的道德信念,确立起与生存和发展相适应的人生准则。

第五,以生命为出发点,体现对人的尊重与关怀,追求健康蓬勃的生命状态,重构师生的语文生活,让每个学生的天性在课堂上得到保护、激发和释放,为学生的幸福奠基。

总之,多样化的语文教学流派体现了新时代语文教育者对时代的反思、对教育的追索、对语文本质的追问。这些教育者怀揣美好的愿景,渴望对时代提出的要求予以回应,渴望建立起学生与语文的紧密关联,让语文进入生命,唤醒生命,并内化为深厚的文化底蕴和丰富的人格内涵;探索生命的方向与意义,提升生命的质量与品位,使生命变得更加美好、更有力量、更有意义。

但是,百花齐放、百家争鸣的语文教学现状也会让一线教育者陷入迷茫,不知何去何从,不知应该听从哪一种声音。因此,有必要化繁为简,对语文学科的核心特质进行界定。

正是在这个意义上,《普通高中语文课程标准(2017年版)》将"语文核心素养"归纳为"语言建构与运用,思维发展与提升,审美鉴赏与创造,文化传承与理解"[1]，这显得格外重要。

从"双基"到"三维目标"再到"核心素养"，语文学科的发展过程基本体现了从学科本位到人本位的转变。双基是外在的，主要是从学科视角来规定课程与教学的内容和要求；素养是内在的，是从人的视角来界定课程与教学的内容和要求；三维目标是由外在走向内在的中间环节，可理解为"在过程中掌握方法、获取知识、形成能力，培养情感、态度、价值观"，它并不是教学的终极目标，而是核心素养形成的要素和路径；"核心素养"的范围更加广泛，既增加了文化品位及修养，体现了语文的特点，也体现了工具性与人文性的统一，体现了现实能力与前瞻能力的综合性追求。

语文教育最终走向"核心素养"，是一个顺应时代发展需求的重要变革。从此之后，语文教育要注重培养支撑终身发展、适应时代要求的关键能力，在培养学生基础知识和基本技能的过程中，强化学生关键能力的培养。同时，培养认知能力，引导学生具备独立思考、逻辑推理、信息加工、学会学习、语言表达和文字写作的素养，养成终身学习的意识和能力。

总之，语文教育不仅要让学生在学习过程中学会知识，更重要的是学会如何学习，并在学习过程中实现自我成长，激发创造力和生命力，要让语文课堂成为学生获得知识和技能、体验人生、获得精神成长的地方。

语文教育的价值应是通过语文课程的学习，帮助学生形成与发展良好的语文素养，促进人的生命成长。因此，语文教育应追求成为适合生命成长的教育，让学生在学科学习中体验丰富的人生，并将所学知识与其生活世界、经验世界联系起来，不断丰富和完善自己的生命世界，满足生命的成长需要。

---

[1] 中华人民共和国教育部.普通高中语文课程标准（2017年版）[S].北京：人民教育出版社，2018：4-5.

第三节　素养本位的价值指向

时代的变革要求我们重新认识语文教学价值。语文学科教学改革，在坚持工具性与人文性相统一的基础上，还要注重对语文育人价值的追求。语文教育应强调对学生的人文关怀、对学生情感的关注、对学生精神世界的关注、对学生人格发展的关注；应帮助学生认识人性的复杂，理性看待人性的善恶，积累人生的经验，感悟人生真谛，张扬人情、人性之美。因而，语文在学生的完整成长中起着越来越重要的作用。简言之，重新认识语文学科的价值，就是要把学生的生命成长、人的发展作为关注点，最终实现立德树人的目标。这是语文教学的出发点和立足点，更是语文学科教学的核心指向。

一、语文教学的单一价值与多元价值

上文提到，为适应工业经济发展的需求，在很长一段时间里，语文学科的教学追求的是语文基础知识的理解和应用，重视的是语文基本能力的训练。这种教学理念根深蒂固，并把语文教学价值单一化了。

比如，一位教师这样上《小石潭记》：

教学设计

教学环节	教学内容	设计意图
一、导入	由现实生活中的"韩流"想到"唐宋八大家"中的"韩流（柳）"进行导入。	了解文学常识。
二、作者简介、解题	1. 介绍作者，了解作者在什么情况下写的《永州八记》。 2. 解题："记"是古代的一种文体，主要是记载事物，也往往通过记事、记物、写景、记人来抒发作者的感情或见解，借景抒情，托物言志。	了解写作背景以及关于"记"的文学知识。

续 表

教学环节	教学内容	设计意图
三、通读全文，整体感知	1. 听课文录音。 2. 给生字词注音。 3. 理解一词多义与短句。 4. 课文字词解释。 5. 快速解释课文。 6. 分析结构，归纳段意。	1. 积累字词的知识。 2. 训练学生"读"的能力。 3. 训练学生的概括能力。
四、探究讨论（学习小组思考并讨论）	1. 这篇散文是按怎样的顺序描写景物的？具体写了哪些景物？ 2. 作者是怎样发现小石潭的？有哪些动词？ 3. 潭中有什么景物？潭中游鱼和潭水有什么特点？用了什么写法？ 4. 本文的记叙顺序是什么？ 5. 把握作者情感，体会作者情景交融手法的综合运用。 6. 根据课文内容，说说作者观鱼时的心情是怎样的，游览到最后的心情又是怎样的，为什么？	1. 训练学生的概括能力。 2. 掌握基本的写作技巧和写作手法。 3. 训练学生的理解分析能力。
五、小结	1. 主题。 2. 情感。 3. 写作方法。	掌握课堂上重要的知识。
六、巩固训练	1. 用原文回答问题，进一步理解课文。 （1）作者是怎样发现小石潭的？ （2）小石潭的全貌是怎样的？ （3）游鱼和潭水有什么特点？ （4）溪流和溪岸有什么特点？ 2. 文言实词与虚词归纳。 3. 重点句翻译。	掌握知识。

该案例是忽略人文价值、偏重知识价值的典型代表。课堂基本上只注重"知识"这一单一价值，以训练学生基本能力为主，几乎没有对《小石潭记》的人文价值进行探究，也几乎没有涉及对学生情感态度与价值观的培养，重工具轻人文、重知识轻文化的现象非常突出。学生学习这样一篇经典文章，

不仅是为了积累一些常用字词句，懂得一些常用的写作手法，懂得小石潭有什么样的特点，也不仅仅是停留在梳理出柳宗元的心情发生了怎样的变化。《小石潭记》这一文本最核心的价值恰恰是其具有的人文价值的内涵，是柳宗元的文人情怀，即他面临报国理想与现实矛盾不可调和、精神无处安放这一境况时的选择。这也是整个中国古代知识分子群体的情怀，是他们的自省与突围。这对于学生了解我们的历史、文化是非常有必要的，是对学生精神世界的一种教育。

这样的课堂并不少见，可以说，因为受到过去教学习惯的影响，语文教学普遍存在不同程度的重工具轻人文、重知识轻文化的问题，容易出现以知识为纲、以技能训练为纲的问题。但是，在教育部制定的《义务教育语文课程标准（2011年版）》里对语文课程性质作出了明确界定："语文课程是一门学习语言文字运用的综合性、实践性课程。义务教育阶段的语文课程，应使学生初步学会运用祖国语言文字进行交流沟通，吸收古今中外优秀文化，提高思想文化修养，促进自身精神成长。工具性与人文性的统一，是语文课程的基本特点。"[1]这里强调了语文应该是"工具性"和"人文性"的有机融合。我们不应该只看到其运用语言文字的工具作用，在教学过程中只侧重于掌握基本的语文知识和训练语文的基本能力，同时不能忽视或者轻视对语文学科在人文方面的多元价值。

新时代的语文学科教学势必要改变重工具轻人文、重知识轻文化的现状，注重学生综合素养的全面培养。学生的综合素养，不仅包括基本的认知能力，还应包括思辨、审美、创新、解决问题、自主学习等高阶思维能力，以及生活情趣、审美情趣、科学素养、道德素养等品格。高阶思维能力和思维品质集中体现了信息时代对人才素质提出的新要求，是适应信息时代发展的关键能力。

重知识，轻能力，轻人文，关注单一价值，忽略多元价值，这是语文学

---

[1] 中华人民共和国教育部.义务教育语文课程标准（2011年版）[S].北京：北京师范大学出版社，2012：2.

科教学的现状。毫无疑问,这不能很好地适应新时代的需求。如果我们想发展学生的核心素养,那就必须重构语文学科的价值体系。

二、语文学科内涵与价值重构

《义务教育语文课程标准(2011年版)》指出:"语文课程致力于培养学生的语言文字运用能力,提升学生的综合素养,为学好其他课程打下基础;为学生形成正确的世界观、人生观、价值观,形成良好个性和健全人格打下基础;为学生的全面发展和终身发展打下基础。语文课程对继承和弘扬中华民族优秀文化传统和革命传统,增强民族文化认同感,增强民族凝聚力和创造力,具有不可替代的优势。"语文课程在学科教育中所起的作用是奠基性的,其功能是多重的,价值也是多维度的。

为了适应信息时代的要求,《普通高中语文课程标准(2017年版)》里明确指出:"中国学生发展核心素养是党的教育方针的具体化、细化。为建立核心素养与课程教学的内在联系,充分挖掘各学科课程教学对全面贯彻党的教育方针、落实立德树人根本任务、发展素质教育的独特育人价值,各学科基于学科本质凝练了本学科的核心素养,明确了学生学习该学科课程后应达成的正确价值观念、必备品格和关键能力,对知识与技能、过程与方法、情感态度与价值观三维目标进行了整合。"

在明确了什么是"学科核心素养"的基础上,《普通高中语文课程标准(2017年版)》对语文学科核心素养进行了具体的说明:"学科核心素养是学科育人价值的集中体现,是学生通过学科学习而逐步形成的正确价值观念、必备品格和关键能力。语文学科核心素养是学生在积极的语言实践活动中积累与建构起来,并在真实的语言运用情境中表现出来的语言能力及其品质;是学生在语文学习中获得的语言知识与语言能力,思维方法与思维品质,情感态度与价值观的综合体现。"从对语文学科核心素养的阐释中,更能看出语文学科价值的多元化特点。若要对语文学科的价值进行梳理,大体可以包含以下几个方面。

（一）语文学科的基本价值是语言文字的学习与运用

语言文字是人类最重要的交际工具和信息载体。语言文字的运用，包括生活、工作和学习中的听说读写活动以及文学活动，存在于人类生活的各个领域。"语言建构与运用"，这是语文学科独有的、具有本质意义的内容。语文课程最重要的价值就是致力于培养学生的语言文字运用能力，在学习语言文字运用的过程中，建构语言运用机制，增进语文学养，努力学会正确、熟练、有效地运用祖国语言文字，使学生能够更好地适应现代社会发展的要求。

（二）语文学科是学生思维能力发展的载体

语言既是思维的工具，又是思想的直接呈现和思维的外化形式，一切学科培养思维能力都要以语言为载体。学生通过学习语言文字的运用，能够获得几种思维能力的发展，包括直觉思维、形象思维、逻辑思维、辩证思维和创造性思维。另外，还有思维品质的提升，包括思维的深刻性、敏捷性、灵活性、批判性和独创性。语言是思维最主要的载体，语言能力与思维能力有着密切的关联，语文课程的思维就是与语言密切联系在一起的思维，它蕴含在丰富的语言文字中。

（三）语文学科以文字为媒介培养审美能力

语文课程的审美首先是针对言语作品的审美，也就是说，语文课程所说的审美主要是针对以语言为媒介的作品。在这一点上，审美是以语言文字为载体实现的。在语文课堂上，学生通过阅读文学作品以及参与语文学习活动，在审美体验和评价等活动中形成正确的审美意识、健康向上的审美情趣，提升鉴赏的品位，并在此过程中逐步掌握表现美、创造美的方法。

（四）语文学科承担着文化传承和理解的责任

语言文字是人类最重要的交际工具和信息载体，还是人类文化的重要组成部分。在语文学科教学中，学生需要深入学习汉语内在的特质，把握汉语内部的规律，体会其中包含的中华文化因素。另外，语言文字是人类文明得以传承和创新的载体，语文教学要让学生受到高尚情操和趣味的熏陶，提高学生的文化品位，能够欣赏汉字的形象美，领略中华文化的博大精深，继承和弘扬中华优秀传统文化、革命文化、社会主义先进文化，理解与借鉴不同民族和地区的文化，吸收民族的文化智慧，尊重多元文化，吸收人类优秀文化营养，拓展文化视野，增强文化自觉，提升中国特色社会主义文化自信。

语文学科是以语言文字为基础的。在语言文字的学习与运用过程中，要看到其在培养学生思维能力、提升学生思维品质上的积极因素，看到其在促进学生形成正确的审美意识、健康向上的审美情趣方面的作用，重视其承载的丰富的文化内涵，充分发掘语文学科的多元价值，更应该看到这些价值的核心最终指向人的生命成长、精神发育。可以说，语文的学科价值在于发展人、成就人，是立德树人在语文学科里的具体体现。

三、语文学科价值的基本维度

语文学科的价值是多维度的，最终指向人的发展。那么，其实现的基本维度有哪些呢？

（一）语文学科教学应该关注学生知识成长与基本技能成长

语言文字运用时必然要掌握必要的语文知识和常识。离开知识的能力是不科学的，轻易否认语文知识对语文学习的指导和促进作用，容易使语文教学走向非理性主义的误区。作为一门独立的学科，其本身具有独特的学科知识，比如基本字词知识、基本语法知识、基本修辞知识、基本文学知识、常用的段落和篇章结构知识、基本阅读和写作方法的知识等。这些基本的语文知识和常识是语文学习的基础，学习这些知识是非常有必要的。

但是需要指出的是，学习语文知识不意味着生硬地背诵那些知识。《义务教育语文课程标准（2011年版）》明确指出："本课标'学段目标与内容'中涉及语音、文字、词汇、语法、修辞、文体、文学等丰富的知识内容。在教学中应根据语文运用的实际需要，从所遇到的具体语言实例出发进行指导和点拨。"这为语文教学提供了一个方向，就是在语文的实际运用中，从具体语言实例出发，让这些知识得以渗透，而不是专门作为一种"知识"进行识记，化有形于无形。

在学习语文知识的过程中，要有意识地丰富自己的语言积累。语文学科的特点决定了语文学习的主要内容是一篇篇具体的范文，那么语文教学必须让学生占有一定量的感性语言材料，在量的积累的基础上产生质的飞跃。掌握3500个左右常用字和汉语常用书面词汇，背诵一定量的语段和优秀的诗文，阅读一定量的课外书，是形成语文素养的基础。

除了储备、掌握丰富的基础知识之外，还应训练学生听说读写的基本技能，让学生养成必备的语文基本能力。叶圣陶先生曾对语文作过精辟、科学的解释，他说："彼时国人之意，以为口头为语，书面为文，文本于语，不可偏指，故合言之（称为'语文'）。"[1]张志公先生也说："这个语文，就是语言的意思。包括口头语言和书面语言，在口头谓之语，在书面则谓之文，合起来称语文。"[2]从语文的定义里，其实可以发现，语文这门功课应当教学生要掌握切近生活实际、切合日常应用的语言能力，中学生必须通过语文学习和训练，全面掌握听、说、读、写四种能力。这四项能力是一个有机的、互为促进的整体。

熟练的技能到了一定程度就成为一种能力。语文教学必须在大量的语言实践过程中，培养学生查字典、朗读、默读、说话、听话、作文、写字等基本技能；让学生学会运用多种阅读方法和常见的语言表达方式，能掌握常用的思维方式，善于把自己独特的思维结果用规范的语言进行加工和表述，初步具备收集和处理信息的能力；能根据不同语言材料和不同交际场合适当地使用语言，最终形成良好的语感。

特别需要注意的是，不管是知识的学习还是技能的训练，都不能当成纯知识、纯技能来训练。王宁教授特别提出了这一点："受到过去教学习惯的影响，以文本为纲、以知识为纲、以技能训练为纲是最容易犯的毛病。"强

---

[1] 转引自徐林祥《"语文就是语言"——重温叶圣陶先生关于"语文"含义的论述》一文。
[2] 同上。

调课标"不是轻视知识和技能,而是主张每个知识、每一篇文章都不能当成纯粹的知识点,都不能分解开来单独进行技术训练,而是要通过语言文字的成品和丰富、鲜活的语言文字现象,在学生自主学习的过程中,随时关注汉语的特点,提升他们感受汉语特点的敏锐性,在他们心里注入爱国的情怀,养成对自己民族文化的自信"[1]。

(二)语文学科应关注学生学习方法和学习策略的掌握

语文这门学科难度很大,受制约的因素很多。对于如何提高质量,如何有效地培养学生正确理解和运用祖国语言文字的能力,可以说是仁者见仁、智者见智。这应该说是好事,争鸣有利于人们的认识越来越接近真理,众多的做法有利于相互启发,相互补充,扬长避短,长善救失,最终赢得繁花似锦的局面,提炼出符合学科性质、特征的且有规律性的宝贵经验。

教语文,重在引导学生学会学习语文,以达到自觉提高语文能力、终身受益的目的。如今正在逐渐推广运用的项目化学习,正是引导学生学会学习语文的一种重要途径。驱动性问题的设计、对大概念的追求、持续探究的过程、指向核心知识等重要特征,使项目化学习具有很强的包容性。

比如,北京景山学校的周群老师在处理统编教材中的诗歌单元时就采取了项目学习的方式。与传统的诗歌教学不同,项目学习"以始为终",是通过一系列任务的完成,最终达成目标的学习方式。周群老师设计的"现代诗歌"项目任务为:(1)编辑诗歌集,请学生自己设计封面、插图,并为诗歌集命名;(2)请学生诵读他最喜欢的一首诗(包括自己创作的诗),录下来发给老师并上传到网络平台上;(3)请学生策划并积极参与诗歌朗诵会,需要完成一份活动策划书、设计海报、撰写串词等任务。项目学习方式新颖,真正激活了学生的学习积极性。每个学生都会在项目开始前拿到一个项目学习手册,他们能够清楚地了解自己的阶段性学习内容和计划,这就解决了传统教学的两个不足:一是学生对于教学计划和进程不了解、不关心;二是学

---

[1] 王宁,巢宗祺.普通高中语文课程标准(2017年版)解读[M].北京:高等教育出版社,2018.

生不知道所学知识究竟有什么用，学习动力不足。这样的项目打通了课堂与生活，让学生掌握了学习方法和学习策略，有一种"学通了"的感觉。

项目式学习不是目标单一、态势闭锁的，而是开放的、多样化的、不断生长的；教师与学生之间的相互合作、启发、反思等决定了课程生长的态势。在这样的项目学习中，学生收获的不仅仅是知识，也不仅仅是能力，还有同理心和对社会的责任感。

当然，这只是语文教师培养学生主动学习语文能力的一种努力方向。但是，只有教师真正以培养学生核心素养为根本目标，以教材建设为抓手，以新型课程观为统领，整合课程资料，充分利用网络平台拓展学习空间，对教材进行"二次开发"，改变传统教学中教与学的关系，才能真正发挥学生的学习主体作用。

（三）语文学科教学应关注学生思维能力培养和思维品质提升

新时代的语文学科教学注重学生综合素养的全面培养。语文课在提高学生语言文字运用能力的同时，也必须把思维能力和品质的培养作为时代的要求来看待，应该在语文教学过程中培养学生的思辨能力、评价能力、审美能力、创新能力等一系列适应信息时代发展的高阶思维能力和思维品质。

我们以步根海老师《老王》一课为例，谈谈语文课上教师如何培养学生的思维能力。

课堂伊始，步老师就抛出这样的问题："老王是一个什么样的人？作者是什么样的人？这大家都可以读出来。那么，这节课我们学什么？"

这样一来，"学什么"就成了学生对"未知"的需求，而这种"需求"的提出，本身就是建立在梳理"已知"基础之上的。这可以说是学生思维发展的起点。所以，有学生提出"作者为什么写这篇文章"的问题。该问题指向文章的写作目的。由此，步老师引导学生读最后一段："本篇的目的，初看是表达对老王的愧怍之情。这个目的在文中读得出来吗？我说的'读得出来'意味着从第一句开始寻找。读得出来吗？"这个问题一下子就把学生从貌似的"已知"拉到"未知"，思维得以拓展。

在学生无从入手的时候，步老师引导学生回到老王身上，为学生指明方向。

再看步老师的过渡和提问："老王这个人，用作者的话来说就是一个'不幸者'，读1—7自然段，说说你读出一个怎样的不幸者？"

上过《老王》的每位教师，大概都问过类似的问题。但很多教师提的可能都是步老师课堂伊始就抛开的那个问题："老王是一个什么样的人？"对于这个问题，学生很容易给出答案：他是一个不幸的人，他是一个善良的人，他是一个残疾的人，他是一个知恩图报的人，他是一个可怜的人……这些答案貌似都对，但体现的思维层次散乱、肤浅。

对比一下步老师的问题："老王是一个怎样的不幸者？"他将重点聚焦到"不幸"上，学生必须从文本中寻找信息、提炼信息、思考问题、组织语言，才能给出回答。同是关于把握人物的问题，思维含量迥异，学生思维的训练程度也相去甚多。

感受完老王其人之后，步老师进一步激发学生："作者笔下的老王是这样的老王，单凭这些我们是读不出愧怍的呀。为何'我'会出现'愧怍'这种情绪？看来，我们要看看与老王交往过程中'我'的表现了。"

引导学生分析完之后，步老师接着问："但是从文中的行文，我们甚至还会得出相反的结论：杨绛一家人对老王是很好的，没有任何值得愧怍的地方。哪里来的'愧怍'呢？"

学生在一次次寻找、求证、思考中，思维不停地运转，论证推理能力、评价能力、思辨能力等高阶能力就在这个过程中得到锻炼。

综观步老师这节课，课堂上似乎并不热闹，但是看似平静无波的表象下，却是思维海洋的汹涌澎湃，是思维火花的激烈碰撞。

高阶思维不是教师"教"出来的，而是学生自己"学"出来的。教师需要用高质量的问题引导学生去思考、去探究、去发现。只有把"灌输""填鸭"式的教学转化为学生自己的"学"，深度学习才会发生，高阶思维才能出现，学生的思维能力才得以发展，思维品质才得以提升。

（四）语文学科教学应关注学生的精神成长

语文学科除了培养必备能力之外，更应关注人的精神成长。学生在学习过程中，除了掌握基础知识与基本技能，发展适应社会发展需要的思维能力之外，还要树立正确的审美意识，提升审美品位，培养文化自觉与自信，提高文化修养。这一点在教材的编写上有所体现，更应该在语文课堂上予以重视。

语文教学依托于教材。《义务教育语文课程标准（2011年版）》"实施建议"中提到："教材编写应依据课程标准，全面有序地安排教学内容，设计教学活动，并注意体现基础性和阶段性，关注各学段之间的衔接。""教材应体现时代特点和现代意识，关注现实，关注人类，关注自然，理解和尊重多样文化，有助于学生树立正确的世界观、人生观、价值观。"这就明确提出了关注学生成长过程特别是精神方面成长的要求。

统编教材的编写，立足于让学生感受自然、爱护动物、热爱生活的这个世界；学习伟大人物，感受学习他们伟大的品格，学习小人物身上的优秀品格；了解祖国优秀的传统文化，做文化的传承者和创造者；更好地去了解世界，了解社会；努力锤炼自我品格，树立理想，提高自己的审美等方面的素养；培养社会责任感和担当精神……总之，教材试图引导学生做一个对社会有用的"人"，也引导教师实施真正有利于"人"的教育。

我们还发现，教材不仅注意到文本对人的精神方面的熏陶，更注意到学生精神成长的过程。以统编教材"自然"主题文章的编排为例，我们具体看一看教材在学生精神成长方面的指引作用。

七年级上册第一单元的课文《春》《济南的冬天》《雨的四季》等文章，旨在让学生亲近自然、热爱生活。七年级上册第五单元依然以"自然"为主题，选入《猫》《动物笑谈》《狼》等文章，意在让学生增进对人与大自然关系的理解，加强对人类自我的理解和反思，形成尊重动物、善待生命的意识。表面上看，两个单元一个关乎自然景物，一个关乎动物，好像是并列关系，但其对学生情感上的培养却是从"亲近""热爱"到"理解""尊重"，指向的正是学生的精神成长。

七年级下册第五单元选编的《紫藤萝瀑布》《一棵小桃树》《未选择的路》等文章，同样跟"自然"有关，但由关注外部的世界转为对自我世界的探索，是自我成长过程中的需求，也是自我成长的具体体现。

八年级上册第三单元《三峡》《答谢中书书》《记承天寺夜游》《与朱元思书》等几篇文言文，都是歌咏自然山水的优美篇章，让学生在阅读中获得美的享受，净化心灵，陶冶情操。从七年级的现代文为主到八年级上册的文言文，对于学生阅读能力的要求是有所提高的，也让学生的目光和心胸从现实生活向更广阔的空间寻觅，去感受另外一种情怀，丰盈学生的精神世界。

八年级下册第五单元《壶口瀑布》《在长江源头格拉丹东》《登勃朗峰》《一滴水经过丽江》等几篇与自然景观有关的文章，让学生跳出熟悉的景色，随着作品遨游世界，丰富见闻，增长见识，开阔眼界，感受世界的博大与壮阔，感受自然的神奇与人的精神的高尚。这是对精神的一种熏陶与渲染。

九年级上册第三单元《岳阳楼记》《醉翁亭记》《湖心亭看雪》等文章，让学生体会古人寄托于山水名胜中的思想情感，感受他们的忧乐情怀，培养学生的家国意识。

从亲近自然到尊重自然，从外部世界的观察到内心世界的探索，从现代文到文言文，从熟悉的景色到陌生的世界，从自然景观到家国情怀，这几个与"自然"有关的单元，编排在不同年级，对学生的要求渐次提高，旨在逐步提高学生的审美品位和文化修养。

教材的编排关注学生的精神成长，教学过程更应如此。下面以黄厚江老师的《乡愁》和《台阶》为例，来看看语文学科教学可以如何促进学生的精神成长。

先看《乡愁》的课例。教学过程中，在品读完整首诗，学生基本理解了余光中诗化的乡愁之后，黄厚江老师设计了一个问题："说说看，你认为乡愁是什么？"让学生谈谈对乡愁的理解。按理来说，这个问题对于从小熟读很多"思乡"主题古诗的学生而言，不是一个难回答的问题，可是，真实的情况却是很多学生一开始几乎都说不出来，他们的心里只有课文，是没有乡愁的。后来一个学生回答："乡愁是对自己最重要的东西的思念。"黄老师接着引导，于是有了以下对话。

师：他认为（乡愁）是对重要东西的思念。你补充一下？你认为这个重要的东西可能是什么呀？

生：是自己的母亲或大陆。

师：你是从诗歌里去挖掘的，很好。但思念故乡是不是就一定是思念大陆啊？

生：不是。

师：还有哪些东西呢？

生：和家乡有关的东西。

师：比如——

生：比如家乡的——家乡的村庄。

师：是的，仅仅说思念家乡，还比较空泛。乡愁更多的是寄托在具体的东西上，如邮票、船票，家乡的村庄、家乡的一条小河、小河上的小桥，行不行？（生回答"行"）小桥旁边的树行不行？（生回答"行"）树旁边有我们小时候玩过的一个水塘，行不行？（生回答"行"）

师：对呀！这就是乡愁。成都的一个诗人流沙河说过对乡愁的理解，他讲得比我们更深刻。我们刚刚讲过了，什么叫"乡愁"呢？把我们跟家乡联系在一起的那个东西，或者说隔断了我们跟家乡的那个东西。流沙河他是怎么说的呢？他说："乡愁是一种思而不得的情感。"大家觉得有没有道理？①

从这番引导我们可以看出，黄厚江老师关注的是乡愁与学生之间的联系，乡愁应该是学生能够感受和体悟到的乡愁。当学生真正感受到乡愁的时候，他才能真正理解乡愁，他们的情感体验才会更丰富。就像黄厚江老师在"教者自述"《哦，我们永远的"乡愁"》里所说的那样："在理解了诗人的诗化的乡愁之后，我们便让每个学生说说自己对乡愁的解读。这并不难，可是很多学生一开始是说不出来的，这说明学生心中还没有'乡愁'。我们再回

---

① 黄厚江.《乡愁》课堂实录［J］.中学语文教学参考·初中，2019（8）：25.

到诗歌，让诗歌唤醒学生的乡愁意识和乡愁情绪：乡愁就是家乡的一棵树，乡愁就是家乡的那条河，就是那条河上的那座小桥……乡愁就是离开家乡之后，思念母亲、思念妻子、思念儿女、思念家乡的小吃、思念家乡的风……于是，学生心中便有了乡愁。我们再引入流沙河的解读：乡愁是一种思而不得的情感。于是，乡愁成了一种惆怅，一种遗憾，一种刻骨铭心的思念。于是，'乡愁'在学生心中长大了。"①

乡愁在学生心中长大了，学生的生命底色里多了一份对乡愁的理解，多了一份乡愁的体悟，多了一种丰富的、珍贵的、重要的情感。如此，学生的生命将会越来越丰盈。

从教材到课堂，语文教学需要真正关注学生的精神成长。

回顾语文学科教学的百年历史，在一代又一代教育人士的摸索中，语文学科教学始终适应着时代发展的需求。在当今时代，语文学科教育更是肩负着立德树人的重任，语文学科价值重构最终指向于人的发展，是关乎人的生命的成长。在运用语言文字的过程中，语文学科教育能够帮助人认识世界，在经验和情感的交流中起到很好的交际作用；在语文学习过程中，语文学科教学能够发展人的思维能力，提高人的思维品质、文化修养和审美品位，不断完善人的个性，塑造人的灵魂，可以培养良好的学习习惯和终身学习的良好品质，最终让生命得到充分、和谐的成长，成为有很强生活技能、丰富学识、丰富情感、社会责任感、时代担当的人。

参考文献

[1] 孙宗良. 把握学科特质　培养健全心灵——中小学语文学科育人价值概述 [J]. 现代教学，2013（7-8）.

[2] 于漪. 语文教学现状的思考 [J]. 语文教学通讯·高中，2016（10）.

[3] 郑桂华. 从我国语文课程的百年演进逻辑看语文核心素养的价值期

---

① 黄厚江. 哦，我们永远的"乡愁" [J]. 中学语文教学参考·初中，2019（8）：27-28.

待[J].全球教育展望,2018(9).

[4]王宁,巢宗祺.普通高中语文课程标准(2017年版)解读[M].北京:高等教育出版社,2018.

[5]于漪.弘扬人文,改革弊端——关于语文教育性质观的反思[J].语文学习,1995(6).

[6]陈莎莉.语文教育发展的特点及其发展趋势[J].华南师范大学学报(社会科学版),1998(2).

[7]顾之川.新中国语文教育七十年[J].语言战略研究,2019(4).

[8]中华人民共和国教育部.义务教育语文课程标准(2011年版)[S].北京:北京师范大学出版社,2012.

[9]中华人民共和国教育部.普通高中语文课程标准(2017年版)[S].北京:人民教育出版社,2018.

[10]徐林祥."语文就是语言"——重温叶圣陶先生关于"语文"含义的论述[J].语文教学通讯·小学,2008(3).

[11]黄厚江.《乡愁》课堂实录[J].中学语文教学参考·初中,2019(8).

[12]黄厚江.哦,我们永远的"乡愁"[J].中学语文教学参考·初中,2019(8).

[13]王磊,张景斌.学科育人的理论逻辑、价值内容与实践路径[J].教育与管理,2019(10).

重构篇

◇◇◇◇◇

怎么走出一条自己的语文之路

第三章

语文教学的内容价值和过程价值

语文课程应指向学生的生命成长与精神发育，唤醒人的生命与灵性。要实现这一目标，就必须充分把握语文的学科内涵，兼顾内容价值和过程价值。在以往的教学中，教师往往会给予教学内容亦即教材内容充分关注，想方设法落实教材的教学价值，尚未认识到教学过程本身具有的价值，即使考虑到教学过程，也常常只是将之作为实现文本价值的一种策略或途径。

为实现语文课程的核心价值，指向人的全面发展，内容价值与过程价值缺一不可，二者须相互依存，有机融合。

第一节　对内容价值和过程价值的理解

学科核心素养综合体现为具有学科特色内容的价值观念、必备品格和关键能力。每个特定学科都应是知识教育、价值教育、情感发展、思维发展、能力提升、习惯养成的综合体。上一章阐释了重构语文价值的必要性，也着重梳理了语文学科的价值维度，要实现前述价值，就必须关注课程内容和学习过程。

一、语文学科的价值蕴含于内容与过程之中

在"以知识为中心"的教学理念影响下,教师往往充当知识权威和真理代言的角色,把学科等同于课程,把学科知识等同于课程内容,教学时只考虑如何把教材内容作为已经规范和确认的知识灌输给学生,而这往往导致对学习过程的忽略,不利于语文学科价值的实现。真正理想的语文课堂必须充分考虑教材内容和学习过程两个因素。

以《秋天的怀念》为例,这是史铁生所写的一篇回忆性散文,作者回忆了正值青春大好年华的自己在瘫痪后,母亲对他的照顾、理解和激励。母亲给予的不只是一份细心体贴的母爱,更是对儿子生命的一种期望和鼓励。在文章里,母爱与生命交织不可分,母爱意味着唤醒,对母爱的体认是自我救赎的开始,也是人生意义追索的开启。因为有了对爱的体认,史铁生才从人生的阴暗处走到阳光之下,正视自身的缺憾,开始对美有了认知,对生活有了激情,对生命有了领悟。这篇文章语言非常平实朴素,但是细节之处见功力,品读隐藏在语言中的细节,才能探寻到史铁生母亲动作语言背后深沉的爱和史铁生本人丰富的精神世界。品读文本细节的过程能够让学生沉浸到特殊的母爱和儿子浓浓的愧悔之情中。母亲的爱与付出,随处可见,文中到处都是母爱的细节,当"我""望着望着天上的雁阵""听着听着李谷一甜美的歌声时","我"会突然地砸东西、摔东西,每当此时,母亲就会"悄悄地躲出去,偷偷地听着我的动静",等"我"平静下来,她再"悄悄地"走进来,"眼边儿红红的,望着我";当秋天来临,树叶"唰唰啦啦"地掉落,她会挡在窗前,近乎乞求地提出要带"我"去北海;一旦"我"答应了,哪怕只是不耐烦地答应,也足够让她喜出望外,絮絮叨叨,乃至于失态地提及一些不宜在"我"面前触及的词语;她又会很快惊觉,马上停住,再"悄悄地出去"……读进去,抽丝剥茧,细细咂摸,都有无限味道。在品词咂句中,学生悟到,作者笔下,母爱是一种自我牺牲。为了"我",母亲无暇顾及自己的健康,"肝疼得整宿整宿睡不了觉""大口大口地吐着鲜血",牺牲了侍弄花草的乐趣,牺牲了自己的生活,她将全部心思都放在"我"身上,关注

"我"、体谅"我",牺牲了表达自己的权利——在"我"面前,她必须"忍住",哪怕心里有再多的痛苦、沉重、无奈、失望、绝望、恐惧,也必须忍住。静水流深,作者的情感就蕴含在这些平静而克制的语言中,因为母亲的爱是不张扬的,他的文字也表现为极度内敛。

在学习文本内容的过程中,学生受到文字的感染,以作者的体验体悟母爱,得到情感的浸润,领悟生命意义、启迪自己的人生。这些价值是学生在阅读《秋天的怀念》这一特定文本的过程中获得的,也是其他文本所不能替代的。

学习《秋天的怀念》一文,学生难以理解的是一个年轻的生命如何在母亲的影响下走出阴影,完成救赎,找到人生的意义。这就需要教师精心设计教学过程,将"伟大的母爱"这种宏观抽象的概念化阐述转变为具体而感同身受的情感体验,引导学生贴着文字行走,设置情境,调动经验,逐步深入细节,切身体会史铁生的情感体验。通过品读还原出母爱的多个面向,感受一个母亲"苦痛中不舍的爱"和"煎熬中不弃的坚持",这才能真正实现情感的浸润与体悟,借此成为有情有义、有温度的人,继而对自己的生命产生一种觉解。如读母子关于赏菊的对话,感受对话中母子二人的情绪流动,理解儿子稍微表现出一些变化,母亲就欣喜若狂以至反常失态的无言之爱。还可以对比阅读"我"病时的"反复无常"和母亲病时的"如常",体会母亲强忍病痛之苦,进而感受到儿子的伤痛成为母亲身上加倍的伤痛。教师还应引领学生关注文章的反复之处,品味赏菊背后的生活情境、赏菊过程中的人物心境,感受秋菊与生活、与母亲的关联,进一步理解文字背后的情感脉动,理解文末写赏菊的深意,理解他去看花,是因为花里有对母亲深深的怀念,也有追求坚强生命的芬芳。只有这样紧紧缠绕文本内容,历经感知—体验—理解—转化的全学习过程,抽象的情感才能深入心灵深处。

由上述对《秋天的怀念》的分析可知,语文学科的独特性在于感知文本内容和经历学习过程并重,换言之,语文的价值蕴含于内容和过程之中。

统编语文教材以双线组元的结构,力求使语文教材的知识、能力、文化等方面的价值得到更好的平衡,对学习过程、学习方法也作了更具体的要求、更系统的设计。例如《秋天的怀念》设置了三道思考探究题：

一、朗读课文，体会作者的情感，说说文章为什么取题为《秋天的怀念》。

二、课文平静的叙述中蕴含着感人的力量，这主要体现在一些细节中。文中哪些细节最让你感动？为什么？可以参考下列细节，也可以自己再找一些。

三、课文中两次出现"好好儿活"这个关键语句，联系上下文，谈谈你对这句话的理解。

三个探究题，不仅指向文本内容理解，还对学习方法提出了要求，同时明晰了文本学习的过程：读标题—体会细节—品读关键语句。可见，统编教材的内容、功用和使用要求已经发生了变化，兼顾文本内容与学习过程，充分表明教育理念的更新。这就为一线教师指明了语文的教学要求。

二、内容价值与过程价值的含义

语文学科的教学价值主要通过内容价值和过程价值这两个维度来实现。那么，何谓内容价值与过程价值？

（一）内容价值

本书所谈内容，指的是教材文本。文本自身构成一个相对完整的艺术世界，吸引我们去探寻隐含在语言、意象和故事之中的"言内言外之意"。这些语言意义及语言建构的世界所形成的意义是文本特有的内容价值。

内容价值亦即文本价值。所谓文本，源自拉丁文，它是指由语音、字形、词义、句式、篇章结构、整体形象、整体意蕴与思想感情等构成的具有层次结构的语言组合体。对语言学家来说，文本指的是作品可见可感的表层结构，是一系列语句串联而成的连贯序列。文本不仅仅是"文章"，而且可以是一个句子、一个段落或者一个篇章。

文本自身构成一个相对完整的艺术世界，解读文本，就是要探寻文本的意蕴。所谓意蕴，就是指隐含在语言、意象和故事之中的"言外之意"。文本意蕴具有隐含性、丰富性、含蓄性、模糊性的特点，这就决定读者每一次接触文本都会产生新的感触，都可能领悟出新的意义。而文本价值，就是指在探寻文本意蕴过程中直接获得的有关审美、精神、情感、知识、技能，并唤醒生活经验、获得价值判断、形成行为准则、促进生命理解。

说到文本，不得不提到教学文本和文学文本这对概念。很多名家名篇进入教材之前会由编者作出相应删改，改前改后意蕴或有不同。朱自清的《背影》如果收入朱自清的作品集，由某出版社出版或由某杂志社发表，它只是一个文学文本；一旦它进入教材，就成为教学文本。这两者之间的差异在于，如果教师是在报纸、杂志或书上看到《背影》，可以只从读者和作者的维度去考虑这个文本的内容和价值，但若是在教材中读到它，就必须充分考虑编者的意图以及学生的实际情况。用更专业的话来说，文学文本更强调"原生价值"，而课文是为了适应教学被改编甚至是被删减了的"文本"——强调的是其"教材价值"和"教学价值"。

文本在进入教材之前，仅仅是作为信息交流的载体，或者是传达一种事实的信息，或者是传达一种思想情感的信息，是作为一种社会阅读客体而存在的。这些文本作为社会阅读客体而存在的信息价值，称之为"原生价值"。[①]胡立根老师进一步指出，作为社会阅读客体的文章，它们的原生价值就是信息传输价值。这些信息传输价值分三类：知识传播价值、情意交流价值和消闲价值。无论如何分类，信息价值是总价值，人们阅读社会文本就是为了获取信息。[②]

那么，什么是教材价值呢？根据国家育人方针政策和语文课程标准，根据课程设置需要和学生心智水平的实际，对文本原生价值中的部分价值保留或增加，这些被保留、被增加的且要求学生学习和掌握的价值就是文本的教材价值。

---

① 王荣生，等.语文教学内容重构[M].上海：上海教育出版社，2007.
② 胡立根.中学语文教材教学价值特征简论[J].深圳教育学院学报，1999（2）.

至于教学价值，主要来自对文本解读、课程标准、学情三者的综合考量。要准确把握文本的教学价值，就必须以文本为基础，以课标为基准，以学情为依据，最终指向学生语文核心素养的培养。

（二）过程价值

所谓过程价值，是指在教学中形成学生的高阶能力。学习是一种结构化、系统化的心理活动，是动态前进的过程。学习过程中运用分析比较、思辨探究、综合实践等学习策略，学生的逻辑能力、创造能力、批评能力、审美能力、文化判断能力，乃至理想、信念等，都可以在合理有效的学习过程中养成。这就是语文学习的过程价值。

以往的语文教学，更多关注教材价值，无论目标的确定还是内容的选择，都是基于教材价值的实现。并且，即使关注过程，也只是从方法或者策略的角度来认识，即如何使它更好地传递教材价值，或者只是知识化的方法或技能的获得，而对过程本身的教育价值认识不够。

认识上的偏颇，成为语文始终难以真正把"人"放到教学核心位置的重要原因之一。正像朱永新谈道：教育必须重演整个人类知识进化史，然而教材只能把人类最基础的知识用框架图景的方式呈现出来，它不可能把人类最伟大的智慧和思想具体、生动、细致入微地传递给学生——真正的智慧和思想只能在与那些最伟大的著作直接对话中才能够获得。这里的"对话"，即属于过程，也就是说，仅仅实现教材价值的语文教学是不完整的，而必须有过程价值的有效介入。

目前，重视过程价值的良好势头已发端，但情况还不理想。只有真正关注过程价值，让语文学科知识与语文学科能力得到充分融合，才能切实提高学生的语文素养，也才可能真正实现语文的教学价值。

三、对内容或过程的忽视影响语文价值的实现

然而，在现实教学中常存在因忽视内容价值或过程价值而影响语文价值实现的情况。

（一）片面理解内容价值，缺失精神培育

语文学科对于培养全面发展的人具有重要而独特的作用，教师片面理解内容价值，可能导致精神培育方面的疏漏。

以《木兰诗》为例，这是一首北朝长篇叙事诗，它讲述了木兰女扮男装，替父从军，在战场上建立功勋，回朝后不愿做官，只求回家团聚的故事，塑造了木兰孝顺、善良的女儿形象和英勇无畏、保家卫国的英雄形象。这首诗篇幅长，梳理情节必不可少；人物形象鲜明而丰富，值得细细揣摩；结构上的详略安排也有精妙之处，值得品味。部分授课者偏重内容的落实，忽视了学生能力乃至理想、信念的养成。比如，在平时的听课过程中，我们会看到这样的教学过程：

1. 介绍《乐府诗集》，引出《木兰诗》。
2. 初读诗歌，正字正音。齐读第一遍，纠正字音，再次齐读。
3. 再读诗歌，把握大意。小组合作，明确每一段的大意。
4. 研读课文，分析形象。细读文本，分析英雄木兰和女子木兰的形象。
5. 课后思考：傅庚生先生在《中国文学欣赏举隅》中如此评价这首诗，即"句多而不厌其冗累者，以其词句明快也。试问女儿木兰是何等心性，'明快'二字尽之矣。非如此明快人，不能就此千古奇业也；非如此明快文，不能拟此千古奇女也"。请大家结合诗歌的内容，说说明快在诗中是如何体现的。

上述流程中，导入环节介绍《木兰诗》的出处，旨在让学生粗略了解《乐府诗集》，积累文学常识；第二个环节，通过纠正字音，让学生积累语言知识；紧接着通过小组合作译读，让学生把握诗歌大意，为分析人物形象环节做铺垫；再通过对环境、人物细节描写、详略安排的分析，引导学生全面地把握人物形象；课后思考环节引用了傅庚生先生的评价，试图引导学生关注文本的语言特色。这些设计都是围绕教材内容展开的，让学生在教师引导下学习，目的都指向理解文本内容。设计中虽然提出了初读、再读、研读等

学习要求，但并不引向自主思考与问题探究，"分析英雄木兰和女儿木兰形象"的学习要求暗藏着教师对文本人物评价的预设。在这样的学习过程中，学生缺乏自主性，无法提升自主学习能力。不仅如此，学习并未延伸至理想、信念层面，语文所特有的精神化育作用也无法实现。

（二）对过程价值认识不足，忽视学习能力提升

教师常常会高度关注以显性状态存在的教材内容本身具有的教学价值，而忽略指向学习力和思想力提升的过程隐含的价值。如有教师在教授《谈生命》时设置了以下教学环节：

师：课前已让同学们预习了这篇课文，我们先把一些重点字词读一遍。
（出示小黑板：巉岩　骄奢　挟卷　荫庇　芳馨　怡悦　丛莽　清吟）
（找一个同学来读，其他同学认真听并正音。）

师：读得不错，看来同学们认真地做了预习。下面我们再认真地把课文读一遍。由于文章蕴含了作者丰富的感情，所以大家注意：读到感情激越处要语调激昂，声音响亮；读到感情平静处，要语调深沉。

以上教学环节只关注文本内容的学习，不重视在学习过程中培养学生的能力。朗读重点字词，仅积累语言知识；朗读文章，只是尝试让学生体会文章情感。其实，这两个环节完全可以合并，通过随文识词加深学生对词语的理解，以提高理解与运用的能力。

忽略指向学习力和思想力提升的过程隐含的价值除了出现于教学过程设计中，更常见于教学实施过程中。

如教师教学《谈生命》时做了以下教学设计：

1. 分析加点词表达效果格式：我认为"＿＿＿＿"用得好。因为它写出了＿＿＿＿，表达（表现）了＿＿＿＿。

2. 鉴赏句子格式：我喜欢"＿＿＿＿"这一句，因为它＿＿＿＿。

这一设计本应指向语言鉴赏能力的运用与提升，但是教师过分关注学生

选填的内容以及回答问题的格式，结果学生只学会了按一定格式规范回答问题，未能进行自主建构及个性感悟，也没进行交流与分享，遑论提升语言审美鉴赏力。

再以《散步》为例，这是当代作家莫怀戚创作于 1985 年的一篇散文，记叙了一家三辈四口人在田野上散步的小事。这件小事引发了作者关于生命的感慨，抒发了一家人彼此之间浓浓的亲情。此文语言平实，内涵丰富，耐人寻味。执教者容易捕捉文本特质，设计教学环节；但正因为容易，往往流于肤浅，比如下面这一设计：

1. 检查预习成果，巩固基础字词识记，介绍作者。
2. 配乐朗诵，整体感知文意，一句话概括。
3. 反复揣摩，悟读情感。
（1）"我们在田野散步：我，我的母亲，我的妻子和儿子。"若改成以下表述好不好？——"我们一家四口在田野散步。"
（2）文中还有许多能够让我们读出作者有孝心的地方，请找出来进行品读。
4. 再读课文，点评人物。

在这个温暖的家中，你最欣赏谁？请用"我最欣赏_____，因为从文中_____可以看出他/她是一个_____的人"这一句式来回答。

这是一个较为完整的过程设计，预设了从整体把握文意到品读孝心，再到把握人物形象的教学过程。然而，感悟孝心和点评人物这两个环节，因为指向不明，引导不利，学生只需找出文中一两处句子略作分析即可，学习始终停留在内容层面，能力仅止于搜寻文本信息与散点评析，无法深入理解作者的生命思考，也无法切身体察人物情感状态。

以上案例很有典型性，表明很多教师教学时仍只关注学习内容而非过程本身，这就导致语文的育人价值难以实现。

（三）缺乏过程策略，弱化内容价值

过程是学习的必经之路，学习的过程要素会影响文本内容价值的达成度。能否扣住文本内容价值，能否把握学习难点，以及学习方法的优劣、学习进程的深浅都对能否实现文本内容价值产生影响。

下面我们通过《孤独之旅》的两个教学案例来看教师在处理内容与过程关系的不同做法会让学生学习效果产生什么样的差异。第一个案例在2019年"一师一优课"评选中被评为部优，第二个案例在2019年第八届全国初中语文教师教学基本功展评中获一等奖。

首先，就文本来看，《孤独之旅》节选自曹文轩小说《草房子》，收入统编教材九年级上册第四单元（成长主题的小说单元），写的是一个少年遭遇家境突变不得不随父谋生，自身得以迅速成长的故事。这篇小说在揭示成长意义方面具有独特的构思，其借助环境、人物心理等多角度展现"孤独"的存在、生长、蔓延，以少年与孤独关系的变化来反映一种极端境遇下的成长。其次，《孤独之旅》在语言方面特别能展现曹文轩小说语言的风格特点，即散文笔法，充满诗意——对话少、情节性不强、环境描写多且画面唯美。据此，从内容维度看，本文的教学价值，一是小说主题，二是小说语言。

从过程维度看，学生在解读主题、品味语言的学习活动中，可以获得解读这类小说的方法、路径。例如，通过对比环境变化来把握人物心理成长，深刻理解环境在小说中所起的作用。在这一过程中，学生运用关联思维进行深度思考，有助于学生思维水平向上发展。

第一个案例重点是探寻主人公的成长变化及品味"诗化"语言，教学价值点的选择是准确的。但遗憾的是，教师忽略了过程的设计，内容价值与过程价值的割裂在一定程度上降低了学习成效。

先看第一个环节，教师设计了以下几个步骤，让学生体会"孤独"：

1. 由《草房子》切入，让读过的学生回忆书中多个少年的人物形象。
2. 检测预习作业的字词听写。
3. 回忆并背诵表达孤独的古诗句，联系自身生活说说什么时候自己感到孤独。
4. 解释"孤独之旅"中的"旅"。

教师试图用多种方法让学生思考"孤独",为理解主人公心理状态做好铺垫。遗憾的是,这些环节之间有断裂感,导致学生思维受阻。

在学生回忆《草房子》时,教师引导他们关注书中不同的孩子以及美丽的环境,随后就进入字词检测,让学生联想画面的思绪被切断。完成字词检测后,学生又在教师的要求下回忆与"孤独"有关的诗词;紧接着,教师又对"旅"进行翔实的注释并提问:"'旅'是从一处到另一处,杜小康是从哪里到哪里?"在这个环节中,"孤独"的重要性被弱化,学生思维不断发散,未能在主线上连贯深入下去。过程的割裂导致内容维度的价值落空,学生不但没有形成连贯的思考,也没能理解小说中主人公在极端处境下的孤独。

再看主要环节——探寻主人公的成长变化,理解孤独与成长的关系:

1. 教师出示课件,展示"孤独之旅是从(　　　)到(　　　)",请学生根据课文内容填空。
2. 用鱼骨图梳理主人公的心理变化。

在课件的提示下,有学生给出了"从油麻地到芦苇荡"这一答案,也有学生回答"从孤独到成长"。前者看到了地点的迁移,后者则关注到了主人公精神世界的变化。显然,第二位学生的回答对其他学生具有较大的启发意义,这时候如果教师顺势追问"从油麻地到芦苇荡就能让人从孤独到成长吗,这两个变化之间有什么关联呢?"或许更能激发学生关注主人公旅程经历及他内心变化的兴趣。

接着,教师通过引导学生圈出表现心理的词句来梳理主人公的心理变化。梳理目标固然达成,然而学生基本还处在搜索信息的学习层面。教师提出了一系列问题:"杜小康是不是很想去放鸭?""从哪里看出不想?""'未知'说明对未来是什么态度?""这种孤独一直在吗?""怎样转变了?"也都指向"是不是"和"是什么"层面,未能触发学生深入思考。从学生的回答可以看出,学生对文本的理解始终处于文章"写了什么"的内容层面。在整个课堂推进过程中,促进学生思维水平所需的联系、分析、体验等思维过程被信息搜索替代,仅仅考虑了内容维度,忽视了过程维度对培养学生思维深度的重要意义，最终导致学生的阅读浮于浅表，难以深入。

最后看语言品析环节：

1. 教师出示名家对曹文轩小说语言风格的评价，其中含有关键词"诗化"，学生齐读。
2. 提问：本文的语言有什么风格特点？
3. 品读写鸭子、芦苇荡、暴风雨的语段，再次感受本文"诗化"的语言风格。

语言的形式与内容及内容背后的情感表达不可分离。语言风格所涉及的修辞、表达方式等也和作者想表达的旨意及作家写作个性相关。学生要感知篇章的语言风格，可能需要的支架是：知道语言风格是什么，知道怎么感知语言风格。这是过程维度的思维支架。学生在教师所给的支架下进行深入思考，才能引发深度学习。然而，授课者并没有设计好学习过程，只是直接展示含有"诗化"一词的名家评论并追问："本课语言有什么风格特点？"结果，学生非但没有从评论中搜索到"诗化"一词，甚至还认为本文语言"平实"。可见，过程维度的支架缺失直接导致内容维度的教学目标难以实现。

在教学价值点的确立方面，第二个案例和第一个相似，都聚焦于成长主题和写法。不同的是，在这个案例中，课堂实现了内容和过程的高度融合，达成了促进学生深度阅读、思维发展的目标。

首先，授课者出示以下语段让学生填写，引导学生通过其中的"情感词"感知小说主题——成长：

油麻地家底最厚实的杜小康家忽然一落千丈，无奈之下他只好和爸爸去芦苇荡放鸭。未知的远方（　　　）着少年，可前行是纯粹的，爸爸不给乖巧温顺的鸭们一点（　　　）和（　　　）的可能，对杜小康的请求也（　　　）。到达空旷的芦荡，空气里（　　　）了各种清香，还有无数萤火虫，但这些都不能（　　　）他的恐慌。在芦苇荡，父子俩经受了孤独的考验。暴风雨（　　　）地来了，风雨中杜小康独自一人去追鸭，（　　　）

戳破了他的脚,他历经艰辛终于找回受惊的鸭子。八月,杜小康惊喜地发现鸭下蛋了。他们都长大了!

九年级学生正处于生命蓬勃、心理稚嫩的年龄,小说主人公少年杜小康与学生年龄、身心发展阶段相近,这是学生与文本的纽带;然而,家庭经济水平陡转直下的境遇是特殊的,由此而来的"孤独之旅"更是极端的,这种特殊而极端的境遇设定对学生来说相当陌生,难免造成学生与文本间的隔膜。主人公特殊的成长更多指向心理的成熟和精神上的强大,并以外在的行动变化来显示。教师以"无奈、恐慌、孤独、惊喜"作为台阶,引导学生由外在感受内心,梳理出"无奈—恐惧—孤独—惊喜"的心理变化,借此理解小说的成长主题。在文本价值的探索与转化上,授课教师做得很到位,而在过程的关注与设计方面,还做出了更加有益的探索。我们来看实录的节选片段。

师:是的。由辍学放鸭的无奈,到去芦荡后的恐慌,再到安顿之后的孤独,以及鸭子下蛋后的惊喜,这就是少年杜小康的情感经历。其实,这也是他的什么历程?

生:(齐)成长的历程。

师:对,成长之旅!

(师板书"成长之旅")

师:可是,编者为什么不把文章的标题定为"成长之旅",却命名为"孤独之旅"呢?

生:因为孤独是杜小康最主要、最常见的一种体验。

生:因为文中用了很多文字来写杜小康的孤独。

生:因为孤独是杜小康迅速成长起来的原因之一。

师:说得真好!孤独让人成长。可是,孤独是怎样使人成长起来的呢?或者说,孤独与成长之间的关系是什么样的呢?下面,就让我们一起走进课文,尝试解开这个谜题。这堂课我们学习一种新的阅读方法,是什么方法呢?暂且不告诉大家。也许,课快上完的时候,同学们就有答案了。

如前所述,《孤独之旅》设定了人处于极端处境下被迫成长的情节。一般而言,小说情节要跌宕起伏、瞬息万变,以此激发学生的阅读兴趣,同时塑造人物形象。但《孤独之旅》的情节极其简单:父子俩迫于生存压力,在芦苇荡放鸭,希求改变生活境遇。小说着重于环境描写,反复渲染孤寂、空荡、渺茫、辽远、凄清的氛围。小说主人公不是在曲折离奇的情节中发生变化,而是在冲破孤独包围圈的瞬间获得成长。

引导学生把握小说"成长"主题之后,教师抛出编者为什么不用"成长之旅"为题这一问,挑起学生的思维矛盾。要解决这一问题,学生不仅要搜索小说内容信息,还要运用对比、联系的思维方式,在小说语境下进行比较、分析,看看"成长"与"孤独"哪个更适切。课堂中有三名学生发言,前两名从人物心理体验和小说内容呈现角度回答,关注到作者对"孤独"用笔之重;后一名进一步解释了"成长"与"孤独"的关系。整个发言过程体现了学生思维的螺旋上升,为后面理解杜小康如何在极端孤独的体验中加速成长做好铺垫。

再来看下一个实录片段。

【与孤独相遇】

师:刚才提到"孤独",你们凭经验说说,人在孤独的处境中,最容易产生什么情绪?

生:想念朋友,想念亲人。

师:这是人之常情。

生:想吃东西,吃很多的东西。

(生笑)

师:看来,美食可以医治你的孤独。

生:会感到很无聊,所以会做一些事情来打发时间。

师:那如果这种孤独感再强烈一点呢?

生:会很害怕,很恐惧,甚至想要逃离。

师:很好,你提到了一个关键词——害怕!请同学们回到课文,告诉我文中哪里写了杜小康感到害怕。注意，是"第一回"的"真正"的害怕。

生：（齐）第21自然段。

师：对，就在第21自然段！那就让我们的阅读发现从这里开始吧。

（屏显。生齐读。）

> 这才是真正的芦荡。是杜小康从未见过的芦荡。
>
> 到达这里时，已是傍晚。当杜小康一眼望去，看到芦苇如绿色的浪潮直涌到天边时，他害怕了——这是他出门以来第一回真正感到害怕。芦荡如万重大山围住了小船。杜小康有一种永远逃不走了的感觉。

师：这是一段自然环境描写，能说说在哪里写出了杜小康的害怕吗？

生："这是他出门以来第一回真正感到害怕"一句，写出了杜小康的害怕。

师：对，这是直接写。

生："杜小康有一种永远逃不走了的感觉。"因为他很想离开这里，可是他却走不出去，所以他感到很害怕。

师：这种"永远逃不走了的感觉"是"害怕"的直接体现。有没有环境描写，也让我们能感觉到杜小康很"害怕"？

生："芦荡如万重大山围住了小船"。

师：能简单分析一下这个句子吗？

生：这是个比喻句，把芦荡比作万重大山，更加突出了芦荡的连绵与广阔。

师：人在其中会怎样？

生：无法逃离。

师：还有一个类似的比喻句，同学们能找出来吗？

生："芦苇如绿色的浪潮直涌到天边"也是个比喻句。这句把芦苇比作绿色的浪潮，给人以汹涌澎湃的感觉。

师：作者为什么要把芦荡同时比作万重大山和绿色的浪潮呢？

生：这样写更能写出杜小康的害怕。

师：具体说一说。

生：这样写更能强调环境对人的限制。

师：这两处比喻有不同吗？例如，"大山"与"浪潮"有什么不同的特点？

生：大山高，所以走不出去；浪潮汹涌澎湃，也走不出去。

我们看到，学生在这个过程中依然要运用联系的思维，只不过之前只涉及文本内部，这一次要借由自身心理体验理解小说主人公的心理体验，基于此再分析主人公的"害怕"经由什么呈现，即小说怎样刻画并渲染这种心理。从学生的发言可以看出，学生开始只关注到"直接描写"的部分，而在教师铺设台阶，引导他们聚焦环境的"间接"烘托作用后，学生能够深入把握环境与人物心理的关系。至此，学生经历了由感性体验到理性分析的过渡，思维呈现出丰富、立体的状态。

在后面的教学环节中，授课者还借助人物对话、鸭子的描写、作者访谈录等内容介质，进行"段落—原文—细节"的多方位比较阅读，在引导学生深入把握主题、领会语言风格的同时，进一步达成思维能力发展及精神成长的目标。

由此可知，真正的有效学习是一个价值引领下的感知、体悟、升华进而内化的过程，是一个由下而上、由浅入深、由表及里、由感性到理性、由外显的知识与方法到内蕴的素养的养成过程。因此，我们认为，语文学科应当重新认识学科价值，学会从内容价值和过程价值两个方面理解语文学习的作用，进而完成语文学科育人任务，助力于人的完整成长。

第二节　内容价值与过程价值的合一

语文课程要实现其育人功能，必须充分发掘内容价值与过程价值。内容价值主要是教材文本内涵的发掘、理解与建构，过程价值则是在教学过程中实现的学习力与思想力提升。二者共同指向人的发展，不可偏废。

一、内容价值和过程价值相互依存

内容价值与过程价值不是各自独立、互不相关的，而是相互依存且融为一体并同步实现的。过程维度的能力建构与内容维度的知识建构同等重要，并且二者只有高度协调、同步进行才有助于实现语文教学的育人价值，即内容价值要更好地实现必须依赖有效的过程，而过程价值则是在内容价值实现的同时得以实现。

以《济南的冬天》为例，这是老舍先生创作的一篇散文，最初发表于1931年4月，此后长期被中学语文教材选用。作者紧扣"温晴"这一特点，描写济南的冬天。首先，抓住"温晴"一词，对于学生来说，绝非易事，因此，如何带领学生梳理好文章的意脉，把握中心句、中心词，值得探究。其次，事实上，济南的冬季是极其寒冷的，然而作者却以"温晴"来形容，文本和实际情况的矛盾背后是作者的情感投射。作者曾在济南度过自由温馨的四年光阴，视之为第二故乡，也曾在《吊济南》一文中用"时短情长"深切表达他对济南的热爱。

余映潮老师在处理《济南的冬天》时，设计了一个非常精彩的探究任务：

"宝地""温晴""奇迹""有山有水""慈善""理想的境界"，这几个词和短语，哪一个更适合概括济南的冬天的特点？[①]

学生在探究、回答这个问题的过程中，就需要调动自己的积极性、主动性，厘清这个词与文章各个段落的关系。而要理解它们之间的关系，前提就是对每个段落、层次有充分理解。

在学生思考探究的过程中，余老师引导学生总结了把握文章意脉的方

---

① 余映潮.《济南的冬天》教学实录［J］.语文教学通讯·初中，2010（12）：16.

法：一是从结构入手，本文的层次为"总—分—总"，第一段总起全文，点明济南冬天的特点，而第一段的中心词就是"温晴"；二是从内容着眼，作者的笔触由暖阳、暖城、暖山（雪景都是暖的），到不结冰的水，所表现的都是温暖晴和。

这个任务的精妙之处在于从一个极小的切口进入，促使学生进入文本结构的深层，真正去探究文本的内在逻辑。正如孙绍振教授所言，进入文本结构的深层，恰恰是从意脉开始的。由此，学生不仅理解了文本的深层结构，其联系局部和整体的思维能力也得到了训练和提升。基于这个任务的指引，结构梳理就不再是简单的段落划分，而是在研究文章的脉络，是学生对于文章层次逻辑关系的把握。学生在执教者的引导下，不仅关注到了文本内部的联系，而且在探究联系的过程中习得了将局部与整体勾连的能力。内容与过程相辅相成，学生在探究过程中真正得到了发展。

余映潮老师的这一案例说明，围绕内容价值的核心价值设计适切的学习任务是二者融合的必要步骤。而在课堂学习过程中，教师能否敏感地抓住促进学习能力、思考能力提升的生发点来组织教学，也是二者能否融合并同步实现的关键。

如王君老师在执教《散步》时，在引导学生聊一聊"我们"、体会文本人物形象的时候，当学生谈到妻子，突然发现妻子没有说话时，她立即设计了一个任务，要求学生为妻子设计一句话，让内容价值与过程价值都在这一生发的学习任务中实现。

下面是相应的课堂实录片段：

生：我觉得"妻子"也是可爱的人。可是她没有说话。

师：你可以帮助她设计一句话呀！

【投影展示】

我说："走大路。"

妻子说："_____。"

生：妻子说："听爸爸的话。"

师：有点儿生硬！儿子大概会不高兴。

生：妻子说："奶奶要走大路，我们就走大路。儿子，要懂事。"

师：大家觉得这么表达好吗？媳妇儿可不好当。

生：不好。这么说奶奶会比较难堪，家庭气氛就紧张了。

生：我也觉得不好，显得这个媳妇儿好像心中有气。

……（省略部分为教师引导学生通过品读"妻子呢，在外面，她总是听我的"这句话来把握妻子的形象。）

师：你好懂爱情哟！小小年纪就这么有智慧。爱情确实是需要经营的。（众笑）那好，再来试试，妻子会怎么说。

生：妻子说："如果你跟着奶奶走大路，就给你一块糖。"

生：不好不好，这是哄小孩子。田野里也买不到糖啊！（众笑）

师：对，教育最忌讳糊弄小孩子。处处用糖来收买也不恰当。

生：妻子说："爸爸想的跟我一样，就走大路。"

师："丈夫"倒高兴了，"儿子"恐怕还是不太高兴。你得思量，这话啊，得方方面面听起来都舒服，都没有压力。

生：妻子说："这回咱们走大路，下回走小路。"

师：这句话说得不错，有水平。做个好媳妇儿，真得动脑筋，有智慧，多修炼啊！

师：也用一个词语来评价一下这个妻子。

生：贤惠。（师板书"贤"）

师：这就是"我们"。同学们，当你读"我们"这个词语的时候，你会有什么感觉？

生：温暖。

生：安全。

生：幸福。

生：有归属感。

师：让我们带着这些美好的感受来读。

(生读：我们在田野散步。)[1]

从以上片段可以看出，学生在设计作者妻子要说的一句话的过程中，其实已经自觉代入妻子的角色，用体验式的方法去感知人物、体察人物的处境。对于"妻子呢，在外面，她总是听我的"的品读只是教师为了引导学生入境所搭设的支架。在这个过程中，学生不仅更加准确地把握住了妻子这一人物的丰富内涵，更由此提升了与文本人物的共情能力。内容和过程的融合与统一，最终指向了学生能力的成长。

二、"教教材"与"用教材教"的统一

理解了内容价值与过程价值是相互依存且融为一体的关系，我们近些年经常思考乃至争辩的一个问题，即语文到底是"教教材"还是"用教材教"，就迎刃而解了。以往我们常常把二者对立起来，强调"教教材"则否定"用教材教"，反之亦然。其实，"教教材"指向的是内容价值，"用教材教"指向的是过程价值，或者说，对于内容价值的实现，过程是方法、策略，它有助于更好地实现内容价值，而对于过程价值的实现，内容则是载体，是过程得以有效推进的依托。

不论教材如何变化，每篇文本都可从语用角度、人文角度，或是思想情感角度，挖掘文本的内容价值。传统的语文教学，更多使用求同的思维方式，通过发掘不同文本的共性价值，从而归纳出知识、能力、方法等的"类"的价值，诸如写景文本的表现手法、小说的阅读方法等。但作为语文学习主要内容的课文，其文本自身便是一个独特的生命体，无论在语言形式还是思想情感方面，都具有自己独特的个性价值，需要教师充分挖掘。

"教教材"与"用教材教"的统一，需要经由对众多文本的有效的个性阅读，经由理解、体验、建构、内化的过程，实现对知识、文学、文化等更高层次的共性把握，并在真正的学习过程中养成智慧和素养。这样的过程，

---

[1] 王君.听王君讲经典名篇（上）[M].北京：人民出版社，2014.

对文本的解读、目标的确定、内容的选择、过程的设计乃至课堂的生成，提出了更高的要求。

20世纪七八十年代，于漪老师已经根据教学的需要，创造性地使用教材，立体化教学，全方位育人。如教学老舍的《小麻雀》，就比较阅读屠格涅夫的《麻雀》，拓展阅读《门槛》，并通过课内到课外的有价值的学习任务，完成有意义的学习成果。于漪老师还给出操作建议："课堂上讲和练既要重视眼前的课文，又要不为课文内容所限而不思其他。要认真地审慎地选几个知识点或训练点纵横延伸。选的点要恰当……语言要经得起推敲，内涵丰富而又咀嚼有味的，能在思想上给学生以启迪，能拨动情感的琴弦……所选的知识点或训练点应是在培养学生语文能力、陶冶情操、提高文化素质方面闪光的，或辐射，或折射，使课堂教学充满明亮。"[1]于漪老师的教学法及相关阐述说明了老一辈教师对如何"教教材"及"用教材教"的思考。

今天，延续前辈的探索之路，拓展阅读已成为通行的学习新样态，知识能力训练与情操陶冶相结合的理念也深入人心。自2016年提出中国学生发展核心素养及统编教材投入使用后，用好统编教材促进生命成长成为新的挑战。

当前，要做到"教教材"与"用教材教"的统一，需要教师了解统编教材系统，对教学进行高位设计，使育人作用与语文知识、语文技能相融合；要考虑语言文字的因素，结合字、词、句、篇中的语言知识和思想意义，确定一堂课、一个单元乃至更长时段语文教学的育人价值；要通过文学作品中的典型人物和典型事件，联系现实生活，使学生认识自我，学会调适，感悟人与他人、人与社会、人与自然和谐相处的重要性；要通过沉浸式阅读优秀作品的历程，培养学生对中华民族共同历史、文化、生活方式的归属感和对伟大祖国悠久历史、优秀传统的认同感。

舒尔曼认为，要实现学科教学知识的可教，需要教师具有复合型的知识结构，包括关于教育目的的知识、学习者的知识、一般性教学知识、课程

---

[1] 于漪. 语文教学谈艺录[M]. 上海：上海教育出版社，1997：35-36.

知识、学科内容知识、学科教学知识、教育教学情境知识,并能够进行知识统整。因此,教师不仅要熟悉自己要教的内容,明确知识内容背后的指导思想和对应的课程标准要求,以此把握教材的重点、难点和创生点;还要根据教学设计和学生发展水平实际需要,灵活使用多种教学语言表达,善于运用不同教学手段和方式组织教学。比如工作室成员李燕玲老师教学《秋天的怀念》的一个片段:

师:母亲是非常了解"我"的处境的。那么,"我"是什么处境呢?

生:面对自己的疾病,他处在一个非常消极的处境,基本上失去了活下去的希望。

师:你说的总结起来就是消极和绝望。文中说,"我的脾气变得暴怒无常",把"变得"两个字圈出来。史铁生的瘫痪,对他来讲,这个打击非常巨大。有没有哪位同学知道史铁生是在哪个年纪的时候双腿瘫痪的?

生:21岁。

师:嗯。他是20岁的时候患病,经过一年半的治疗,从21岁起开始了长达40年的轮椅生涯。20岁,用史铁生自己的话讲,是"我最狂妄的年龄",什么叫作狂妄的年龄?也就是这个年纪本来应该怎么样?

生:这个年纪本来应该享受生活,享受生活给自己带来的乐趣,而不是像他那样,只能缩在家里面。

师:缩在家里面。我们把这个词再具体化一点,他被怎么样在轮椅上?

生:(七嘴八舌)被迫、束缚、禁锢……

师:被束缚,这个词用得好;被禁锢在轮椅上,把这个词记下来:禁锢。大家进一步体会一下史铁生的处境。他在20岁的时候瘫痪,这是一个长大了的男孩子,在轮椅上就意味着他有很多事没有办法独立去承担。比如说什么?最日常的?

生:(杂言)走路,上下楼梯,出行……

师:还有吗?

生:上厕所。

（生笑）

师：不要笑。还有没有？

生：工作。

师：嗯。这些事他没有办法一个人完成，需要谁来帮助他？

生：（齐）母亲。

师：你想想，这是一个20岁的男孩子，上厕所这么私密的事情，需要母亲来帮助……这样就意味着，除了刚才说到的消沉、绝望，他还有……

生：（杂言）羞愧。

师：是。男孩子是有自尊的，在这个时候，他是非常敏感的，所以他羞愧。消沉、绝望、羞愧，仅仅如此吗？和他同龄的人，可以在外面跑跑跳跳，而他呢？再想想，还有什么？

生：（杂言）羡慕、自卑。

师：你们有没有注意到，文章写到"我的脾气变得暴怒无常"。在这之外，还有一种强烈的情绪……

生：（杂言）愤怒。

师：对，愤怒。西方有一种观念叫作悲伤的五阶段。也就是说，当你碰到一种意外，你的第一反应是"不可能"，否认。第二反应是"为什么是我"？愤怒。然后到了第三层，你会开始幻想"这个可不可以不发生在我身上"？妥协。慢慢地，你会陷入刚才她说到的那种阶段，绝望。而到了最后，人总是要走出来的，最后是什么阶段呢？你接受了。现在，史铁生接受了吗？

生：（齐）没有。

在上面这个片段中，李老师引导学生体会史铁生的处境，感受史铁生的情绪。这个内容可以只用一句话带过，但李老师通过情境还原，让学生一步步加深体会。当李老师问到"'我'处于何种处境"时，有学生很快地说出"消极、绝望"；但她没有让学生止步于此，而是将学生代入史铁生的处境，追问瘫痪发生于何时，这意味着什么。学生便能敏锐地察觉到先前说到的"消极、绝望"只是一种惯常思维，还不足以描述此时史铁生的心情，当他们真正了解到这个悲剧发生在一个正处于"最狂妄的年纪"、一切都大有可为的年轻人身上，才能真正理解：瘫痪不仅意味着身体受到禁锢，也意味着心灵备受束缚。在此基础上，李老师进一步唤醒学生的想象，让他们充分感受、还原史铁生的日常生活状况，体会潜藏在暴怒表面后的羞愧与不甘。最后，又补充了"悲伤五阶段"的说法，加深了学生的情感体验。

通过这个实录片段，我们可以清晰地看到，在这个品读、体验、想象、感受的过程中，学生以文本内容为载体，既深刻地体悟了史铁生的情感，提高了情感体验能力与共情能力，也经历了一次情感的洗礼，提高了审美能力。

统合考虑"教教材"与"用教材教"，就是要读懂教材的价值以及掌握使用策略，研究清楚教材除了知识性、文化性等内容价值，还蕴含了活动性、建构性、启迪性、发展性等指向成长的价值。这样，在教学过程中才能创造性地使用教材，引导学生在学习体验与语言实践中提升价值认知水平，通达生命成长之道。

三、显性目标与隐性目标共生并存

语文课程目标的变革与语文学科的价值认识变化相呼应。教师秉持什么样的教材观、教学观、育人观，影响课堂教学目标设计、教学走向、教学效果。在认识语文学科价值必须在内容价值和过程价值融合中同步实现的基础上，我们提出"显性目标"与"隐性目标"两个概念，前者更多地指向内容价值，后者更多地指向过程价值，二者融于同一个过程中。

显性目标是以教材内容价值为目标。文本的教材价值是根据国家育人方针政策和语文课程标准，根据课程设置需要和学生心智水平的实际，而保留及被增值地要求学生学习和掌握的价值。语文教师备课时常常将大量精力用于对教材价值的发掘、理解与建构上，因为文本是显性存在的，容易引发授课者的高度关注，成为目标确立的对象。

隐性目标以学生的发展为着眼点，关注学生的兴趣点、障碍点和发展点，以思想认识水平提升、生活理解与表达能力提升、道德品质培养等为目标。因其隐于过程中，往往被授课者有意或无意地忽略。

语文界一度将知识与技能、过程与方法、情感态度与价值观分列为三个独立的教学目标，其实这三者是不可分割的整体。学习过程是理解与掌握知识的历程，是提升技法与能力的历程，也是情感态度与价值观的转化过程，无法单列为一项显性目标。而在培养全面发展的人这一时代背景下，处在核心位置的不再是知识，甚至不再是教材的内容，而是学生的思维与能力。因此，理想的语文课堂应该探究语文学习过程如何尊重学生的思维规律，探究文本内容与学生思维的关系，探究文本作者的思维逻辑、教师文本解读和课堂建构背后的思维逻辑与学生学习过程中应该建构的思维过程三者之间的关系。换言之，理想的语文课堂应探究显性目标与隐性目标的融合逻辑。

下面我们以工作室成员古勋燕老师的"打开议论文写作的思路"一课为例来看课程教学中如何融合显性目标与隐性目标。

这是一节写作课，确立的显性目标如下：

1. 理解事件与观点的关系，明了如何形成议论文中的观点。
2. 理解论点与分论点的关系，初步掌握运用分论点写作的方法。

授课教师以鲜活的时事素材激发学生的议论兴趣，引导学生关注社会热点，基于具体新闻事件，从感性认识入手，通过层层追问点燃思想火花，以师生对话、生生对话的课堂形式创设包容开放的探究氛围，带领学生完成从浅层议论到深层思考、从感性思维到理性思维的跃升。

首先，古老师以"关注社会、关注生活，发出自己的声音"为主题，创设了一个新闻评论的大情境，为学生思维提供着力点。她在新闻素材的选用上较为周全，所选新闻事件大到国家时政层面，小到学生亲历的身边事件，如"港珠澳大桥通车"和"北京师范大学厦门海沧附属学校'弦歌十五'的校庆报道"，将学生的目光从身边引向社会。此外，还有"重庆公交车坠桥事件""苏州太湖马拉松扔国旗事件""女大学生举报打饭阿姨事件"，有学生熟悉的，也有学生陌生的，但它们都是复杂的，影响是多方面的。正因如此，它们才有议论的价值，学生的思考才有厚实的依托。同时，新闻素材作为文本自身所承载的内容价值也就有了被充分挖掘的可能。

其次，古老师通过引导学生学会追问，帮助学生建立思维的支架，将学生思维引向"纵深"。针对"女大学生举报打饭阿姨事件"，一开始，学生的"看法"停留在"这个阿姨怎么样""这个女大学生的行为怎么样""这个学校打饭支付规则怎么样"等粗浅的是非评价层面。这是学生思维所处的位置，也是这堂课的起点。在此基础上，古老师启发学生针对某个人的行为进行从行为到心理的原因追问，于是学生追问"女大学生为什么要这样做"，实现了由评述什么人怎么样到追问"为什么"，完成从借助思维定式进行是非评判到思考人物行为背后的动因的跨越。最后，学生还在追问中对未知细节进行假设，分类讨论，并得出结论："如果女大学生事先知道奖惩制度而这么做意味着她'缺德'，如果她不知道这个奖惩制度就没那么严重，属于'过河拆桥'的自私行为。"经过这样的追问过程，学生对女大学生的评价呈现多元可能，不再是开头时对其简单的道德讨伐。

而古老师并未就此止步，她换个角度追问："这个女大学生的行为违法吗？为什么我们要批判她？"有学生答道："虽然不违法，但是它挑战了道德底线。"进而，学生很自然地意识到，"法律和道德有时是有分歧的"。古老师紧接着又引导学生回归评价，启发学生得出又一更为深刻的结论："评价人有法律和道德两种标准，为避免道德绑架，不能使用单一的道德标准评价人物。"在这一过程中，古老师创设了自由发言的空间，为学生提供思维碰撞的场域，敏锐地捕捉到学生的思维困顿，通过及时的点评、追问，为学生铺设台阶。在教师的引导下，学生的判断标准从个人价值取向转为社会价值取向，思考面逐渐扩大，思维不断深化。

这是一节成功实现显性目标与隐性目标融合的写作课。古老师心中有明确的育人目标，能够敏锐地挖掘出社会新闻的语文教学价值，根据教学进度需要确立了指向内容价值的显性目标；同时，她能引导学生探寻新闻事件背后的人性，探寻实际生活中道德与法治的作用，促进学生思维及品格的发展，从而实现了隐性目标。

综合本节所论，语文教学要实现学科育人价值，需要遵循语文学科特点，尊重学生生命个体，充分挖掘语文学科的丰富内涵；在实现文本显性价值的同时，高度重视学习过程的隐性价值，构建系统的、适合学生成长需求的目标体系与具体内容，让学生围绕着具有挑战性的学习主题，全身心参与体验，确保学生的主体地位，使学生独立、自主、合作与交流的能力得到锻炼，主动去建构知识，习得能力，陶冶情怀，塑造人格。

第三节 价值实现的三个转向

孙宗良老师提到："在语文教学的变革中，没有一种现成的理论可以直接地指导教学实践，没有一种最为有效的策略可以直接地引领课堂建构，没有一条明确的最佳路径可以直接地指引实际操作，而必须从整体上观照语文课程和语文教学，这是对今天的语文教师的极大挑战。"可喜的是，随着语文学科自身的不断发展、教师学科思想与教育理念的不断更新以及黄厚江、肖培东、王君等一众语文教育名家的积极引领、探索，越来越多的教学案例为我们指明语文课堂该如何融合内容价值与过程价值。我们的语文教学在文本主体与教师主导之外越来越关注学生主体，在延续教材内容价值的同时，越来越关注语文学科教学过程隐含的价值。

一、从关注教学内容转向关注思维建构

重视学生的主体性，意味着要着眼于课堂的整体逻辑，关注学生的思维建构，使学生从被动的接受者转向积极的探索者，从被动参与到主动参与，真正激发学生的内源性动机。

内容价值与过程价值要融合同步实现，必须保证课堂的整体性，这就要求教学设计特别重视授课环节之间紧密勾连，自然有序切换，从根本上需要

遵循一定的逻辑链条，重视教学逻辑的关联性。只有如此，才能使学生在语文课堂中激活思维，深度学习，促进思维发展，从而实现学科的内容价值与过程价值。

工作室成员毛佳玲老师的《谈生命》一课，在课堂建构上就充分关注整体性，在环节上也非常重视逻辑的关联性及学生思维建构。课堂上具体环节如下：

1. 从学生问"生命意义是什么"的生活情境导入。
2. 展示学生预习课文时产生的疑问，提出课堂探究的第一个问题："两个喻体有什么相似之处，它们又共同指向生命的什么特质？"
3. 通过文本细读，学生提炼出生命具有"克服、享受、归属、轮回"的特质，发现两个喻体存在差异，并探讨它们指向生命的不同状态。
4. 分析现实中大多数人的生命状态与冰心笔下昂扬的生命力产生的矛盾，探究文本的意义。

我们观察到，这堂课思维建构的起点是学生的生活经验和基于生活经验产生的阅读困惑。在导入环节，教师再现了一个真实的生活情境，搭建了学生与文本链接的情境空间：

一位同学问我一个问题：老师，人活着的意义是什么呢？这个问题对老师而言，也很难回答，它太抽象了。关于"生命的意义是什么"等这类人生终极拷问是很难回答的，当然也是很经典的，人类对其的追问从来没有停止过。同学们读了冰心的《谈生命》，读懂了一些思想，肯定也留下了不少疑问。冰心在开头写道："我不敢说生命是什么，我只能说生命像什么。"为什么这么说？

这段导入语承载的信息是：在现实生活情境中，对生命意义的追问和思考是普遍的、真实的，同样，回答这样的追问也是困难的。正如《谈生命》的作者在开头说的"不敢"与"只能"，对此，我们唯有保持思考的状态和探究的姿态才能试图寻求答案。在此基础上，教师出示经过归类的学生预习提问，进而让学生以探寻的思考状态进入文本，正式开始思维建构的过程。

如果说上述环节是教师通过再现情境、展示困惑，帮助学生开始思维建构走出的第一步，第三个环节则是学生在教师的追问引领下进行自主的思维建构历程。以下是第三环节的片段：

生1：我觉得，之所以用两个喻体，除了具有共性，肯定也具有不一样的特性。江水是从高处发源，小树是从地底下发衍，对应到生命中来说，象征的是人出生时的身份、地位高低不同，比如有人生于富贵人家，有人生于贫寒人家，生命的经历会不一样。还有江水从高山到大海，是由近及远的过程，而小树则是从下往上生长，是由低到高的过程，前者是表现生命的长度，后者是表现生命的高度。

师：你的这个发现太深刻了，令人惊叹！她能找出这种差异，并联系到生命，对应到人的出身。别的小组有什么不同的发现吗？

生2：我们小组发现，江水从高山到大海，是不断运动的，而小树的生长则是固定在一处不动的。江水虽然一开始身处高处，却终究要往低处走，其实是很无奈的；小树固定在一处不动，看似不自由，却又可以向上生长，主动去争取自由，突破原有的限制。

师：说得太棒了，很有哲理，你们个个都是哲学家啊！但是生在高处就一定是富贵吗？

生3：我觉得不一定，不能简单地以地势的高低来判定，比如小树可能出生在高山，但也许是在贫瘠的土地上，可能出生在平原，但或许是肥沃的土壤。

生4：我觉得对于江水而言，大海象征着理想，江水为了实现理想，愿意克服一切艰难险阻去追寻。而小树，我觉得更像是一种回馈、守护，就是小树在生长时得到上一辈给予的恩惠，长大后要传递回馈给下一代，这就是一种守护。也就是说，江水是一种追寻，而小树是一种守护，我觉得这才是这两个喻体的不同之处。

师：也就是说，一个是在不停地追寻，一个则是静静地生长。那么，能否联想一下，有哪些人是像江水那样的生命状态，而又有哪些人像小树那样的生命状态呢？

生1：我觉得霍金像一江春水一样，在不断追寻科学的真理。

生2：我觉得很难分开举例，因为有些人可能一方面像春水，另一方面又像小树，很可能是两者的结合。

师：你的意思是说，这两个喻体的共性与差异性正好指向了不同生命体的共性与差异性，是融合在一起的，没有办法区分，对吗？

生2：对的。

在这一环节，学生经过小组交流，指出"一江春水"和"一棵小树"的差异，并用春水和小树对应人的不同生命状态。两个小组的多位同学围绕生命状态的对话呈现了他们共同完成自主思维建构的过程：发现差异—对比分析—辨析调整—归纳整理。在这个过程中，师生对话、生生对话、师生与文本对话的多元开放对话展开，学生思维在对话的语言实践运用中得到发展。

本节课着眼于学生逻辑思维的提升，重视问题链的设计，调动了学生已有的生活、阅读经验，帮助学生搭设思维进阶的支架，让学生的逻辑思维能力、生命感悟力等素养得到了多元化提升。

问题链的设计有利于实现内容价值与过程价值的融合。工作室在此方面做了大量探索，积累了不少经验。我们不妨再以工作室成员章倩文老师执教的《昆明的雨》为例展开分析。

《昆明的雨》是汪曾祺回忆昆明生活的一篇散文，收入统编教材八年级上册第四单元。从情感寄托角度看，散文可以分为"有所寄托"和"无所寄托"两类。初中语文教材中的散文大多属于前者，例如八年级上册第四单元其他两篇散文《背影》和《白杨礼赞》，分别寄托了作者的追悔之情和赞美之情。而《昆明的雨》则属于后者，从文本的内容来看，文本的确是在怀念生活，怀念曾经的岁月，但无论是和《背影》或者《白杨礼赞》，还是和旧教材出现过的《那树》《春酒》相比，《昆明的雨》并没有明显的情感寄托，它表达的是一种生活审美，一种纯粹的审美，把生活当作审美对象，用冲淡的语言加以呈现。如果说初中学生接触的大多数散文重在抒发情感,《昆明的雨》则重在传递情趣,这显得十分罕见,弥足珍贵。因此,本文有两个教学价值:一是生活审美,二是语言品味。这是内容维度的教学目标。为实现学生在学习过程中的思维整体建构、审美品位的提升,教师设计了一连串的问题:

1. 题目是"昆明的雨",但为什么不写雨,却写了大量其他事物?
2. 置身你所读到的生活画面中,作者的心境是怎样的?从哪里可以看出来?
3. 这些是太平日子里的生活吗?战争背景下的生活应该是怎样的?
4. 从这种反差中,你感受到了什么?

第一个问题从标题切入,既指向内容层面"写什么",又指向"为什么写",学生在这个问题的引导下不仅要完成信息搜索与整合,还要进行对比分析,将"雨"和其他事物关联起来,由此进入画面想象:仙人掌是雨季的仙人掌,如炭火红的杨梅和卖杨梅的小女孩出现在雨季,菌子、缅桂花及送缅桂花的女人等出现在雨季。顺着这一问题,学生发现,"雨"是所有事物出现的背景,更是将所有事物融合在一起的自然媒介,有了雨这一自然黏合剂,所有的画面才不割裂,它们合在一起就是生活。

第二问引导学生由画面走向心境,感受作者的闲适、悠然、宁静。学生透过细节品味、词语咀嚼,明确了语言形式和内容之间的联系。例如小酒店一幕的品读过程中,学生发现所有事物前面几乎都有"小"这一形容词:"小"街、"小"酒店、"一碟"猪头肉、"半市斤"酒等。这些特殊的意象群传达出特别的审美韵致——因为"小",自然清幽宁谧;因为只有"一碟""半市斤",当然只能浅斟细品;"土瓷杯"和"小"酒店相契合,而"绿釉"定然更加合乎作者的情趣,不经意处流淌出中国传统文人身上特有的静雅和逸兴。而对鸡的描写则可以看出时间的延续,乱世、细雨、异乡,作者以一种宁静的心态身处其间,才有了种种发现。

如果前两问是顺势承接,那么由两小问构成的第三问则是挑起认知矛盾。诗意的生活画面和作者闲适的心境显然与战争背景构成矛盾冲突,再以第四问的"反差"追问学生的感受。整堂课在四个问题串成的链条带动下有序推进,既有体验、领悟的感性思维活动,又有想象、联想的发散思维活动,还有联系、分析的理性思维活动,最终实现了思维整体建构、审美品位提升的目标。

语文学习中,过程的建构非常关键,直接决定学习的成效。学习活动越充分,综合能力的培养越有效。教师需要智慧才能带领学生走进思维的天空,在联想想象或理性分析等思维活动中实现思维能力的提升。

二、从关注"教师的教"转向关注"学生的学"

于漪老师指出:"长期以来,教师为教而教的现象比较严重。教师考虑得最多的是教什么,即教学内容。熟悉教材,进行钻研,写好教案,向学生传授知识,就觉得完成了任务。至于怎么教,学生才能学懂、学会,相对而言,考虑得就比较少。至于学生学习过程中会碰到哪些困难,怎样才能克服困难,考虑得就更少了。"因此,于老师强调,"须转换立足点,要把从教出发的立足点转换到从学生的学出发"。[①]

这意味着语文教师必须正确看待自己的教学角色定位,从以往教师权威论的思想中解放出来,与学生建立起平等和谐的交互关系。教师要及时转变自己传统的教学理念,将学生作为课堂教学活动开展的核心以及主体,围绕着学生的个性化需求来进行语文教学。教师需要在教学过程中激发出学生语文学习的主观能动性,并预留出足够的时间来引导学生独立思考或者开展合作探究。

(一)引导学生进入学习"对话场"

引导学生进入"对话场",是指教师要引领学生与文本对话,与教师和同伴对话,与文本创设的情境对话,与文本背后的时代、社会、环境及文化

---

① 于漪.语文教学谈艺录[M].上海:上海教育出版社,1997:35-36.

对话，在对话中不断思索，在思索中使自己的思维不断由低阶走向高阶，并在对文本的由浅入深的解读中不断生成自己新的认知，进而提升自己的思维品质。

比如《我的叔叔于勒》这篇小说，展现了资本主义上升时期人与人之间被金钱异化的关系。无论是菲利普夫妇还是于勒抑或是叙述者若瑟夫，都能引发学生的认知碰撞。学生可以从语言入手，透过"拮据""痛苦""节省""刚刚""很晚""非常""样样""从来""常常"这些词语，充分感受菲利普一家人窘迫困顿的生活状态——家里赚的钱只能解决温饱和基本生活、父亲为家庭非常努力地打拼、母亲竭力维持生活的体面、家人的社交自卑、购买物品时的隐忍；也可以透过这一家人每到星期天就衣冠整齐地一起到海边散步这一场景窥见他们对体面的、有尊严的生活的向往。学生可以透过若瑟夫的眼睛，看到菲利普夫妇的挣扎、辛劳、痛苦、隐忍、无奈、辛酸，也可以透过若瑟夫的眼睛，看到于勒的改变，还可以透过若瑟夫的叙述，看到一颗包容的、温柔的、良善的心。通过感受人物处境，分析人物心理，体察人物感受，学生能积累丰富的情感体验，从而柔软自己的心灵。

很多教师在处理这个文本的时候，已经逐渐跳出窠臼，摆脱了旧有的认知，不再简单地批判资产阶级赤裸裸的金钱观或一味痛斥菲利普夫妇冷漠无情，而是能引领学生细读具体情节，客观地分析人物言行与思想，具体分析人物形象的合理性与不合理性，在具体的文本内容中领会阶级、时代对人的影响。不过，《我的叔叔于勒》的相关教学案例虽然数量众多，但差异主要来自文本解读的不同，虽然人物分析由片面趋于全面，由全盘否定走向批判与理解并存，由主要人物拓展到次要人物，主题探讨由单一走向多元，但关注点始终聚焦在文本自身，常常会将课堂目标确立为感受小说人物形象，理解人物的处境与命运，帮助学生理解经典，引导学生理解现实的复杂和个人的挣扎。

至于采用何种方式、何种路径实现文本价值，往往考虑得还不够。比如，很多教师会让学生通过朗读或角色扮演来感受菲利普夫妇的无奈与辛酸，但无论是采用朗读还是角色扮演的方式，目的都是为了实现内容本身的价值。朗读与角色扮演只是一种方法或策略，换言之，朗读与角色扮演只是实现理解文本内容、感受人物特点的方法和技巧，而非目的。

事实上，教师还可以充分唤醒学生的生活经验，设置情境让学生体察人物处于困境中的挣扎与煎熬，从而让学生形成行为准则，获得价值判断，促进生命理解，形成高阶思维能力。这样的过程，本身也极具价值。

《我的叔叔于勒》是现实主义小说，它一方面检视人类存在的历史维度，另一方面则阐明某个历史环境，描述某个特定时间下的一个社会，不妨视为一种小说体的史书。其字里行间隐含的人物心理、意识形态、言行规律，不容当今读者轻率地以今律古、以己度人。对于《我的叔叔于勒》这样的经典文本，感觉、体验是必要的，但只有通过理性思考才能发现事实、探测本质、累积知识。这也就意味着，教师需要发掘课堂过程本身的价值，构建思维链，提高学生的思维品质。

比如，教师可以引导学生从小说标题入手，梳理于勒的人生轨迹及小说中其他人物对他的评价，从而得出第一个理性思考：小说中人物对于勒的评价与金钱息息相关。进而推导出结论：在当时的社会，金钱左右着人们的亲情及人物评价。经由这个过程，学生实现了一个完整的思维推导过程，训练了思维的完整性与严密性。

接下来，可以引导学生继续发现问题：小说中菲利普夫妇的行为受到外界影响，而他们只是屈从了大多数人的做法，但小说中并非人人如此——若瑟夫就是个例外。为什么他能保持良善，充满温情？这是矛盾点，也是学生的思维难点。通过还原小说的开头、结尾，学生将推导出第二个结论：当时的社会文化侵蚀了人性，但希望依然存在，仍有若瑟夫这样的人在坚守人性的美好。由此，学生完成第二个完整的思维过程，提高了思辨性。

在上述两个过程中，学生在对话场中经历了发现—探究—阐释—结论的思维建构，提高了思维的缜密性与敏锐度。

（二）建立文本与学习体验的联结

统编教材增设了许多指向阅读体验的思考探究任务，这体现了对学习体验的关注。如《老王》的思考探究一是:"读完这篇课文,也许你会联想到下面这些词语:穷苦、命运、平等、尊重、同情、人道关怀……你能结合课文内容,围绕其中的一两个词语谈谈感受吗?"《小石潭记》的思考探究三是:"小石潭给你留下的最深刻的印象是什么?如果你也坐在小石潭边,会有怎样的感受?试用几个词或一两句话,把你的感受表达出来。"教材的这些思考探究题,为学习者提供了进入文本的路径,也强调了情感体验与阅读表达,体现了对学习者阅读体验的尊重。

教学中,教师也可主动设计有利于学生建立文本内容与学习体验相联结的学习任务。例如学习《石壕吏》时,有教师设计了这样的问题:

从"_____"(字词/诗句)中,我读出了石壕吏/老妇的_____。

学生在细读后给出回答:

从"有吏夜捉人""吏呼一何怒"等诗句中,从诗句的"夜捉人"所示的时间不合理及吏怒呼的无礼中,我读出了石壕吏的残暴。

从"二男新战死""室中更无人"等句中,从诗句的"新""更"中,我读出了老妇的痛苦和绝望。

这一问题的前半部分指向文本内容,后半部分指向内容理解,以"我读出了"来强调情感体验。这样的问题设计巧妙,起到了立足文本、触发情感、指引方向、深入文本的效果。

教师还可以从学生生活经验出发,创设适切于文本内容的情境,推动学生学习进程。以《登幽州台歌》为例。这是陈子昂一生中最优秀、最著名的诗篇之一,被称为"千古绝唱",写于陈子昂任武攸宜军中参谋期间。诗人登临幽州台,吊古抚今,以古人之酒杯浇心中之块垒。短短二十二字,写到了生不逢时、屡遭贬斥的抑郁不平,也写到了置身广阔时空之中的个体生命的短暂、渺小之感。从形式上看,它有两个明显的特点:一是五言六言交错,长短交错,更能表现曲折、复杂、激动的情感;二是虚词入诗,虚词"之""而"的使用拉长了句子,增加了节奏,从而使语气变得绵长,情感变得悠远、沉重。从内容来看，这首诗的言说形式和诗人的复杂情感都是学习难点。为了突破难点，工作室成员李燕玲老师采用了设置体验场的教学方式。

在导入环节，通过"大家平时登高爬山有什么感受"这一问题唤起学生的旧有经验，初步确立学生与文本的关联。学生结合个人经验进入文本，进而思考：陈子昂在幽州台上看到了什么？想到了什么？

在译诗环节，"古人"成为学生的思维难点。李老师充分尊重学生的个性化理解，提出问题：古人只是指古代的人吗？他想见谁呢？借助教师的追问和背景资料，学生的理解逐渐趋于完善：从"古人中像'我'这样的人""能够帮助他的人""有才能的人""有远大理想的人"，到"赏识陈子昂才能的人，懂得欣赏人才的人"。

疏通诗句之后，进入品读环节，在讨论"陈子昂登上幽州台想到什么"这个问题之前，李老师与学生进行了如下对话。

师：刚才我问大家有没有登过山，作为现代人，我们登高爬山一般是为了什么？

生：（杂）锻炼、放松……

师：或者散心、瞻仰名胜古迹、欣赏风景。古人登高的原因呢？

生：写诗。

生：抒发情感。

师：抒发情感在哪里不行，为什么一定要到山上去？

生：山上可以激发灵感。

师：古人喜欢登高，这一类作品特别多。为什么呢？站得高，看得远，登高可以望远，那么，远处有什么？

生：（杂）志向、理想、目标……

师：大家都是往前看，看到未来。如果是回望呢，远方还有什么？

生：（杂）故乡、亲人、朋友……

师：所以，登高有表达思乡、思亲之意，哪些诗是这样的？

生：（忆答）《九月九日忆山东兄弟》《行军九日思长安故园》……

通过对话，李老师唤醒学生已有的生活和阅读经验，在自主的发现、联想、想象中一步一步接近陈子昂。至此，学生在宏观感知"登高"体验的情境下，情感一步步积累，体知到陈子昂为何悲怆落泪，也体悟到隐藏在这首诗背后的那些共通的情绪。

如此，在以"学"为核心的课堂上，学生不仅收获了诗歌形式上的知识，也不仅仅止于知道了陈子昂通过这首诗要表达的孤独和怀才不遇的痛苦，而是与古人，更与自己进行了对话，完全调动了自身的情感体验，意识到自己与古人共通的渺小无助以及超出一般人的时空感所能带给人的启发和震撼。在执教者通过多种方式创设的体验场中，学生能始终"保持个体经验的投射和情感的注入，从而实现对诗人情感的体会、感悟、理解和共鸣"。这堂课也实现了内容价值和过程价值的统一，最终指向学生作为人的发展，促使学生在反思、自省中意识到自身渺小，又在更为开阔的视野、胸襟下克服虚妄。

（三）任务驱动策略

教学要善于运用环境氛围，激发学生的问题意识，要设计适合的活动，为学生个体的发展提供机会；在学习过程中，要给予学生及时的反馈与指导，让学生经历探究、创造、协作与问题解决的历程，在学习历程中实现核心素养的内化。但如何统整使用各种学习方法，让教学价值最大化？任务驱动是渐为大家认可的将内容价值与过程价值融合的整体学习策略。

有教师用任务驱动来突破内容价值的难点。如一位教师在教学《背影》时，通过分析文本内容和学情，判断学生能自行理解父爱子之情，但儿子对父亲的情感隐藏较深，不易理解，于是设计了一个探究任务来让学生理解文中的父子之情。

《背影》探究任务（节选）：理出本文的行文线索，分析文中的父子之情是如何交织的。

方法：以问题链的形式分步完成本探究任务。

探究过程设计：问题链由四个问题组成，四个问题分别是——

1. 自读课文，找出本文的叙事线索。

2. 自主思考，以思维导图的方式画出，围绕这条线索写了父子哪些事情。

3. 小组讨论，以父亲的"背影"为线索，在叙事、抒情上有什么作用；围绕这条线索，儿子的情感是如何变化的。

4. 自主写出结论，围绕"父亲的背影"这条线索，父子之情发生了多次交织。

以上探究任务，以问题链的形式为完成任务搭建了四个支架，引导学生步步深入，让学生明白了父亲的"背影"既是文章的线索，也是主要内容。父亲的"背影"是情感凝聚的瞬间，这个瞬间是父子深情的切入点、交汇点、震撼点，富有情感冲击力，同时也是"我"的情感变化的转折点。围绕父亲的"背影"，既写出了父亲对"我"无微不至的关爱，也写出了"我"从轻视不耐烦到受到感动、理解父亲、惜别父亲、思念父亲的情感变化过程。这一任务设计还兼顾了过程价值，充分考虑了自主探究与互动学习，有助于学生以更高的热情参与到学习之中，并获得长久而深刻的学习体验。从这个案例可以看出，任务驱动既能让课堂迅速聚集于文本内容难点，实现对内容核心价值的学习，又能运用与提升自主探究和生生合作探究的能力，充分实现过程价值。

任务驱动也可用在全文学习、单元教学以及整本书阅读中，这能更为宏观地实现语文学科的内容价值与过程价值。统编教材设计了四个活动探究单元，每个单元以任务链串连文本学习和探究实践，力求引导教师建立以任务串连单元内容的整体教学观、学科实践观。

如八年级下册第四单元设计了三个任务：（1）学习演讲词。阅读教材提供的演讲词，理解作者的思想观点，把握演讲词的特点；在了解作者和演讲背景的基础上进行模拟演讲。（2）撰写演讲稿。在把握演讲词特点的基础上，学习演讲词的写法，自己撰写一篇演讲稿。（3）举办演讲比赛。课外搜集视频或音频资料，了解演讲的基本技巧。以任务二撰写的演讲稿为基础，举办一次班级演讲比赛。从层层推进的三个任务来看，编者传递了一种理念，即教学应从理解文本内容走向实际运用，而任务学习策略能有效地促进学用转化的过程。

关注学习全过程，就是关注生命状态。关注教学策略，就是关注内容价值与过程价值融合的途径、方式、方法。除了任务驱动策略，基于脑科学的元认知策略、问题导引策略以及项目式学习、深度学习等学习认知领域的新成果，也在逐渐影响语文教学。教师需要不断学习，吸纳新理念。选用哪种方法、策略，不仅与学习内容相关，更与育人理念相关。只有将育人理念定位于培养具有学习能力的全面发展的人，立足于学生的需求，立足于成长，在关注文本价值的同时充分发挥过程应有的价值，语文教学才能真正指向人的精神发育与完整成长。

三、从关注教材共性转向关注文本个性

每一篇文本都是独立的生命体，其生命在于言语的形式和精神的内容，每一个学习主体——学生——亦是独立的生命体，其生命在对文本内容的领悟、对自身学习能力的运用中不断强健。教师要了解学生语言和精神的需求，让学生立足文本，细细揣摩文本语言，既读出言语浅层次的表意内容，又要透过语言表层读出文本所蕴含的深层次的精神内涵。这样才有叩问文本独特生命体的可能性，也才有资格透过文本与作者进行深层次的对话。

在课堂教学实践中，我们关注文本的独特性，并非意味着抓其一点，不及其余。恰恰相反，文本的独特性是关注文本整体价值、着眼课堂整体前提下的独特性，是在环节清晰、逻辑自洽的课堂中对文本独特价值的发掘。脱离了课堂的整体性，忽略了教学的整体目标，会造成学生收获的知识与能力的碎片化、缺乏强关联，不利于学生语文素养的形成。

黄厚江老师执教的《出师表》一课，就很好地平衡了文本的独特性与课堂的整体性。首先，黄老师注重引导学生在语义推断中加深对文本的理解，

为正确处理文言文教学中的言文关系、兼顾教学整体目标、做到言文相融做了良好示范。在词义推断的过程中,学生逐渐走向文本深处。如在理解"是以先帝简拔以遗陛下"这句中的"是以"一词时学生产生了分歧,有学生主张译为"这是",也有学生主张译为"因为这些原因"。黄老师引导学生立足文本,结合上下文语境比较两种翻译。学生在比较之后,认同了"因为这些原因"这一义项,认为句子可译为:"由于他们有如此的品质,所以先帝选拔出来留给您。"经过这样的词义推断,学生对诸葛亮举贤荐能的苦心就有了更真切的认识,也更加深了对文本的理解。又比如,在讨论诸葛亮的"老师"身份时,学生找到了文本依据——"宜付有司论其刑赏,以昭陛下平明之理,不宜偏私,使内外异法也"。黄老师进而追问:哪个字只有老师才能说而大臣不能说?很快,学生抓住了"宜"与"不宜",词义上就是"应该"与"不应该",这确是老师的口吻了。至此,学生在词义理解与字词推敲中深入理解了文本。

其次,黄老师善于抓住一条主线辐射整体,既以文本为依据,又以学生为主体;既挖掘出了文本的内容价值,又关注学生的自主发现。由此,促进学生在学习过程中的自我建构,实现了过程价值。黄老师的这堂课以引导学生读出诸葛亮写《出师表》时的三重身份(忠臣、父亲及老师)为主线。这是教师挖掘到的文本的独特性,也是教师教学设计的高妙之处。也正是抓住了这一主线,学生读懂了诸葛亮的复杂心绪,也就理解了其写作意图,找到了读懂文本的密钥。学生很容易就从文本中读出忠臣的身份,又根据课外资料发现了"父亲"的身份(《三国志·诸葛亮传》中,刘备临死前对刘禅说:"汝与丞相从事,当事之如父。")。黄老师始终在文本语境的基础上激发学生自主探究,很好地体现了文本主体与学生主体的融合共生。另外,对于这三重身份,黄老师不仅以分块剖析呈现,更强调三个身份不是简单分开的,而是有机融合的整体,从而设计了一个很好的问题:"从哪个句子里既读出诸葛亮是个老师,又读出他是个忠臣,也读出他像个父亲?"这就使学生能更完整、更深刻地体味诸葛亮当时心绪的复杂性。

黄老师关于诸葛亮"三重身份"的教学设计,实是源自"表"这一文章体式交际语境的特点，他抓住了文本的核心价值，借此带领学生从表层语境探入深层语境，读出深意，读出新意，在深度学习过程中提升学生的高阶能力，实现学科过程价值。

黄厚江老师的许多课例都是对如何理解与用好文本"个性"的阐释。以《乡愁》为例，黄老师认为余光中《乡愁》的教学设计有以下四点独特价值。

（1）能够理解"乡愁"是最起码的要求。理解余光中具象化、诗化的乡愁之后，让学生说说自己对乡愁的解读，再引入流沙河的解读："乡愁是一种思而不得的情感。"经历这番学习体验，"乡愁"就在学生心中长大了。（2）教《乡愁》要读出"诗歌"。这是一首诗中有"诗"的诗，一直连接到三千年前的《诗经》，赋比兴在里面，重章叠句在里面，"昔我往矣"在这里，"少小离家老大回"也在这里。让学生写几句表达乡愁的诗，是对乡愁的感悟，也是对诗的体悟。（3）教《乡愁》还要读出"语文"。花时间揣摩"小小的"还是"大大的"、"窄窄的"还是"宽宽的"、"一枚"还是"一枚枚"、"一方"还是"一方方"，是在品味语言，也是在解读结构，重新建构文本。续写诗句不仅是对诗的解读，还能培养学生诗化表达的能力。（4）教《乡愁》最好还能读出文化。乡愁是中国文学中的一个母题，中国人的乡土情结可能是世界上最强烈的，一个没有乡愁意识、没有乡愁情感的人，不是一个真正有文化的中国人，也不是一个真正懂得中国文化的人。①

从黄厚江老师的"教者自述"中，我们可以看到名师如何用心于教材解读与教学建构，看到文本独特价值是如何被挖掘、被呈现与被传递的，由此看到黄厚江老师所说的"共生"——与文本共生、与学生共生。

文本是语文教学的内容之一，但生命成长需求的多样性使得语文教学的着眼和关注不能止步于此。兼顾语文学科的内容价值与过程价值，关注学生的学习，把师生的生命放在语文课程的中心，解决学生在成长中的问题，这是所有语文教师应该具有的意识、应该承担的义务。

---

① 梳理自黄厚江老师的《乡愁》课堂实录及"教者自述"。

参考文献

[1] 上海市中小学语文学科育人价值研究课题组.把握学科特质 培养健全心灵——中小学语文学科育人价值概述[J].现代教学,2013(7-8).

[2] 黄厚江.开发学科价值是学科教学的主要增长点[J].江苏教育,2015(8).

[3] 王荣生,等.语文教学内容重构[M].上海:上海教育出版社,2007.

[4] 胡立根.中学语文教材教学价值特征简论[J].深圳教育学院学报,1999(2).

[5] 李安全.文本解读:文本意蕴[J].名作欣赏,2009(6).

[6] 朱永新.论新教育实验的教师专业发展[J].大连教育学院学报,2010(2).

[7] 王国婧,武江坤.同课异构多彩纷呈——冰心《谈生命》教学内容述评[J].西北成人教育学院学报,2015(4).

[8] 高雁.《谈生命》教学设计——散文阅读指导课[J].语文教学通讯·初中,2010(9).

[9] 孔英.《谈生命》教学实录[J].语文教学通讯·初中,2019(7-8).

[10] 余映潮.《济南的冬天》教学实录[J].语文教学通讯·初中,2010(12).

[11] 孙绍振.去蔽:闽派语文根本精神[J].福建基础教育研究,2010(1).

[12] 李志超.从"教材"到"学材":以学生为中心的教材观研究[J].课程·教材·教法,2020(8).

[13] 王君.听王君讲经典名篇(上)[M].北京:人民出版社,2014.

[14] 于漪.语文教学谈艺录[M].上海:上海教育出版社,1997.

[15] 姜毅,胡根林.趋于多元化与多样化的经典阅读——《我的叔叔于

勒》综述[J].中学语文教学,2014(5).

[16]李燕玲.在体验"场"中感知古人的情怀——以《登幽州台歌》教学为例[J].福建教育·中学,2017(6).

[17]黄厚江.《乡愁》课堂实录[J].中学语文教学参考·初中,2019(8).

[18]黄厚江.哦,我们永远的"乡愁"[J].中学语文教学参考·初中,2019(8).

第四章

多维育人的课堂融合

通过前面几章的阐述，我们了解到随着时代发展，传统的知识教育正在逐渐走向人的教育。在这样的背景下，除了传统课堂所倡导的促进学生知识成长这一目标之外，学生能力和精神成长逐渐成为语文课堂的重要追求。上一章讲到，同一内容，过程不同，最终实现的能力素养不同，新时代的语文课堂需要有机融合知识、能力、情感态度、文化传承等多维价值。这一章将深入探讨在课堂过程中实现多维育人课堂融合的必要性及可行性。

第一节 多维融合的思维原点

美国教育心理学家布鲁姆将教学目标分为认知、情感和动作技能三个领域，语文教学价值维度大体也可分为知识维度、能力维度和情意维度。当然，这三个价值维度不可完全割裂开来孤立存在，而是相互作用、有机融合在一起的。

多维融合的语文课堂是指课堂上，教师依托一个价值维度和一条清晰的教学主线来建立多元对话，建构学生有效的思维过程，其他的价值维度则以有机融合的形式呈现。其特点是不同维度的教学价值在同一个教学过程中相辅相成，同步实现。

多维融合的语文课堂符合语文学科育人特点、统编教材的教学理念和学生的思维规律。

一、多维融合符合语文课程育人特点

语文学科对培养全面发展的人具有独特而重要的作用。教材的文本内容及语文课堂所传递的多维价值，不仅帮助学生达成语文素养，还能够促进学生形成社会责任感、正确的人生观与人文情怀等素养。语文课程的独特育人功能主要体现在以文化人、以文育人。

《义务教育语文课程标准（2011年版）》明确提出："语文课程致力于培养语言文字运用能力，提升学生的综合素养……为形成正确的世界观、人生观、价值观，形成良好个性和健全人格打下基础；为学生的全面发展和终身发展打下基础。"从培养语言文字运用能力到提升综合素养再到形成正确的人生观、价值观，这些能力、品格正是在一篇篇文章、一堂堂语文课中逐渐获得的。学生在学习文本时，既获得语文知识、语文能力，也获得仁爱、勤俭、智勇、诚信、爱国等精神层次价值，如《诫子书》传递的"静以修身，俭以养德"，《岳阳楼记》传递的"先天下之忧而忧，后天下之乐而乐"。除了在作品创作时代已具有的文学文化价值之外，许多文本穿越时空，凝聚成更多维、更深刻的价值，从而促进人的成长。如《桃花源记》中，陶渊明展现了一个和谐安乐的生活形态和社会关系，寄寓了作者对理想社会、理想人性思考以及对黑暗现实的深度拷问，构建了自己的精神家园。在作品创作时代，"桃花源具有浓郁的诗人自我的田园色彩，桃花源的境界代表着诗人的生活理想和社会理想"[1]。范子烨老师认为，"桃花源"又承载着深厚的文化内涵，不是陶渊明的空想，而是有着中华民族文化心理的历史渊源。"桃源"由此成为中国重要的文化标识和精神图腾，成为中国文人的重要精神追求，这也

---

[1] 范子烨.《桃花源记》的文学密码与艺术建构[J].文学评论，2011（4）：21-29.

是这篇文本情意维度独特价值的体现。"语文课程对继承和弘扬中华民族优秀文化传统和革命传统,增强民族文化认同感,增强民族凝聚力和创造力,具有不可替代的优势。"①站在课程育人的高度教学《桃花源记》,我们明了,教学不仅要指向知识维度,让学生知道文本音、形、义等方面的有关知识,能够疏通文义,解释文本特殊的文言现象,了解文本作者和文本有关的背景知识与文学常识;也不仅指向能力维度,培养学生对文言文感受、理解、欣赏和批评的能力,培养文言文翻译和阅读的方法;更需落实情意维度的教学价值。

再以统编教材九年级上册第六单元22课《范进中举》为例,学习这样的古典讽刺小说,如何实现多维育人目的呢?从课程角度分析,小说文体有关知识、作者作品以及有关文学常识、文本的字音/字形知识等是文本知识维度的价值;学生鉴赏、品读小说方法和能力的培养,小说有关阅读策略等是文本能力维度的价值;情意维度的价值则主要体现在对文本深刻主题的理解上。曾经我们对《范进中举》的主题分析止步于认识封建科举制度对知识分子的毒害,批评封建科举制度。今天,我们教读此文,不仅要关注文本中个体人物的形象,更要关注小说人物群像背后的共性,从范进、胡屠户、张乡绅等人对读书的态度来分析文本群体人物功利的读书价值观,进而反思中国传统读书价值观,最终帮助学生建立正确的读书价值观。教学过程需要融合这些维度的价值,如运用背景知识建立对那个封建时代的认知,这是知识维度与情意维度融合;运用对比分析等品读小说的方法理解文章人物与主旨,这是能力维度与情意维度的融合;而最终形成正确的读书价值观,则是在知、情、理等所有价值维度中融合达成的。教学走到这里,才完成了"为形成正确的世界观、人生观、价值观,形成良好个性和健全人格打下基础"这一目标。

---

① 中华人民共和国教育部.义务教育语文课程标准(2011年版)[S].北京:北京师范大学出版社,2012:1.

二、多维融合教学符合统编语文教材理念

教材价值直接指向培养什么人、怎样培养人、为谁培养人的根本问题。

统编教材的编写以"立德树人，守正创新"为根本理念，按照"整体规划，有机融入，自然渗透"的基本思路，密切结合了语文学科特点，采用集中编排与分散渗透相结合的方式，有机融入社会主义核心价值观，目的是使学生在学习过程中潜移默化地受到核心价值观的感染，使得社会主义核心价值观内化为精神追求，外化为自觉行为。例如，统编教材更重视对中华优秀传统文化和革命传统的教育，将传统的教育融入选文、导语和习题设计、综合实践活动等方面，并大量增加了古诗文和革命传统教育的选文篇幅。此外，统编教材站在更高的课程视野上，更突出学生学习的主体性，力求引导学生在语文实践中提升语文素养。

多维融合育人更能适应统编教材新的单元编排体例。温儒敏在《"部编本"语文教材的编写理念、特色与使用建议》中提到："'部编本'语文教材结构上明显的变化，是采用'双线组织单元结构'，按照'内容主题'组织单元，课文大致都能体现相关的主题，形成一条贯穿全套教材的、显性的线索，但是又不像以前教材那样给予明确的单元主题；同时又有另一条线索，即将'语文素养'的各种基本因素，包括基本的语文知识、必需的语文能力、适当的学习策略和学习习惯，以及写作、口语训练等，分成若干个知识或能力训练的'点'，由浅入深，由易及难，分布并体现在各个单元的课文导引或习题设计之中。"[①]统编教材的单元编排体现了教材编者重建语文知识与能力体系的追求，要求教师在教学过程中落实语文有关知识点、能力点。但是，统编教材不是让教师回到过去那种完全围绕知识点和能力点的教学，而是要依托文本语言，借助文本语境，通过对文本情意维度的价值探究完成知识学习和能力训练。

---

① 温儒敏."部编本"语文教材的编写理念、特色与使用建议［J］.课程·教材·教法，2016（11）：3–11.

以九年级下册第四单元为例，这个单元的三篇选文是《故乡》《我的叔叔于勒》《孤独之旅》。单元导语如下：

少年时代，我们开始睁大眼睛看世界，品尝生活的甘美，也经历着成长的苦涩和无奈。本单元的小说，或涉及少年成长这一话题，或从少年视角观察世间百态，取材独特而广泛。阅读这些作品，可以加深对社会和人生的理解，确立自我意识，更好地成长。

学习这个单元，要学会梳理小说情节，试着从不同角度分析人物形象，并结合自己的生活体验，理解小说的主题。

通过单元导语，我们可以明确这个单元的学习目的是从小说中得到艺术欣赏，提升学生不同层次的阅读能力，加深对"少年成长"这一主题的理解。这是一个根据文体要素选文的小说单元，因此，小说知识是本单元的知识维度价值。而"梳理故事情节"指向的是学生的分析概括能力，"分析人物形象"指向"领会理解能力"，"结合自己的生活体验，理解小说的主题"则是对学生"领会理解能力"和"发散拓展能力"提出的要求，这些指向了能力维度。"加深对社会和人生的理解，确立自我意识，更好地成长"是指在学习文本、运用阅读能力的过程中获得情意维度价值。因此，多维融合的语文课堂显然更满足这种新的单元编排形式的要求。

从统编教材课后练习题的编排来看，也体现了多维融合。以统编教材七年级下册第五单元第17课《紫藤萝瀑布》课后思考探究第二题为例：

二、根据括号中的提示，揣摩下面的语句，体会写景状物的妙处。

1.每一朵盛开的花就像是一个小小的张满了的帆，帆下带着尖底的舱。船舱鼓鼓的，又像一个忍俊不禁的笑容，就要绽开似的。（化静为动）

2.这里除了光彩，还有淡淡的芳香，香气似乎也是浅紫色的，梦幻一般轻轻地笼罩着我。（多感官互通）

3.紫色的瀑布遮住了盘虬卧龙般的枝干，不断地流着，流着，流向人的心底。（物我交融）

题目中明确告诉学生写景状物的手法，这种编排法有别于以往教材，目的是将学生从了解与记忆知识引向理解与运用知识，对学生阅读能力的要求也从能够区分不同写作手法、理解其特征和作用这种较低阶的"理解分析能力"，走向较为高阶的"批判赏析能力"，而赏析过程中又离不开对情感的理解。所以，这个问题的设计本身体现了不同价值维度的融合。

这种融合不同维度教学价值的课后练习在统编教材中不胜枚举，又如统编教材八年级上册第11课《短文两篇》思考探究的第三题：

细读《记承天寺夜游》，体会作者的心境。结合写作背景和你对苏轼生平、思想的认识，谈谈对"闲人"的理解。

这个问题的设计同样体现了不同维度的融合：学习文言词语、句段，搜集写作背景、作者背景等信息，这些是指向文本知识维度的价值，而"体会作者心境""谈谈理解"是对学生"领会理解能力"层次的要求，强调了学习过程和个性体验，指向能力维度，也指向该文本的情意维度——深刻理解"闲人"的多层含义，加深学生对苏轼笑对人生逆境这一旷达情怀的体验。

三、多维融合符合学生的思维规律

中学阶段是培养学生思维能力和思维品质的黄金时期，而提升学生的思维品质，须遵循学生的思维发展规律。教学过程中，学生的思维规律是心理学范围内思维的一般规律在教学中的特殊反映，指的是"学生针对明确的课题，进行着连贯的、有顺序的积极思维，主动在一定难度上进行发展性思维，求得知识的理解和应用"[1]。在教学过程中，学生的思维具有连贯性、渐进性和发展性等特征。

学生的思维具有连贯性。思维不只是观点的"持续"，它还要求有连续的"结果"——它是一个持续的、有步骤的过程。前一步决定后一步的结果，

---

[1] 翟先平，周志宏.教学过程中学生思维规律初探[J].心理学探新，1981（2）：89-97.

后一步参照前一步的成因；一步一步，相因而发生，相辅而成立。一个连贯的思维过程是不能中段拐弯的，被中断的思维过程违背学生思维发展规律，会破坏学生思维的积极性和主动性，容易导致学生思维的缺席。

学生的思维具有渐进性。在教学中，学生的思维发展过程是有程序的，一环扣一环，在连贯性地思考完第一层问题后，就积极准备思考下一个有逻辑关联的问题。因此，语文教学中的问题设计必须具有严密的逻辑性，并且思维训练要循序渐进、层层递进。

学生的思维具有发展性。思维具有目的性。在教学过程中，学生的思维总是循着一定难度的问题积极进行，循着问题的目的不断发展。杜威认为，思维起于岔路的疑难，起于两歧的取舍，并且受目的支配。因此，要确保学生思维发展的有效性，要让学生有感觉地疑难，也就是要有具体的、有一定难度的问题，并且让学生对问题有进一步探究的兴趣。如果教学内容过低于学生现有的智力水平，或只是简单重复教学内容，学生的思维过程就会停止或者处于消极状态，注意力涣散，思维容易缺席；如果问题的难度远高于学生的智力水平，与学生现有思维水平断层，缺乏层层递进的思维台阶，学生的思维也难以发展。

学生思维连贯性、渐进性、发展性的规律是相互联系和相互渗透的，并且在一个语文教学过程中同步实现。教师能否把握学生的思维规律，能否根据学生的思维规律进行合理的教学设计，在课堂中创设良好的思维情境，是一节语文课能否真正地提高学生思维品质的关键。多维融合的课堂，符合学生思维的规律性特征，能够培养学生良好的思维习惯和思维能力，学生的思维品质也能够得以真正提升。

以李桂林老师执教《范进中举》一课为例，其教学设计如下。

【教学过程】

一、导入：中举对范进意味着什么？

二、思考、分析：范进的读书价值观是什么？

1.中举是好事，范进却发疯了，为什么呢？请结合他中举前的细节谈一谈。

2. 他是在什么情况下得到喜报的？

3. 范进发疯行为背后的强烈的心理动机是什么？

三、进一步分析：文中所反映的社会群体的读书价值观是什么？

1. 这仅仅是范进一个人的读书价值观吗？

2. 张乡绅与范进两人初次见面有些不合常理，你们发现了什么？

3. 细读张乡绅与范进的对话，了解张乡绅背后的读书价值观。

引导学生分析得出文中所讽刺的群体读书价值观：能否带来物质、金钱、地位是读书是否成功的唯一标准。

四、延伸探究：文中所反映的读书价值观代表中国传统的读书价值观吗？

1. 从价值观的角度出发，你发现范进们和范仲淹们的区别是什么呢？

引入古代人的两类读书价值观：一类是成就个人物质利益的范进们；一类是成就人、提升人的生命价值的范仲淹们。

2. 讨论：《儒林外史》中描写了许许多多像范进一样的典型人物，你觉得作者想表达什么？

3. 我们就走在读书这条大路上，如何正确地看待它？

李老师在这一课中从小说能够引发高阶思维的问题——"范进为什么发疯"出发，以主问题"中国人的读书价值观是什么"来构建问题链，分别分析范进、俗世人、范仲淹等几类人的读书价值观，引导学生搜索信息、分析人物心理、解读人物群像，在比较分析中得出正确的读书观。小说的阅读方法和解读能力的获得都是在对主问题的探讨中实现的，在主问题的探讨过程中渗入小说的"人物、情节、环境"等知识维度的内容，让学生概括人物形象的能力与对中国传统读书价值观的辨析、思考和探究融合在一起。整体而言，知识、能力维度的实现是围绕情意维度所构建的课堂主线实现的。可以说，李老师的这节课是一次很成功的多维融合教学的实践。

首先，李老师以情意维度为课堂主线，明确课堂的主问题和子问题，搭建了有梯度的问题链。学生的每一步思考都在前一步思考的基础上进行，前一个问题的结果是后一个问题的成因，问题之间环环相扣。通过设计一些指向高阶思维的问题，保证了学生思维的积极性和主动性，符合学生思维发展的连贯性规律。其次，李老师的这节课符合学生思维的渐进性规律。这节课从分析范进发疯行为背后强烈的心理动机出发，带领学生去探究该篇小说人物群体形象的共同点，聚焦群体心理的共通之处，进而关注文本群体的读书价值观，然后带着学生去关注中国传统的读书价值观，作出自己的文化判断，进而更深层次地理解文本的主题。在这个教学过程中，学生思维品质的发展是循序渐进的。最后，这节课中，学生的思维循着有一定难度的问题而积极进行，不断发展。在"中国传统读书价值观分析"中，李老师设计了一个问题："从价值观的角度出发，你发现范进们和范仲淹们的区别是什么呢？"设计的这个问题有难度，它需要学生对中国的传统读书价值观进行梳理、对比，然后让学生自己去认知、理解、判断不同的读书价值观类型，作出自己的文化判断。学生在不同读书价值观的对比中，文化判断力无疑得到了提升，基于此也让正处于读书黄金时期的学生能够有所反思，进而促进学生将对于读书的认识完成从感性到理性的蜕变。而且，学生的思维并没有因为一节课的结束而中断乃至停止，这种思考反思会延伸到课后，甚至对学生的价值观有所引领。

李老师通过教学实践证明，多维融合的语文课堂符合学生的思维发展的规律，能够帮助学生建构有效的思维过程，促进学生思维品质的提升，更能促进学生真正地成长。

第二节　课堂融合的教师因素

教师要构建并实现语文学科育人目标的多维融合课堂，可从改变自身教学行为开始。

一、加强对多维融合课堂的认识

时代在不断发展，育人的理念也在不断更新，我们需要重新审视语文课堂，在观察课堂与评价案例时也就相应多了批判性。如我们可从多维融合角度反思《走一步，再走一步》这个教学案例（节选）。

师：品一品第 14 自然段到第 22 自然段的精彩之处。

（生齐读）

师：读得好！我们再来体会一种读法——距离感。你们看我是在崖上，父亲和杰利是在崖底下。那么父亲要向我说话，就不像平常对我那样说话。"父亲用电筒向上照射，'下来吧——孩子！'他带着安慰的口气说，'晚饭做好啦！''我下不来。'我啼哭着说，'我会掉下去，我会摔死。'"把它试一下，各自读一下。不要集体读，但是每个人都要读。"暮色苍茫"，读！

（生低声各自读）

师：好！再换一种读法。自豪、兴奋。第 22 自然段，"我每次只移动一步……这是我永远忘不了的经验"。好吧，一起来试一下。"我每次只移动一步"，读！

（生齐读）

……

现在，我们一起来看一看，精彩之处基本上都被我们品味出来了。老师小结一下啊！

（多媒体显示）——

精彩在用顺序的手法记叙故事的发展，脉络清楚，层次分明。

精彩在于暮色苍茫的场景中表现人物。

精彩在心理感受的描写贯穿"始终"。

精彩在语言的描写成功地表现了父亲的形象。

精彩在每一处的细节描写都非常生动。

精彩在仅仅只用一笔就表现了杰利的形象。

精彩在文章由众多的小段组成。

精彩在用"经历"一词简洁地概括了整个故事。

……

好,谢谢大家的努力,这次的课文品析非常成功。继续来,背一背。

该课堂看似热闹,学生配合积极,然而学生只是一步步完成教师的指令,完全没有自主生成。理想的语文课堂,必须以学生为中心,帮助学生完成有效的思维建构。教育心理学将知识内化的方式分为"接受"与"构建"两大类型,指出知识接受的方式没有经历生成、求证等环节,缺少"发现问题—分析问题—解决问题"的主动建构意义的过程,就不易内化为对价值观、人生观的影响。因此,为培养学生面向未来的学习能力,这样的教学环节应该调整,必须加强对能力维度和情感维度的关注。

探究、反思、重构,直至实现多维融合,这是教师追寻理想课堂的必经之路。

一位教师第一次讲授《大自然的语言》时,按以下学习目标分步骤教学:(1)理解文本从生动的想象说起,条理分明地说明事物的特点;(2)学习概括文章要点的方法;(3)体会说明文语言的准确、简洁、生动;(4)学会在生活中运用物候知识。评课时,大家指出,教师只专注于既定的教学目标与教法,忽视了课堂生成,貌似完成了预设的各项任务,但因缺乏适机引导,学生学习难以真正发生。如一位男学生提出"为什么影响因素先写的是经度和纬度,而非古今"这个问题,老师简单回了一句"问题先记下来,等下会讲到",却仍按预设一个环节、一个环节地进行。这样的课堂,实际上是基于教师的思维逻辑,而不是学生的主体建构。因此,评课者建议授课教师增加情意目标,用"你关心你身边的物候现象吗"这一情境问题吸引学生,建立知识与生活的桥梁,引导学生运用文中的知识主动建构物候知识与现实生活、生产的关联,激起学生学科学、用科学的兴趣。授课教师在理解了多维融合的必要性与可行做法之后,改进了教学过程,突出了情感态度与价值引导,各维度目标得以融合实现。

又如，一位具有20多年教龄的老教师执教《春望》，从"读"入手，适时递出"支架"，如五言古诗如何断句、如何加入想象体验、如何通过意象理解诗的意境等，使学生边读边悟。借助朗读，这首诗的知识目标、能力目标和情意目标得到有机融合。朗读既是学习的形式，用以帮助学生理解诗歌知识，又是学习过程中学生需要提升的能力，还是学生学习体验的工具。该老师在课后分享时说，自己也是从新手一步步走过来的，不断总结反思，逐渐走向融合多维目标、促进思维品质提升这一教学核心。

因此，在今天，教师形成合乎规律的课堂理解就非常重要。工作室曾对下述问题进行专门讨论："我们需要怎样的课堂？"老师们对语文课堂的作用、理想样态各自进行描述。谢雨丽老师提出，当前的语文课堂，虽在强化学生的主体地位，教学中采用小组合作等形式来提高学生对课堂的参与度，但课堂的逻辑性与连贯性还是不足。学生在一节课的时间内，学到的是片段性的知识，加上思考时间有限，无法实现对某个问题层层深入的思考。因此，她认为："我们需要思考性较强的课堂，要做到引导学生进行完整而循序渐进的思考。"郑志平老师提出："语文教学面对的是有血有肉、充满活力、富有情感的学生，指向核心素养的语文教学给予他们的应该是一种鲜活的语言，一种灵动的实践，一种快乐的体验，一种幸福的生活，一种温暖的生长。"李燕玲老师提出："好的课堂，应该牢牢抓住语文的核心价值以及育人的核心价值，有理性，有逻辑；有广度，有边界；有深度，有底线；有难度，有极限。"

理想课堂，需要从正确的育人观及课堂理念开始。反复追问与不断实践，增强了每位教师对多维融合必要性的认识。

二、加强对教材多维融合的理解

前文提到，文本的教学价值是多维度的。统编教材投入使用后，教师们加强了对教材多维融合的研究。研究统编教材的选文与编排特点、名著导读、古诗词诵读等教学要求等，共同构建阅读体系，教师需要带着学生用一定的阅读策略或阅读方案完成相应的阅读任务，达成相应的阅读目标。这种体系性建构决定了单篇文本与单元整体是局部与整体的关系，那么，对文本价值的解读不能仅停留于文本内容，而要在单元系统里解析。例如《中国石拱桥》作为教材中的经典说明文，传统教学中经常被用来作为学习说明文的范例，让学生理解说明文的特点、说明方法，而在统编教材中，《中国石拱桥》所在的八年级上册第五单元的单元目标在"把握说明文的文体特征，了解常见的说明方法，学会抓住特点来说明事物"的文体知识目标之外，还提出了"感受说明文求真求实的理性精神，激发对自然与社会的探索兴趣"的情意目标。那么，《中国石拱桥》的教学在达成说明文文体知识目标之外，教师还需要思考如何达成情意目标。教材编者在《教师教学用书》里给了一个教学建议："通过说明文的学习，拓展学生的阅读视野和文化积累，而不是仅仅停留在课文学习上。如可引导学生观看中央电视台纪录片《超级工程Ⅱ》，其中第二集就是《中国桥》，介绍了中国当代桥梁的最新成果，很能增强学生的民族自豪感。观看纪录片时，可以让学生注意纪录片的解说词在写法和语言风格上有什么特点，与课文做些比较。"根据本单元体系及建议，"学习说明文文体知识""了解中国石拱桥的特点及成就，探究生活中的桥梁""增强学生的民族自豪感，体会人类伟大创造力"等知识价值、能力价值、审美价值、情意价值要融合于教学中。

　　语文教材的构成要素有范文系统、知识系统、助读系统、作业系统等。统编教材的课后练习编排等作业系统、助读系统也是促进多维融合的学习材料。重新理解这些系统并在教学中设计运用这些系统的融合策略，也是我们着重加强研究的一项内容，如加强探究性作业、任务性作业实施以促进多维融合的策略研究等。

　　教师们在研读统编教材时，还加强了对单元内外不同文本之间相互作用的理解，以此更好地促进多维融合。例如从《从百草园到三味书屋》到《藤野先生》再到《朝花夕拾》，文本之间构成了散文单篇阅读到群文阅读再到整本书阅读的教学线，教学中运用不同的阅读策略，形成对《朝花夕拾》作品的整体认识，提升对鲁迅散文的理解力，了解鲁迅对生活中美好人事的赞美，体验到美好言行给予人生的美好影响等。这些维度价值的融合实现，同样是教材编者所希望见到的。

上述分析说明，即使是同一文本，随着课程育人观的变化，教材的价值也会转变，而建构整套教材对应的育人方式方法与策略，将是复杂而需持久进行的。因此，我们加强了教材研究和相应教学策略研究，让课堂更好地落实教材的育人价值。

三、增强多维融合的教学能力

认识到多维融合的重要性，理解了教材的多维融合思路，还不足以让我们灵活自如地将知识维度、能力维度、情意维度等多维价值在课堂上有机融合起来。实际教学中将多维价值分割的现象比比皆是。如一位教师这样教学《驿路梨花》：

（课堂开始）

师：为什么大家都把这篇小说当作散文来读？

生：因为这篇小说写得有诗情画意。

师：我也觉得很美，这节课我们从四个方面体会文本的美：一是欣赏画面美；二是感受诗情美；三是想象意境美；四是品味人性美。

教师抓住一个"美"字为切入点，四个方面的分析几乎涵盖了课文的全部内容、写法和情感，但这四方面的美本应是综合统一而非分点、并列或割裂的。通过学习宁鸿彬老师的相关教学案例，我们就会对"如何让多维价值有机融合"有进一步理解。宁鸿彬老师教学这篇课文时，首先引导学生走入文本、品味美好的人与事，进而以两个问题引出对"烘托"这一写法的理解，最后在融合了内容知识与写法知识的基础上，再次通过朗读加强"用景美衬人美，人的心灵更美"的阅读感受。两者相较，宁鸿彬老师的教学既关注阅读的真实流程，又巧妙地以列表、比较、想象、诵读等阅读方法培养学生的阅读能力，还让"体会雷锋精神的意义，传承雷锋精神"的情意维度目标在浸润式学习中实现。

以下为《驿路梨花》（宁鸿彬老师）公开课简录：

（找出文中所有人围绕小茅屋做的五件好事，填写表格。学生填完后读出：解放军叔叔建造小屋，梨花照料小屋，梨花妹妹照料小屋，瑶族老人来送米，我们修理房屋。）

师：如果哈尼小姑娘不来照料小茅屋，瑶族老人不来送米，我们不修理房屋会是什么情形呢？

……

师：人人心里想着他人，都想为小茅屋做事，所以多少年来，小茅屋仍在发挥它的作用。那作者为什么不用"小茅屋的故事"为题呢？

师：本文并非写景文章，为什么用这么多笔墨写梨花呢？

师：（在黑板上画一轮弯月）孤零零的，好看吗？谁能替老师补上几笔？

（一女生上台画）

师：这位女同学一出手就这样美，美在她的心里装着呢！她在月亮旁边点缀几朵白云，配以婀娜多姿的柳枝。在云和柳的映衬下，弯弯的新月显得有生气了。这就是烘云托月的效果。我们叫它——烘托。如果这轮弯月就是文章要歌颂的人，歌颂的精神，那么，梨花林和小茅屋又起什么作用？

生：用梨花烘托人。

生：我认为是用景美衬托人美，人的心灵更美。[1]

通过以上两个例子的对比，我们应该警醒，为实现课堂多维融合，须避免割裂式教学。割裂式教学，有时表现为将知识、能力、情意维度割裂，有时表现为将同一维度的不同表现割裂。而要实现多维融合，有必要设计具有多维融合的思考题与学习任务。孙绍振教授说："文本解读不应该着眼于一望而知的表层的意象群落，而应着力于中层的情志意脉以及更为深层的形式

---

[1] 宁鸿彬.《驿路梨花》课堂实录 [J].中学语文：大语文论坛（下旬），1998（5）：13-18.

规范。"①宁鸿彬老师没有将课堂重点放在切割式的"美句"品读上，而是如孙绍振教授所说，着力在中层的情志意脉和更为深层的形式规范上。可见，能否形成多维融合的课堂与教师能否设计有融合意义的学习任务有很大关系。石丹老师等人在教学中立足文本矛盾，设计开掘情志意脉的问题，就起到了相应的作用。

石丹老师在教学《故乡》时，设计的问题为：少小离家老大回，在传统文学中，离乡人对故乡总是不舍与怀念，但是鲁迅在《故乡》中好像有点不一样。"老屋离我愈远了；故乡的山水也都渐渐远离了我，但我却并不感到怎样的留恋"，鲁迅的感受为什么会是这样的呢？

兰林强老师在教学《阿长与〈山海经〉》时设计的问题为：我们看到少年鲁迅对长妈妈的"不耐烦""憎恶"等情感，但鲁迅写这篇文章难道只是为了表达这种负面情感吗？

李桂林老师在教学《范进中举》时设计的问题链为：中举对范进意味着什么？文中所反映的社会群体的读书价值观是什么？文中所反映的读书价值观代表中国传统的读书价值观吗？

以上三例，说明好的问题设计是实现多维融合的关键，对推动学生走向深度学习具有重要作用。这些研究也说明在研究学生发展核心素养、落实立德树人根本任务的背景下，教师强化了对多维融合课堂的探索。这些多维融合的教学探索，转变了课堂学习中学生思维浅层且零散的情况，让学生的能力与素养在课堂的有限时间内得到更大程度的提升。

第三节　课堂融合的准则策略

了解了多维融合的必要性以及课堂能否实现多维融合受教师因素的影

---

① 孙绍振，孙彦君.文学文本解读学［M］.北京：北京大学出版社，2015：23-25.

响，我们可以明确多维融合的课堂需要遵循以下几条原则。

一、育人为核，以核心价值融合其他维度价值

语文价值表现在促进语言学习，促进思维发展，促进精神发育，学会学习。不论是文本解读还是课堂教学，都需要以育人为核，确立课堂的主线，在核心价值的引领下，融合其他维度的价值。为什么这么说呢？

首先，因为一个文本的价值是多维度的，积累知识、培养能力、树立价值观、提高文化品位和审美情趣等，这些构成了文本和教学不同的价值维度。而课堂教学是指由一条主线贯穿的一个完整过程，一根主线只能依托一个维度的价值，因此课堂教学只能由一个价值维度切入，在一层一层推进过程中，将其他维度融合进来。如果没有一个价值维度统领课堂、贯穿始终，多维价值就很难在同一个课堂上实现。值得注意的是，经典文本的解读往往是有很多可能性的，那么，如何处理课堂建构中思维聚焦和多元化解读的矛盾？我们在课堂上只能抓住其中的核心价值建构课堂的逻辑链，如果想要面面俱到，那必然造成课堂架构的散乱。比如说《社戏》，文本的解读既有对人与人关系的思考，也有关注孩子自由独立的成长、尊重孩子的心灵等。后者与鲁迅《呐喊》当中"救救孩子"的思想是密切相关的。如果我们在课堂上抓住的是前者，即鲁迅先生对人与人之间的关系和对现实的批判，学生却提到了其他的可能性，教师可以引导学生在课下进行深入的思考，在另外的时间展示自己的探究成果。

其次，文本的核心价值（从教学价值的角度），是指文本中最深刻、最独特、最发人深省的、对学生成长最有价值的东西，一般多指向思想情感、文化审美层面。那么，按照布鲁姆的目标分类，核心价值多指向高阶思维，而高阶思维可以涵盖低阶思维，反之则不可。

以《我的叔叔于勒》为例，它的价值也是多维度的。从知识维度来说，有识字辨音、词语积累、作家作品常识、文体概念等。从能力角度来说，包括语言的赏析、朗读的能力、信息的提取整合、观点的证明、小说阅读的策

略等。从情感态度与价值观的层面，有情感的体验、社会文化的批判思考等。而其中核心价值是什么呢？该文本是小说，小说往往通过虚构情节，塑造人物形象，来表达作者对社会、人生的洞察与思考。小说的重要育人价值就在于它能够提升学生对生活世界的认识，因此，这种洞察和思考应是其核心价值：《我的叔叔于勒》展现了资本主义快速发展扩张时期，金钱的概念变得越来越重要的社会环境下，人们对物质财富的欲望、追求以及金钱对人的压迫、对人性造成的严重扭曲，而作家在这样的社会认识当中依然相信并呼唤对人性美好的坚守。

在工作室林童老师的课堂上，正是将其确立为核心价值，通过小说看到作家对于社会甚至整个时代深刻的思考。那么，课堂上如何由核心价值统领，实现多元价值的融合呢？

学生初读课文时，已能够认识到菲利普夫妇对于勒的态度取决于金钱。林童老师的课堂就从这里出发，一开始用几分钟时间梳理了于勒的人生轨迹和菲利普夫妇对于勒不同阶段的不同态度，这时学生做出了人物形象分析，诸如拜金、唯利是图、自私自利、冷血冷漠等。这一环节训练了学生情节梳理、信息整合和人物欣赏等能力。但是过早地从读者的角度去品评人物，有可能得出一些套话式结论，并不能真正把握作品的核心价值。

林童老师又提出一个问题："这样的评价对于菲利普夫妇公平吗？"这种质疑促使学生从人物自身的遭遇、感受和思想意识去把握小说内在的逻辑关系，化单一单向评价为综合的分析与批判，学生对于阅读小说的方法和策略有了更深入的认知。

且看这一环节的课堂教学实录片段：

师：大家觉得菲利普夫妇拜金、唯利是图、自私自利、冷血冷漠，这样的评价对他们公平吗？他们的生活状况是怎样的呢？

师：课文第一、二自然段反映了菲利普一家的生活状况。我们需要好好品味，我请一位同学来给我们朗读一下菲利普夫妇的家境。

师：好，大家画出来关键词了吗？

生：第一自然段中的是：并不是有钱的人家、刚刚够生活。

师：还有人要补充吗？

生：姐姐的长袍是自己做的，还有就是在价钱上要计较半天，这说明并不是很贵的东西也要在价钱上计较半天，反映出他们的家境并不是很富裕。

师：反映出他们的家境并不是很富裕。

生：第二自然段有"样样都要节省""常常买减价的""请吃饭从来不敢答应"，"样样""从来""常常"这三个词说明生活拮据。

师：好，画出了三个词。"样样""从来""常常"，这都是什么词？

生：副词。

师：很好，是频度副词。副词的使用恰恰体现了作者的态度，因为副词似乎并不是一定要出现的。所以，我们继续来画出这段中的副词，"刚刚""很晚""非常痛苦""样样""从来""常常"，接下来还有"常常"。我们刚刚达成共识，副词的使用常常是作者有意为之的。作者用这些副词来体现这家人什么样的生活状态呢？

生：生活是非常拮据的，所以后面描写他们对于勒那么冷漠也可以理解。

师：嗯，他们身上有可取之处吗？

生："每星期日，我们都要衣冠整齐地到海边栈桥上去散步。"

师：好，我们来读一读这句话，品味一下他们当时的那种状态。

……

师：他们这样出去说明他们很在意什么？

生：别人的看法，别人的眼光。

师：在意他人的看法，想让别人觉得自己活得很好。在第二自然段还有一句写出他们在意他人的看法，哪句？

生："有人请吃饭，从来不敢答应。"

师："不敢答应"说明要面子，在意自己的尊严。可见，在与人交往的过程中，在拮据生活中，菲利普夫妇努力维持尊严。那么，菲利普夫妇为什么要做出抛弃亲情的事呢？很在意他人的眼光、努力维护自己尊严的菲利普夫妇怕不怕因抛弃亲情而受他人的谴责？怎么辩证地看待这件事？

在这一环节中，学生细读文本，通过语言的咀嚼、细节的揣摩，读出了于勒夫妇的另外一面，进而认识到人物形象复杂性的背后是生活的拮据与挣扎。此时，学生对小说人物行为的理解增加了情有可原、可以同情这一层次，思维进一步提升，但是却还没有全面认识到作家对于当时社会的深刻洞察。于是，教师继续追问："很在意他人的眼光、努力维护自己尊严的菲利普夫妇怕不怕因抛弃亲情而受他人的谴责？"这一问题促使学生联系小说中对于社会环境及其他人物的描写来思考，而这是他们在之前的学习环节中忽略了的。在接下来的环节中，学生从由人物言行分析人物性格转变为分析社会观念对人物行为的影响。这样就从表层的单向度分析，提升到了对人物行为深层动机和制约因素的综合分析与判断，即金钱至上是当时整个社会共同的价值取向，是金钱观念影响或扭曲了菲利普夫妇的价值观。这一判断又凸显了若瑟夫的独特性。于是，课堂上，教师进一步引导学生品读分析若瑟夫的选择、评价小说采用的若瑟夫叙事视角，最终让学生建构起自己对小说的理解，亦即文本的核心价值：当所有人都奉行金钱至上的时候，莫泊桑觉得若瑟夫能坚守下去；作家一直用温情的目光看待人性，认为人性在金钱的洪流之中还是充满希望的。

整堂课摆脱了知识概念的框架，将词语理解、文体特点等知识维度价值融入文本阅读过程，把语言的品位、朗读的训练、信息的综合分析、观点的证明、情感的体验、学习策略的形成、阅读习惯的养成、批判性思维训练等能力维度价值融入文本核心价值的探究过程当中。由核心价值统领一系列具有逻辑性和层次性的问题，统摄所有教学环节，这样既保证了学生思维过程的完整性，抓住了文本的核心价值，又兼顾了其他教学价值。学生在这样的语言实践活动中能体会到语文的乐趣和成长的收获。

需要指出的是，同类文本的核心价值在不同学段教学中往往是不一样的，语文课堂对文本的处理也应有课程意识、学段意识。例如，同样是寓言的阅读，在小学阶段可能主要是由故事来领悟寓意，而在初中阶段则可能要关注寓言的表现手法以及背后的文化内涵。每个阶段的多元价值融合既要激发学生潜能又要留有空间，有铺垫，有呼应，有勾连，保持未来的开放性。

二、思维为要，搭建思维平台推进多维融合

在实际课堂推进中，难免出现学生思维遭遇瓶颈或偏离的时候，这就需要教师通过追问，适时为学生搭建能够引领思维逻辑推进的台阶。

在林童老师《我的叔叔于勒》这节课中，在思考"这样的评价对于菲利普来说公平吗"这一问题时，学生一直停留在菲利普对于勒的种种行为的分析上。教师马上追问："我们忽略了菲利普夫妇做出这一行为的生活状况，他们的生活状况是什么？"借此，及时指出学生思维的盲点。再如当问到"菲利普夫妇为什么要做出抛弃亲情的事呢？这样做不怕被别人不耻吗"时，这一问题原本是为了引导学生思考整个社会的价值观，但学生理解出现偏差，得出这体现了"菲利普夫妇很虚伪"的结论。这时教师马上变换问题的表达方式："我的问题是菲利普抛弃亲情会不会受他人的谴责？"这样学生就意识到应该从社会价值观方面来思考，是为明辨核心价值的关键一步。

那么，具体而言，搭建思维平台有哪些策略呢？

首先，可以从文本表达中寻找平台。思维建立在信息的基础上，文本信息的搜集、联系、质疑、重构都可以支撑思维的深入，尤其要关注文本语言的矛盾之处。这一点在前面已有论述，不再展开。

其次，思维是基于概念的思考，知识概念也是思维的重要平台。比如《老王》中表达方式的选择、《社戏》中通过景物描写体现人物心理的手法、《〈诗经〉两首》中的比兴、双声叠韵等，这些概念都与文本核心价值密切相关，都可以作为多维价值有机融合的课堂过程推进的重要抓手。

但是，知识概念的运用不能机械化。如果教师的提问方式是"此处运用了什么手法，有什么作用"这类，极有可能让学生跳出正在进行的思维链或情境体验，割裂多元价值的融合。因此，知识概念要暗含在课堂过程的整体

架构中，不动声色地融入。

例如上述三篇课文涉及的知识概念，可以这么设计——

在《老王》中，"我"一家与老王的交往前半部分都是以记叙为主，为何最后一次见面却大量描写？

《社戏》经历了看戏前的一番波折后，"我"去赵庄的路上心情怎样？

《关雎》中让学生重读"窈窕"的韵母以及"参差""辗转"的声母后，问学生有什么感受。

最后，不可忽视背景策略。我们自己在解读文本时也有这种体会，那就是如果你心里没有这个知识概念，你是怎样读也读不出来的，因此，建立阅读支架非常重要。如何正确运用背景策略？第一，直接给，不要抖包袱。可以让学生在提供的资料中选择、提炼，纳入多维价值的获得中。例如《湖心亭看雪》中理解张岱的故国之思这一层面，直接给出作者的生平经历，学生再结合文本的蛛丝马迹，自然水到渠成。第二，综合考虑不同的背景层面，要有文化意识。我们往往比较重视时代背景而忽略了文化背景，这样可能会造成理解的偏颇。例如《老王》，很多教师引导学生关注"文化大革命"的时代背景，解读成知识分子对时代的责任担当；而实际上更重要的文化层面——传统社会观念中底层人民对知识分子的崇敬尊重、知识分子的身份与原则坚持的品格等，在这篇文章的解读中更为重要，后者恰恰是学生比较陌生的。

思维平台还可以依靠有效的追问与有助深度思维的学习任务来建构。如果课堂提出的问题都是识记、理解层级的，学生的回答多用简单的信息搜索或二元判断思维来解决，那么学生的思维层级便停留在初级阶段，不能指向相对复杂的、综合的思考，多元价值便难以融合。合理设计指向高阶思维的问题或学习任务，才有可能促进思维发展、融合多元价值。

在《蒹葭》的三种不同教学设计中，对比三种问题设计，可以看出不同的问题所产生的思维空间是相差很大的。具体分析如下表。

三种不同教学设计

序　号	问　题	思维空间分析
设计一	这首诗表达了什么样的感情？运用了怎样的表现手法？	本以为是综合性的问题，但学生只是搜索零碎的字句、作出简单的判断：比兴、烘托等。
设计二	这首诗的三节构成了一个怎样的时空序列？	需要学生在理解的基础上，对诗句的信息进行联系、整合和想象体验，有一定的思维空间。
设计三	对比《周南·汉广》和马拉美的《牧神的午后》，同样是可望而不可即的"企慕情境"，两者有何不同？	需要在观察、体验、推理过程中不断获取信息并对其进行积极而巧妙的分析、评价、整合和运用，思维空间更大，有独到的体悟。

显然，指向高阶思维的问题和学习任务，能够引领、涵盖多种形式的教学价值，更能促进多维价值的融合。

三、语言为基，以语言理解建构多维融合的抓手

语言是将多维价值融合起来的重要载体，为什么呢？其一，语言不仅是思想的载体，而且语言与思想、情感同时发生，是意识、思维、心灵、人格的组成部分。其二，语文教学的本体就是从语言入手，"观文者披文以入情"，阅读的起点和落脚点都是文章的语言。离开文本语言，多维价值就会变成概念的解读。语文课堂要将人文主题和语文要素相结合，要实现多维价值的融合，就要从语言切入。

由语言切入，怎样融合多维价值呢？

抓有意味的语言时，不要将某些关键词句抽取出来直接与主题挂钩，而是应由关键词句来勾连文本的微观层面（其他字、词、句等）和宏观层面（段落层次、语篇结构等）。例如《社戏》的最后一句话："真的，一直到现在，我实在再没有吃到那夜似的好豆，——也不再看到那夜似的好戏了。"《故乡》结尾写"老屋离我愈远了；故乡的山水也都渐渐远离了我，但我却并不

感到怎样的留恋"。像这样直接流露某种思想情感的语言，不少课例中都借此来解读主旨，但是在单一环节中的品悟很难实现多元价值的融合。比较好的做法是由这些关键词句发现某种思维的矛盾冲突，从而构建文本内部的整体有机联系，把握文本意脉和作者的内在思路。

以工作室石丹老师的公开课《故乡》为例，课堂上首先分析关键语句发现矛盾：原本"我"对故乡的感情是眷恋的，离开故乡时"我"的心情却是"老屋离我愈远了；故乡的山水也都渐渐远离了我，但我却并不感到怎样的留恋"。教师让学生结合阅读经验，发现这一组矛盾感受颠覆了传统文学中对于故乡的情感表述，产生追索这组矛盾原因的兴趣。该教学环节涵盖了文化背景、信息搜集整合、语言品味等知识和能力维度的价值。接着，让学生探究"我"对于现实感到深重失落的原因是什么。学生分析了小说中对于故乡现实的一些描述，比如"我"刚回到故乡时，见到"苍黄的天底下，远近横着几个萧索的荒村，没有一些活气。我的心禁不住悲凉起来了"等；并进一步对比，学生判断出故乡外在环境的萧索并不是根本原因，因为后文见到故乡的人的时候，"我"的失落、悲哀更为突出。该环节融合了语言品味、情节梳理、对比辨析等能力维度的价值。进一步到故乡人的变化中去找原因，学生重点分析了小说里对于两个人物——闰土与杨二嫂的前后变化，诸如外貌、神态、语言、动作等，而这些变化对于"我"内心的冲击程度是不一样的：其他的故乡人，"说是买木器，顺手也就随便拿走的"，"来客也不少，有送行的，有拿东西的，有送行兼拿东西的"，杨二嫂的言行中所体现的市侩、刻薄、贪小便宜、对"我"毫无真诚感情更是其中的极端——经济的衰败、狭隘庸俗的观念，造成"我"所憧憬的温暖、友善的人际关系的不复存在。而最让"我"感到悲哀的是什么？学生比较小说对于"我"和闰土少年时期与中年时期交往的叙述，发现"我"与中年闰土见面最让"我"感到悲哀的是闰土与"我"之间关系的变化，即闰土不再把"我"当成平等的朋友，而原本身份地位悬殊的"我"和闰土在过去却是能够"一气"的。"我"对于"美丽的故乡"的构筑是建立在少年时"我"与闰土的平等亲密关系之上的，少年时期超越身份与地位的平等、自然的友谊代表着"我"对于理想的人与人的关系、理想的人生的向往。这样的现实让"我"悲哀，才会让"我"在离去时"并不感到怎样的留恋"。这一环节融合了信息提取整合、情节梳理、语言审美、人物形象分析和对社会人生的批判性思考等能力和情意维度价值。

最后，学生结合理想故乡失落的原因探讨为什么小说结尾"我"认为"新的生活"的希望是茫远的——因为影响人与人关系的是深刻的社会、文化问题，而改变文化、拔除病根太难。这也是在中国近代特殊的历史背景下，怀抱着"为人生，而且要改良这人生"的目的进行小说创作的鲁迅先生，赋予"故乡"这一古老的文学题材不同于传统意义的价值与思考，由此呼应了课堂开头的关键语句引发的矛盾。最后这一环节融合了社会文化背景的了解、作者思想情感体悟、批判性思维、文化内涵的评价等知识、能力、情意维度的价值。

综观整堂课，关键语句不是用来得出结论，而是用来发现矛盾、激发探究的欲望，并勾连起文本的语言、情节、人物、手法、主题等要素，在课堂的整体推进中促进多元价值的有机融合。

除了关键语句，在具体的每个课堂任务或环节中，局部的语言也可以用来证明观点。例如上面提到的《故乡》，以下是课堂开头8分钟左右的教学片段：

师：少小离家老大回，在传统文学当中这些对故乡的不舍、怀念，可以说都是围绕"乡愁"来表达的。（板书：传统——乡愁）。但是鲁迅先生的《故乡》好像有点不一样。我们先来看一下小说的第84自然段，我给大家读一下："老屋离我愈远了；故乡的山水也都渐渐远离了我，但我却并不感到怎样的留恋。"这里写到"我"离开故乡时的感受是什么？

生：（齐）不感到怎样的留恋。

师：这是为什么呢？为了找到答案，我们先来看小说里"我"刚回到故乡的部分（第1自然段到第5自然段），思考：不感到留恋是不是因为"我"原本对故乡就没有什么感情呢？能不能从字里行间看出"我"原本对故乡怀着怎样的感情?

(学生思考)

生:在第1自然段中写到"我""回到相隔二千余里"的故乡,说明他去了一个离故乡很远的地方,一开始回来的时候他是觉得故乡很值得思念的。

师:"相隔二千余里"有个"隔"字,像我们古诗里有"相去万余里,各在天一涯",好像隔得很远就有一种牵挂。

生:还有"别了二十余年的故乡"也是。

师:这里用了一个什么动词?

生:"别"。

师:嗯,"别了",分别,这是饱含感情的字眼。

生:请大家看第2、3自然段,"我的心禁不住悲凉起来了。阿!这不是我二十年来时时记得的故乡?"首先,"我"的心悲凉起来是因为看到了现在的故乡苍黄、萧索,没有一丝活气,而"二十年来时时记得的故乡"是美丽的,他看到故乡的变化让他有点伤感。

师:好,我们来分析一下,"我""时时记得的故乡"是美丽的,后文还有"我的故乡好得多了""记起他的美丽,说出他的佳处"这样的话,可是他现在看到的故乡很萧索,所以禁不住悲凉。这可以看出他对故乡原本是抱着怎样的感情?

生:憧憬。

师:对,憧憬。他对故乡有着深厚的感情,想回来寻找它的美丽,可是有没有找到?

生:没有,他看到的是"苍黄的天底下,远近横着几个萧索的荒村"。

师:所以,他离开故乡时并不感到怎样的留恋,主要的原因是看到故乡的萧索景象吗?

(学生思考)

生:不是,主要是因为他遇见的两个熟悉的人都变了。

师:哪两个人?

生:杨二嫂和闰土。

师：好。接着，我们来读小说的第二部分："我"在故乡停留的部分，看一看杨二嫂和闰土发生了什么变化，才会让"我"对故乡并不感到怎样的留恋。

……

在以上这一环节，都是以文本中的字、词、句作为依据分析"我"对故乡的感情。以语言为依据，处处紧扣文本，这是防止多元价值变成概念化解读的重要原则。

值得注意的是，某些看似不起眼的、局部的语言，也有可能深埋思维冲突。由细小处勾连文本内在层次、体悟作者思想情感，也是实现多维价值有机融合的有效抓手。比如《秋天的怀念》当中，"母亲就悄悄地躲出去，在我看不见的地方偷偷地听着我的动静。当一切恢复沉寂，她又悄悄地进来，眼边红红的，看着我"，学生从这两句中很容易读出母亲对"我"的关切、包容和忍耐，从而归结为母爱的伟大。如果止步于此，学生的思维就停留在理解的层面。再深入一些，结合文本的前后意脉，就会发现这里有一种矛盾：既然之前"悄悄地躲出去"，为什么又要"眼边红红的，看着我"呢？为何不忍耐到底？而发现这一矛盾，学生需要综合分析，作出评价。接下来，学生需要调动饱满的情绪、生活情感体验和创造性思维，作出深刻的评价：母亲是有感情的，面对儿子的病痛、儿子对于病痛的绝望态度和她自己身患绝症的三重折磨，她也有忍不下去的时候，也会失望乃至绝望，但是最后母亲带给我的依然是正面的激励："听说北海的花儿都开了，我推着你去走走。"这里语言的矛盾体现出母亲在挣扎中的生命力量，那样强悍、坚韧。学生经历了这样一个从迷茫到清晰的思维过程之后，不仅是内在能力得到了提升，内心世界和看待问题的眼光都将变得不同。

再如《昆明的雨》当中有一句话："牛肝菌色如牛肝，滑，嫩，鲜，香，很好吃。"为什么这里用句号不用感叹号？如果学生说体现了语言平淡的特点，那就是典型地将语言作为结论了。这样处理的话，学生只是理解了某些笼统的概念，无法触及文本独特的语言形式和与之相应的作者的思想情感和文化内涵的关系，其多维价值就无法有机融合。如果让学生结合抗战的背景来评价文本的语言风格，就能体悟到作者所要呈现的不是牛肝菌，而是围绕牛肝菌的一种平淡、温馨的生活场景，而这样的生活场景的背后是一份宁静、悠然、闲适、自由的心境。这是多么难得的心境！在如此动乱的年代中，人依然可以获得一种情味，这是知识分子的情怀：追求精神世界的超越，永不被生活裹挟。在这样的过程中，学生将语言审美与文化内涵相结合，提升了审美意识、审美情趣和审美能力，并获得了将其内化为人生经验的可能。这才是真正实现了多维融合。

最后，由语言切入关键在于建立语境意识。从炼字、手法等方面进行的语句赏析固然有必要，但是不应该将其孤立、割裂出来，而是应将语言赏析放置于文本语境之中，只有这样才能以整体视野观照各个局部的关系，从而实现多维融合。

在文言文的阅读教学中，我们常常强调文言词汇积累，但是却忽略了文本的语境。例如《记承天寺夜游》中的"庭下如积水空明，水中藻荇交横，盖竹柏影也"，我们往往会将两个比喻拎出来，通过"空明""交横""盖"等文言词语的意思，分析其呈现出的景物特点，由此体会作者的心境。但是却忽略了这两个比喻的句式结构所体现的独特思维方式——不是从本体出发走向喻体，而是直接呈现喻体，再恍悟本体。这样的思维方式突出了幻觉带来的愉悦，是契合整体语境的：此时的月光不仅仅是自然的审美，而是结合了作者主观创造的审美。"藻荇交横"也不应该割裂地进行程式化欣赏，比如"交横"是一个动词就体现了动态美等，而应作为整体建构的一部分来理解：通过光影的层次突出了化实为虚的审美幻觉，以体现人的主观创造。而文章最后一句对于时空和"闲人"的理性反思正是建立在这种积极的审美创造的基础上——对现实的主动的自我超越，正是闲人的内在价值所在。由此可见，只有打破程式化的欣赏，把词语和文本语境有机结合起来，才能深化对文本的理解，将多元价值更好地融合在一起。

文言文教学中，"文"和"言"的教学要相互统一，不可分离。这也是近年来文言文教学"文言结合"的重要追求。例如《桃花源记》一课的教学要特别关注副词"悉""咸""皆""并"的使用——"男女衣着,悉如外人""黄发垂髫,并怡然自乐""村中人闻有此人,咸来问讯""此人一一为具言所闻,皆叹惋""余人各复延至其家,皆出酒食"。在陶渊明笔下,为什么没有体现出"村中人"的某个个体?为什么体现桃花源人行动时多次出现"悉""咸""皆""并"等副词?其实,这类副词恰恰体现了桃花源人行为的群体性特征。作者把他们当作一个整体来表述,桃花源里的每个人都代表幸福、美满、和谐的整体。这个整体在思想、行为、精神层面都非常和谐一致,融为一体。这在当时的社会是最佳的理想状态,也是陶渊明社会理想的体现。可见,言语形式的背后常常藏着作者的精神密码。"文言结合"的追求体现的恰恰是将文本知识、能力和情意的教学价值相融合的必要要求。

相对于文言文,古典诗词作品的语言程式化程度更高,但这种程式并不能掩盖其艺术个性,因此我们要注意同中求异。例如,《雁门太守行》为何要用如此浓烈的色彩来表现战争?同样是渴望建功立业,李贺和辛弃疾的作品有何不同?李白的《行路难》与鲍照的《拟行路难》差异在哪里?在对比中,将诗歌的语言赏析与整体构思、诗人的人生经历和情志密切勾连,以实现多维价值的融合。

总之,由语言入手不应停留在局部的语言使用或赏析层面,而是应将语用与语境结合,注重课堂的整体建构,这样才有利于多维融合。

综上所述,我们强调多维融合的重要性和必要性,进而探讨多维融合的影响因素、方式、方法与原则。我们明了,学习者具备的相关语文知识和技能、学习者对任务的具体感悟和思维水平以及学习者能否有积极态度和热烈情感,能否调动既有的认知结构和良好的学习习惯,能否以坚强的意志去完成任务等因素都影响课堂质量,决定着育人目标能否达成。因此,我们须努力打造多维融合的语文课堂,以实现语文学科的育人任务。

参考文献

[1]中华人民共和国教育部.义务教育语文课程标准(2011年版)[S].

北京：北京师范大学出版社，2012.

［2］约翰·杜威.思维的本质［M］.北京：台海出版社，2018.

［3］夏红梅，郭惠宇.阅读教学与思维品质［M］.上海：上海教育出版社，2019.

［4］孙绍振.名作细读——微观分析个案研究［M］.上海：上海教育出版社，2009.

［5］王荣生.文言文教学教什么［M］.上海：华东师范大学出版社，2014.

［6］崔霞.对话·生成·智慧［M］.上海：文汇出版社，2019.

［7］陈治勇.字里行间觅桃源——《桃花源记》教学实录［J］.语文教学通讯，2018（17）.

［8］范子烨.《桃花源记》的文学密码与艺术建构［J］.文学评论，2011（4）.

［9］孙绍振.真切而蒙眬的叙述胜于抒情——读《桃花源记》［J］.语文学习，2008（5）.

［10］魏宏聚.新课程三维目标表述方式商榷——依据布鲁姆目标分类学的概念分析［J］.教育科学研究，2010（4）.

［11］史德仁.课堂教学要做到三维目标的有效融合［J］.语文教学通讯·D刊（学术刊），2018（7）.

［12］刘世斌.从布鲁姆教育目标分类学视角看有效教学的实施［J］.中小学教学研究，2013（5）.

［13］蔡映忠.论封建科举制度对知识分子人格的扭曲——以《范进中举》为例［J］.教育理论研究，2019.

［14］崔正升.范进为什么会发疯？——从《范进中举》透视明清科场士子的灵魂异化［J］.语文学刊，2019（1）.

［15］孙衍明.文章主题的发散与复合——以教学《范进中举》为例［J］.语文教学通讯·B刊，2017（17）.

［16］宁鸿彬.《驿路梨花》课堂实录［J］.中学语文：大语文论坛（下

旬),1998(5).

[17] 孙绍振,孙彦君.文学文本解读学[M].北京:北京大学出版社,2015.

[18] 于漪.于漪全集(语文教育卷)[M].上海:上海教育出版社,2018.

[19] 钱理群,孙绍振,王富仁.解读语文[M].福州:福建人民出版社,2017.

[20] 叶嘉莹.唐五代名家词选讲[M].北京:北京大学出版社,2007.

第五章

理性分析与情感体验

情感对人的成长具有重要作用。人的价值意识的建立,首先建立在情感认同的基础上,然后内化升华,上升为价值观念,因此,情感体验就应该成为语文学习一个非常重要的路径。然而,受知识教育和工具理性的影响,在相当长的一个时期内,语文教学重理性思维而忽略情感体验,这种偏重不符合语文学科的基本特质,也不符合人的成长特点。理性分析与情感体验,是实现语文教学价值、语文课堂多维融合的两条基本路径,二者并存而相辅相成。因而,在语文教学和语文学习中,须十分关注二者的合理选用,并实现其有机融合。

第一节 对理性分析与情感体验的理解

语文教育是促进生命成长的教育。语文学习中,学生运用所学知识与技能,关联经验世界,理解社会生活,不断丰富与完善自己的生命世界,获得生命的成长。这个学习历程,必须是情感体验与理性分析交织推进的过程。

一、理性分析与情感体验的内涵

（一）理性分析

理性分析是基于客观事实，进行合理的逻辑推断的一种分析问题的方式。就语文教学而言，理性分析是对阅读文本的内容及其语言形式进行理解、阐释、判断、推理，形成对文本意蕴的深度解读，再通过比较、推理和评价，在多元的解读中推断出最合理的一种结论的过程。理性分析既是一种教学方法，也是学生学习文本的一条重要路径。

理性分析侧重判断与推理验证，强调言语及其作品意蕴的客观性和语言运用中的判断、推理等理性智力活动，强调学习者对学习内容形成一定的理性认识。

以《河中石兽》的教学为例，这是一篇文言笔记小说，文章围绕寻找沉入河流十余年的两个石兽展开情节，着力刻画了寺僧、讲学家、老河兵三个人物形象，表达了"天下之事，但知其一，不知其二者多矣，可据理臆断欤"的主题。该课的"思考探究"中设计了一个开放性的问题："关于如何寻找石兽，从事情的结局来看，寺僧、讲学家都不及老河兵有见识。你从中悟出了怎样的道理？"许多青年教师执教这篇课文，对小说的主题理解最终引导为"实践出真知，实践也是检验真理的标准"。重庆市沙坪坝区教师进修学院姜恒权老师在《〈河中石兽〉主题正解》一文中明确表达了自己的观点，认为纪昀要表达的观点是"要全面看问题"，而非"实践出真知"，并对此作了十分详尽的分析。

关于石兽在哪儿，三位人物各有己见，寺僧认为在下流，讲学家认为在原地沙中，老河兵认为在上流。寺僧"以为顺流下矣"，许多教师据此判断寺僧"脱离实际，主观臆断"。姜老师则追问：寺僧是"主观臆断"吗？寺僧认为东西掉入水中，势必受水流裹挟，往下游发生位移，这是实践观察得来的常识，并非凭空推测，可见寺僧得出的在下游的结论也是有客观依据的。讲学家究其"物理"，由"石性坚重""沙性松浮"的"物"的特性，以及石会渐沉渐深的"物"的作用，得出石兽在"地中"的判断，这一判断也是有客观依据的。而老河兵之所以能作出正确的判断，是因为"他不仅看到了河水往下流动的特点，而且看到'石性坚重，沙性松浮'的特点；他不仅认识到流水冲不走坚重的石兽，只能反过来冲走石兽下面松浮的河沙的道理，而且认识到松浮的河沙被流水冲刷'至石之半'后，石兽必反过来倒入与水流相反方向的坎穴中的道理；他洞彻到石兽在'十余岁'的不断'倒掷坎穴中'，'溯流逆上'，以致反退'数里'的结果"[①]。由此可见，老河兵之所以能作出正确的判断，不是"实践出真知"，而是他综合考察各方面因素"全面看问题"的结果。

在这个主题分析的过程中，姜老师先是引导我们在文本中把握作品所刻画的寺僧、讲学家、老河兵三个人物形象，分析三个人物判断石兽"在上流""在地中"与"在下流"的客观依据，得出三人的判断皆非"脱离实际的主观臆断"的结论；接着将三人的分析判断进行比较，剖析其判断错误或正确的缘由；最后推演出该小说想要表达的主题应是"要全面看问题，不能只见树木不见森林"这一结论。这个文本解读的过程是通过理性分析来不断推进的。理性分析的背后是逻辑思维能力，学生需要全面把握文本信息，深入揣摩"天下之事，但知其一，不知其二者多矣，可据理臆断欤"这一关键句的含义；需要依据客观信息，调用相关的知识储备，进行判断、比较，作出合理的逻辑推理。到此，学生才算是真正理解了文本。而在这个理性分析的过程中，学生完成了完整的逻辑思维过程，其分析问题、解决问题的能力得到了很好的培养。

现代阅读教学中，理性分析是不可或缺的文本学习方式。厘清文章脉络，把握文章主要内容，深入字里行间，揣摩重点词句在具体语境中的作用，比较人物变化，领会文章要旨，探寻事件发展背后的社会根源，推测作者的写作意图等教学任务，都需要通过理性分析来达成。

---

① 姜恒权.《河中石兽》主题正解[J].中学语文教学，2020（9）：49-52.

（二）情感体验

情感是个体对客观世界的主观反映，具有主观性、独特性、丰富性。情感体验是指将自己置身客观世界中，以身体之，以心验之，从而获得对客观世界的一种价值性的认识和领悟。情感体验是语文学习的一条重要路径，是指学生在阅读与鉴赏、表达与交流等学习过程中，调动情感去想象、感知、领悟学习内容，体会学习内容意蕴，并反观自身，将意蕴内化为自己生命的一部分，获得心灵愉悦、情感升华或人生信念的过程。

情感体验侧重体味与感悟，强调个体对言语及作品象征意蕴的主观感受，强调学习者在阅读活动中获得审美的感受、性情的陶冶、心灵的唤醒、精神的滋养。

以王崧舟老师执教的《秋声赋》（第一段）为例，其执教对象为六年级学生，教学《秋声赋》有很大的难度。上课伊始，王老师播放了深秋时节的风声，让学生说说眼前仿佛出现了怎样的画面，带来什么样的感觉。在学生多样的联想与画面的描述中，他们领悟到因为人的经历、境况不同，对秋声的感受与认知也会千差万别。在体味欧阳修产生"赴敌之兵，衔枚疾走，不闻号令，但闻人马之行声"的联想而感到紧张、惊悚的情感时，王老师引导学生将电影电视中夜晚行军声音的视听经验融入句子中反复品读。为了让学生更好地理解悲秋文化，王老师按历史秩序引导学生诵读"万里悲秋常作客""平日悲秋今已老""白头有句独悲秋""行吟坐啸独悲秋""悲秋楚客今逾甚""人间何苦又悲秋"等悲秋的诗句，通过诵读体悟，感受悲秋文化。

显然，该课例中，学生若对秋声联想的解读囿于丰收、美好的心理体验，则很难理解作者为何会对秋声产生"波涛夜惊，风雨骤至""金铁皆鸣""赴敌之兵，衔枚疾走，不闻号令，但闻人马之行声"的联想，自然也难以理解这些形象背后所折射出来的害怕、紧张、惊讶、悚惧等情感色彩。王老师反复引导学生联系自身的生活经验来理解文本，听深秋的风声描述画面和感受，意在激活和调动学生对秋天的感受和理解；融入影视作品中听到夜晚行军的声音朗读文句，意在激活学生的已有认知，去体验那个特定的场合与情境；反复吟咏悲秋的诗句，意在让学生感受悲秋文化。学生通过移情将自身融入作品,这既是与欧阳修对话的起点,也是与整个悲秋文化对话的支点。这一教学过程是运用情感体验来加深学生对文本理解的过程,是引导学生将自己置身文本,将自身经验代入文本阅读,从而获得新的认识和领悟的过程。

文学作品的创作源于作家的体验,而阅读文学作品,就是读者用自己的体验去触摸作者的体验的过程,读者的阅读体验会赋予文本新的意义。相较理性分析,情感体验更具情境性、情感性和主体性。情感体验强调个人感受和主观参与,如文学类文本的学习首先要唤起的是阅读主体(学生)的感受,开发和调动其自身"感觉"参与阅读鉴赏和表达交流活动,以此获得更深刻的情感共鸣和人生感悟。

情感体验不仅用于文本学习,也用于写作、综合实践等。情感体验的唤醒、共鸣、激励、启迪等的效果是深刻的,对成长的作用是深远的。感悟与自省可丰富学生的内心世界,促进其价值观的形成、文化的认同与审美能力的提升。

二、传统的知识教育导致情感体验的弱化

(一)过度强调知识,导致学生感受弱化

过去很长一段时间,在儿童从具体形象思维为主要形式向抽象思维为主要形式过渡理论的影响下,部分人认为抽象思维是人类思维的高级形式,人类只有通过抽象思维方式才能把握事物的本质,认识客观真理。因此,人们开始侧重对文本的理性分析,重视知识的获得。诚然,理性分析是解读文本的有效路径,但过度强调分析,或者说阅读文本时只循着理性分析这一种路径,会造成学生"感受"的弱化。那些通过"跟外界事物接触而引起思想情绪变化"的感觉等心理过程被抑制,学生对美好事物、美好情感的感受能力也会缺失。许多学生面对优美的文句,感受不到它的精妙之处,只能干巴巴地说出一些修辞手法、写作手法等;阅读名著,往往读不出自己的"感觉",只是记住教师梳理的主要人物、主要事件、作品主旨等"干货",以达到会

考试的目的。这样的语文学习，由于缺少个体感受与主观能动的活动，学生只是复述教师的解读，记住相关的知识，长此以往，势必使学生的感觉变得迟钝，感受能力弱化。

（二）过度强调知识，导致情感与思想缺失

人的情感具有丰富性，优秀的文本带领我们体会人类情感的细腻、丰富与复杂，如《背影》中的"泪"、《老王》中的"愧怍"、《阿长与〈山海经〉》中"我"复杂而多层次的"敬意"。这些情感发生于具体的生活场景中，与事件紧密联结，学生必须进入相应的情境才能体悟到。每增加一分体悟，并反射到自己的生活中，学生对亲情、对朋友、对普通大众的感情就可能增进一分。这种情感内化可以丰富人的精神，有助于学生成长后更好地融入社会生活，与人和谐友好地相处。但如果不重视情感体验，只将"愧怍""敬意"等情感词语抽离出来进行理性分析，学生缺失情感共鸣，这些情感就难以内化。

过度强调知识的获得，学习变得重视结论本身，而忽略了得出结论的逻辑与过程。于是，灌输式教学大行其道，学生的思维无法得到培养，思想也变得贫乏。同时，语文学习中对具体形象的感知，对语言情味、意蕴的品味与挖掘，对情感的审美、对心灵的滋养等重要的任务均未得到落实。人民教育家于漪老师认为，语言的背后是文化的深层编码，是一个民族的集体意识。要培养有中国心的现代文明人，必须用优秀的中华文化滋养孩子的心灵，而语文课不是为了简单地掌握母语，也不是简单地培养思维能力，而是教养和教化，这也是语文教育的意义所在。然而，相较于看不见的教养和教化，多数人比较重视看得见的、功利性的目标，思想和情感便成了空中楼阁。而思想和情感的资源一旦流失，受教育者很可能成为没有人文素养的"空心人"。

三、情感体验缺位对语文教学的影响

培根在《论学问》中说过，学问本身并不教人如何用它们，这种运用之道乃是学问以外、学问以上的一种智能，是由观察体会才能得到的。可见，

情感体验是语文学习的一个不可或缺的重要路径。在第二章中，我们谈到了语文学科价值的基本维度，语文的学科价值是多元的，最终指向的应是人的发展。然而，传统的知识教育所带来的重理性分析、轻情感体验的倾向依然影响着当今的语文教学，在一定程度上影响了语文学科多元价值的实现。

（一）文本教学注重共性、忽略个性

教学文本有着多元的价值，除却知识能力维度的价值，还有思想认知的价值、审美养成的价值，要寻找到文本的核心价值，就要尊重文本的个性。就知识本身而言，它也具有三个层次：第一层次是固化的知识；第二层次是类化的知识；第三层次则是独特的生命感悟。对于人的生命成长来说，第三层次的学习是最重要的。

但重理性分析、轻情感体验的教学，更多的是寻找文本的共性，停留于表面的归纳，给学生一些空泛的概念，只有类的知识，而没有个性生命的审美。语文教学要实现文本蕴含的"类"的价值，但更要实现文本深处的个性价值。例如教学《苏州园林》时，有教师在教这篇文章时，仅引导学生分析苏州园林的整体特征、从哪几个方面展开说明、文中所使用的说明方法以及采用的说明顺序等，这是挖掘了《苏州园林》作为说明文的"类"的价值，文本的个性价值则没能得到体现。学习本文，还需要了解苏州古典园林所蕴含的中华哲学、历史和人文习俗，以及苏州园林在世界造园史上具有的独特历史地位和重大艺术价值，需要体会叶圣陶先生对苏州园林的感情，才能真正理解叶老为何会不止一次地提到"苏州园林宛若一幅珍世画卷，无论从哪个方面看，都有'如在画图中'的美感"，以及他在字里行间所渗透的对传统园林艺术深深的喜爱和眷念。

另外，统编教材采用双线结构编排文本，单元编排从文本单元走向主题单元，倡导变单篇教学为单元教学。有学者提出了自己的忧虑，担心语文教学一旦走向主题单元、大任务驱动，很有可能只抓住文本共性的东西，而丢掉了文本的个性，这一点的确需要我们理性地看待与思考。关于单元教学，本书在第六章中会有详细的阐述，这里不作讨论。

（二）教学崇尚技术分析与机械训练

余党绪老师说："现代教学，不仅目的与内容是理性化的，过程与方法也是理性化的，不仅有一整套的知识与价值系统来支撑，还有一整套的可描述、可分析、可评估的技术系统作为支撑。"① 这原本无可厚非，但"理性化"的道路一旦走过了，会令语文教学一直徘徊在文本之外，崇尚技术分析以及机械训练，最终走进技术主义和训练主义的死胡同。

崇尚技术分析的教学中，教学文本只是作为某种知识的载体、某种思想的载体、写作的范例以及解题训练的材料而存在。比如教读诗词，往往停留在诗词内容的理解概括、重点词句的理解、主题的把握以及艺术手法的运用上。而且，让学生记诵名句和诗歌写作知识，重复机械地进行答题训练，也成为学生提高诗歌阅读成绩的"法宝"。教读李清照的词，我们会分析其前期多写悠闲生活，后期多悲叹身世、情调感伤等，形成这些固有概念后，学生逢李清照必回答"感伤"成为一种答题技巧。循着这样的路径，学生是无法真正走进文本的。只有摒弃技术分析，引导学生从情感走进李清照，站在她的时代和女性的视角体悟她的经历，品味作品中缠绵凄恻的情感发生于何种境况，如此才能让学生进入审美过程，真正建构起文化认知。

（三）教师的理性分析代替学生的情感体验

作为走进文本的两条路径，理性分析与情感体验各有侧重，教学中应依据教学文本内容合理选用。但现实是，许多教师在课堂上患有"急躁症"，急于将学生引向备课时预设的结论，往往没有留足时间让学生充分感受、品味与涵泳，以理性分析代替情感体验，以期快速获得结论。

以《孔乙己》的教学片段为例，文中描写了孔乙己到酒店喝酒的情形："孔乙己一到店，所有喝酒的人便都看着他笑，有的叫道，'孔乙己，你脸上又添上新伤疤了！'他不回答，对柜里说，'温两碗酒，要一碟茴香豆。'便排出九文大钱……"教读这段文字，多数教师在分析"排出"这个动词的

---

① 余党绪.理性的反思与开放的理性——语文教学中的"理性"与"合理性"问题［J］.中学语文教学参考，2017（1）.

精妙之处时，会使用换词法进行理性分析：如换成"拿出""摸出"，是否可以？表达效果有何差别？学生会分别解释三个词语的意思，并通过对比，分析出"排"字所显现的孔乙己拿钱买酒时的得意，以及他要在平日取笑他的短衣帮面前摆阔气的心理。

通过换词法进行比对、辨析，固然能帮助学生理解文本，但优秀的文学作品往往言有尽而意无穷，读者在阅读文本时，应通过作品所提供的"有尽之言"，调动自己的生活积累和阅读积累，发挥想象和联想，去填充那些"无穷之意"，触摸文本的深层意蕴。这是因为单纯的理性分析总令人觉得与文本之间保持着距离，无法真正触摸到孔乙己的内心世界，此时需要调用学生的情感体验，引导学生体会孔乙己在看到别人的"笑"、听到别人的"话"之后，"排出九文大钱"的心态，再通过联想、想象，推敲"排出"这一动作背后的丰富内涵，并试着让学生模仿孔乙己"排出九文大钱"，以此感受孔乙己的心理，体悟他的内心世界。只有当学生体验和感受到"排出九文大钱"这一动作的丰富内涵，才能让他们深化对作品语言的理解，感受到"排"字背后所折射的是孔乙己拮据而穷酸的本相，以及他要向酒店卖弄分文不少，表明自己是规矩人，并对短衣帮的耻笑表现出若无其事的复杂心理。

孙宗良老师在《唤醒生命之美——关于小说教学的几个问题》中指出："优秀的文学作品总是能给读者留下非常大的解读空间。按照接受美学的说法，这是一种'召唤结构'，召唤着读者自己去感受、去填补，这就在客观上造成了对文本多元、多层、个性解读的可能，从而也形成了文学作品解读的复杂性。但这一切的根本，在于阅读者自身的文化底蕴、思维逻辑和体验、感知、建构能力，从这个意义上说，文学作品的阅读是阅读者不断提升与重构自己的审美能力和生命境界的美丽过程。"以理性分析代替情感体验，恰恰忽略了这一美丽的过程。

综上，主观情感体验是感受语文学习之趣、社会生活之善、大千世界之美的重要路径，而理性分析是建构知识框架、提升理性思维能力的重要路径，二者有机融合才能实现语文学科内容价值和过程价值合一和语文课堂的多维融合。重理性分析、轻情感体验则带来了一些弊病，导致语文学科育人作用无法充分实现，因此，我们要加强对情感体验的研究。

第二节 情感体验的意义和实施策略

谈加强情感体验的必要性,并不是要否定理性分析,更不是要以此替换理性分析,而是希望过去一度被忽视的情感体验得到加强。

一、情感体验是语文教育的特定需要

工具性与人文性的统一是语文课程的基本特点。语文课程对学生精神世界的影响广泛而深刻,情感体验是语文教育的特定需要。

(一)情感体验是语文学习的必要途径

语文教材中的作品文质兼美,蕴含着丰富的情感资源,是审美教育的重要载体。统编教材对审美教育及情感体验有明确的提示,以七年级上册第二单元及八年级上册第四单元的单元导语及部分课文的阅读导语为例。

阅读导语举例

	单元导语	课文	阅读导语(阅读提示)
七上第二单元	亲情,是人世间最普通、最美好的情感之一。本单元的课文,从不同角度书写了亲人之间真挚动人的感情。阅读这些课文,可以加深我们对亲情的感受和理解,丰富自己的情感体验。在整体感知全文内容的基础上,体会作者的思想感情。	《秋天的怀念》	朗读课文,找出一些蕴含着丰富情感的语句,体会文中流露的感情,反思一下:沐浴在亲情中,我们是否只知接受,不会感动,也不懂回报呢?
		《散步》	仔细品味,(你)会感觉到在这平常生活中流淌着的亲情,滋润着家人的心灵。你的身边一定也不乏这样的温馨场景,回忆一下,感受其中的温情。
		《〈世说新语〉二则》	预习课文时,注重感受古代儿童的聪慧机敏和良好的家庭教养。

续 表

	单元导语	课 文	阅读导语（阅读提示）
八上第四单元	本单元的散文表达出独特的情感体验和深刻的人生感悟。阅读这些散文，领会作品的情思，可以培养审美情趣，丰富精神世界。	《背影》	默读课文，设身处地地体会文中描写的情景，联系自己的生活体验，感受文中的父子深情。
		《昆明的雨》	本文是一篇充满美感和诗意的作品，其中有景物的美、滋味的美、人情的美、氛围的美，可以试着找出自己喜欢的段落，做些圈点批注，并通过朗读加以品味。

在教材的导语提示、阅读要求、课后练习中，编者反复提及"感受""体会""揣摩""体验""品味"，可见情感体验法是用教材教的必不可少的方法。

（二）情感体验是达成审美教育的重要途径

语文学科情感丰富的特性，使语文教学可以通过审美体验、评价等活动构建学生健康的审美情趣。语文教学应激发学生的情感体验，让作者或作品的情感与自身情感碰撞，丰富和发展情感经验，促进人格完善。

语文教师常用情境教学法将教材文本内容与生活连接起来，激发学生的情感体验。参考窦桂梅等名师的《秋天的怀念》教学案例之后，工作室教师在自己的教学中加强了对学生的情感体验。

师：望着望着北归的雁阵，他会——

生：把眼前的玻璃砸碎。

师：听着听着李谷一甜美的歌声，他会——

生：猛地把东西摔向前面的墙壁。

师：还有呢，妈妈要他去北海看菊花，他喊着——

生：不，我不去，我活着有什么劲！

师：作者觉得活得没劲。他独自坐在屋里，看着窗外的树叶"唰唰啦啦"地飘落，请同学们大胆想象，作者又会怎么样呢？

生：他不禁暗暗流泪，泪就像那落叶一样唰唰啦啦……

师：他可能会想些什么呢？

生：他可能会想起自己的生命也如这落叶一样凋谢了。

生：他可能还会想起小时候尽情奔跑的情景，可是现在再也不能了。

师：作为一个青年人，原来健健康康的，现在突然坐在轮椅上，发这么大的脾气，你理解他吗？

生：理解。

师：你们能劝劝他吗？

生：虽然你的腿瘫痪了，但是你还有一颗心，你要用心灵去感受。

生：你失去了双腿就变成这样，这是怯弱的行为。加油！你要坚强起来！

师：你们讲得都很好，但是对于刚刚失去双腿、暴怒无常的作者来说，他能听进去吗？

生：比较难。

师：面对这样的儿子，母亲是怎么做的呢？朗读相关内容，谈一谈。

生：母亲让儿子去看菊花："听说北海的菊花都开了，我推着你去走走吧。"

师：你怎么理解母亲让儿子去看花呢？

生：她想让儿子看花，让他心情变得愉快一些。

生：她希望儿子去看花，不要再想那些伤心的事。

师：母亲真可谓用心良苦！你们现在理解母亲了吧！我们继续看母亲下面的行为……

在这个教学片段中，教师多次引导学生通过朗读感受作者的心理状态，并通过一个情境活动——劝劝暴怒无常的史铁生——让学生充分感受母亲当时的处境，进而明白母亲坚持让"我"去看菊花的初衷。情感体验让学生理解了文本中人物抽象、复杂的情感，亲历的情感体验过程也培养了学生的情感感知能力。

优秀的作品是作者运用语言文字精心构筑的特定时空，蕴含着情、意、理构成的丰富情境。如《老王》感情付出不对等的"愧怍"，《我的叔叔于勒》对赤裸冰冷亲情的困惑，《散步》祖孙三代人的生命感悟等，情感元素多元丰满，如果能将其有效开发和利用，并纳入情感体验式教学，将极大提高学生的审美鉴赏能力。

二、情感体验是丰盈学生生命的需要

（一）情感体验丰富了学生的精神世界

在学生成长的关键期，语文课程的学习对其个性的塑造、精神的发展、人格的形成具有较为深远的影响。在各种语文教学情境中获得的情感体验，可以丰富学生的情感与精神世界，促进学生人格完善。

例如，学生虽已有亲情、母爱的体悟，但阅读史铁生的《秋天的怀念》时，还是难以真正读懂作者用温情和遗憾来描述的"母爱"。我们在该课的教学探讨中设计了这样的教学思路：首先，引导学生感知全文思想情感，体会作者在生龙活虎的青春年华遭遇截瘫后的深刻体验；其次，让学生感受母爱，理解母亲；最后，提升对生命意义的认识。这个教学思路让情感体验在课堂上发挥重要的作用，让学生获得情感熏陶与升华，在情感体验中读懂母爱的"坚忍和毫不张扬"，读懂苦难命运里生命的坚强，读懂母亲这个形象的伟大。因为爱，"母亲"能理解儿子；因为爱，儿子可以读懂"母亲"，这是母子之间相互理解的幸福状态。对这样幸福状态的感知是需要能力的，情感体验还提高了学生感知幸福的能力，提升了感受社会真情和生活真谛的能力，更深切地体察生活的"真、善、美"。

（二）情感体验促进学生与文本的共情，产生文化认同

情感体验可促进学生在学习过程中与文本形成情感共鸣，进而产生文化认同，继而转变为自己的行为，更好地指导人生。在学习史铁生的《秋天的怀念》、朱自清的《背影》这些感人至深的课文时，许多学生读着课文，

声音哽咽，沉浸于亲情中；在学习杜甫的《茅屋为秋风所破歌》、白居易的《卖炭翁》、范仲淹的《岳阳楼记》时，学生渐渐走进了仁人之心，仰视心忧天下、关爱苍生的风范；在学习李森祥的《台阶》、鲁迅的《阿长与〈山海经〉》、杨绛的《老王》时，学生对于小人物多了体谅，对于社会生活有了新的认识和体会。

语文教学应让学生透过文本来感受人生。"师者，所以传道授业解惑也。"语文教师应该引导学生将语文学习与观察社会、思考生活、感悟人生结合起来，在语文教学中唤醒、激发学生已有的生活体验，使学生与文本共情，形成适切的情感体验，学会同情，学会移情，学会爱……在情感体验的辅助下，学生能提升自身的审美，使认识走向深刻，促进精神成长，为人生发展打下坚实的基础。

（三）情感体验能够发展个性，有效促进学生生命成长

情感体验能塑造情感，建构更高尚的精神，增强自我发展意识，促进生命个性发展。教师要善于挖掘作品的情感元素，架设情境教学的"阶梯"，调动学生的情感参与，引导学生在感知与体悟中发展个性，有效促进生命成长。

例如，"孤独"是人类相通的情感，如何理解"孤独"的丰富与各具特性呢？我们可以通过对表达"孤独"这一主题的不同文本的情感体验来完成。如体验《独坐敬亭山》《登幽州台歌》《孤独之旅》等诗文的情感，理解当身临特定环境时，"孤独"各具"个性"：带着什么样的心境看山会百看不厌？——这个情境帮助学生发现"相看两不厌，只有敬亭山"的"独"是冷清而悠闲自适的。想象一下，陈子昂登上高台，四面辽阔，冷风吹来，让他悲伤落泪的原因有哪些？——这个情境支架引出诸如"时间有限，想做的事做不完""才能被埋没了""找不到自己的知音""无人赏识"等掺杂着学生个体生活经验的个人化感触，进而体验到旷远而无解的怀才不遇的悲苦之独。而曹文轩《孤独之旅》的主人公杜小康与学生年龄相近，学生对杜小康"成长中的孤独"的共鸣尤为强烈。杜小康有父亲陪着，不是一个人，但他

离开同龄伙伴而产生的孤独感是真切的,学生能感同身受。他害怕涌过来的无边"芦苇荡",感到与世隔绝的孤独,也想着要上学、要回家而不能,这些精神上的孤独、空间上的孤独,学生都能体会到。情感体验不仅让学生理解了杜小康成长中的孤独,还能让学生直面自己成长中的孤独,明白"每一种创伤都逼人成长""能直面困境就是成长"等道理。这就起到了丰富个性体验和强健个体精神的作用。

情感体验因学生积极参与、倾注自身生活经验及情感去学习文本而获得对自身成长有益的养分,这可以有效地帮助个体生命成长。

三、情感体验的实施策略

(一)依托教材优势,挖掘情感体验因素

前文已经提到,中学语文教材所选文本蕴含着丰富的情感资源。语文教师如果能够有效挖掘和利用,把情感元素纳入教学设计中去,把情感目标作为教学的重点目标去完成,就可能更好地提高学生的认知、情智水平。

1.散文在统编教材中分量最重,情感资源丰富。

亲情是人世间最普遍、最美好的情感之一。七年级上册史铁生的《秋天的怀念》、莫怀戚的《散步》以及八年级下册朱自清的《背影》等文本,从不同角度抒写了亲人之间真挚动人的情感。阅读这些文本,要注重挖掘文本丰富的亲情资源,体会《秋天的怀念》中母亲"好好儿活"、《散步》中"我的背上和她背上的是整个世界"、《背影》中"我"的数次落泪,加深对亲情的感悟和理解。

我们身边有许多"小人物",七年级下册鲁迅《阿长与〈山海经〉》中的长妈妈、杨绛《老王》中的老王、李森祥《台阶》中的父亲,这些人物虽然平凡,且有弱点,但他们真诚、质朴,阅读这些文本,要注重挖掘"小人物"身上的优秀品质,体会《阿长与〈山海经〉》中阿长的真诚、《老王》中老王的善良、《台阶》中父亲的好强,引导学生向善、务实、求美。

人与动物都是大自然的"成员",人类始终面对着如何与动物相处共存的问题。七年级上册郑振铎的《猫》、康拉德的《动物笑谈》、蒲松龄的《狼》等文本从不同角度描绘了人与动物相处的种种情形。阅读这些文本，要注重挖掘文本中丰富的情感资源，体会《动物笑谈》中作者对动物的欣赏，体会《猫》中人与动物的矛盾冲突，增进对人与大自然关系的理解，加强对人类自我的理解和反思，形成尊重动物、善待生命的意识。

2. 纪实类、科幻类文本中蕴藏着丰富的情感资源。

探险是人类对未知世界的探寻，也是对自身的挑战。七年级下册茨威格的《伟大的悲剧》、杨利伟的《太空一日》和刘慈欣的《带上她的眼睛》等文本，从不同角度表达了人类探索未知世界的激情。阅读这些文本，要注重挖掘文本中人类对未来的大胆想象，感受人类迈向全新领域的无畏：《伟大的悲剧》中，斯科特一行探索未知的英勇及面对生命消逝的无奈；杨利伟在《太空一日》中的惊心动魄；《带上她的眼睛》中，"小姑娘"热爱生活而敢于献身的崇高。用情感体验阅读纪实类、科幻类文本，可以抵达探险者的精神世界，体验到探索科学的情趣。

3. 小说中蕴含着世间百态。

小说是我们观察世间百态的一扇窗口。九年级上册鲁迅的《故乡》、莫泊桑的《我的叔叔于勒》、曹文轩的《孤独之旅》、施耐庵的《智取生辰纲》、吴敬梓的《范进中举》等作品，或从少年视角观世界，或通过英雄传奇、儒林世相展示人间百态。阅读这些文本，要注重挖掘文本中的世间百态，拓展对社会现象的认识，如体会《故乡》中"我"与闰土之间的厚障壁，《我的叔叔于勒》中菲利普夫妇的可怜、可恨、可叹，《智取生辰纲》中杨志的"英雄无用武之地"和《范进中举》中范进的疯癫、疯狂，加深对社会和人生的理解，确立自我意识，引导学生更好地成长。

4. 实用类文本也具备情感因素。

八年级上册茅以升的《中国石拱桥》、叶圣陶的《苏州园林》、毛宁的《梦回繁华》、法布尔的《蝉》，八年级下册竺可桢的《大自然的语言》、利奥波德的《大雁归来》等文本，从不同角度展示了中华民族传统文化、大自然的万千姿态。阅读这些文本，除了要了解实用语言技巧外，也可以挖掘必要的情感因素，如体会《中国石拱桥》对中国古代劳动人民的赞美，体会《苏州园林》中独特的"人在画中游"的创造美、《梦回繁华》中的艺术美，感受实用类文本背后作者的拳拳真情，提高个人的审美情趣。

（二）创设生活情境，唤醒自身的情感体验

1.情境创设。

对一段文本，学生之所以感受不到、欣赏不着、理解不了，原因之一是他们因生活经验及阅读积累不足而陷入"我向思维"，不能通过联想与想象，将生活经验及阅读积累与所读的文本发生真切的关联。这时教师可以通过创设情境帮助学生解决这个问题。下面以工作室李燕玲老师《登幽州台歌》的授课片段为例进行分析。

师：同学们平时爬过山吧，有什么感觉？

生：清静。

师：那你爬到山顶的时候会有什么感受？

生：自豪。

师：假如你在山顶或高处看到一个中年男子流泪，你的第一反应是什么？

生：他发生了什么？

生：他是谁？

生：他为什么要跑到山顶上哭？

生：想帮他解开这个心结。

师：假如这件事发生在古代，又会如何？请大家翻开课本第117页，今天我们要学的是陈子昂的《登幽州台歌》，看看他在幽州台上看到了什么，想到了什么。

课堂伊始，李老师创设了一个登高的情境带领学生走进诗歌，以方便下面的学习。我们再来看李老师是如何带领学生感受"独怆然而涕下"的。

师：大家再看看，黑板上的这些字迹，我一擦就掉了，想一想，还有什么也是一擦就掉了？

生：（杂）时间、记忆。

师：还有什么？我举个例子，假如你某天来上学，发现全班没有人记得你，大家的记忆好像都被抹掉了一样，你会怎么样？

生：（齐）害怕。

师：假如世上真的有一种魔法，会把你困在这个教室里的另一个空间维度，你能看见这些同学打打闹闹，而他们被魔法抹去了所有关于你的记忆，你会如何？

生：（齐）孤独、害怕。

师：假如多年之后遇到同学，你热情洋溢地上前打招呼，他却不记得你，你会如何？

生：（杂）伤心、失落、尴尬……

师：人都有一种心理，害怕消失，害怕被人遗忘：我这么快就消失掉了，可是什么也没留下，什么也没做成，太可怕了，谁也不会记得我，再过一百年，谁也不知道我曾经存在过……陈子昂更是如此，他觉得自己满腔抱负，一身才学，可是没有用武之地。再加上人和悠悠天地相比，是那么渺小，那么脆弱，一旦死去，就什么都落空了。这一切交织在一起，产生了什么结果？

生：（齐）独怆然而涕下。

教师在创设情境时，"域"的设定非常重要。比如让学生感受"被遗忘的孤独"是比较困难的，李老师巧妙创设了"你被困在这个教室里的另一个空间维度，你能看见这些同学打打闹闹，而他们被魔法抹去了所有关于你的记忆"这个情境，因为维度恰当，学生一下子就明白了。

2.情感引导。

对于一段文本，学生之所以感受不到、欣赏不着、理解不了，还可能是他的阅读过于"匆忙""表面"，没能"沉淀"下来，没有将自己的生活经验与阅读的文本发生真切的关联。这个时候，教师可以通过情感引导帮助学生解决这个问题。下面以工作室李桂林老师《我的叔叔于勒》的授课片段为例进行分析。

师："我们家"的生活状态如何？

生：拮据。

师：能感受到那种拮据吗？请大家用"当……时"的句式表达。

生：当有人请我们家吃饭时，我们是从来不敢答应的，以免回请。

生：当我们家买日用品时，也是常常买减价的，买拍卖的底货。

生：姐姐的长袍是自己做的，当买15个铜子一米的花边，母亲常常要在价钱上计较半天。

生：当我大姐28岁，二姐26岁时，因为家里没钱，她们老找不着对象，这是全家都十分发愁的事。

师：你们现在能够感受到当时"我们家"的生活状态了吧！

生：能。

再以《秋天的怀念》的授课片段为例进行分析。

师：请同学们一起读第一自然段。

（生齐读）

师：望着望着北归的雁阵，他会——

生：把眼前的玻璃砸碎。

师：听着听着李谷一甜美的歌声，他会——

生：猛地把东西摔向前面的墙壁。

师：还有呢，妈妈要他去北海看菊花，他喊着——

生：不，我不去，我活着有什么劲！

在上面两个教学片段中，教师都注重多次引导学生"沉淀"，通过设计语言训练点激发学生与文本产生共鸣，进入文本的世界。

（三）串联多维度体验，拓展情感体验空间

在课堂教学中，情感体验往往是多维度的，教师常常需要带领学生将各个维度的情感体验串联起来，拓展学生的情感体验空间。

如史铁生的《秋天的怀念》，此文表达的母爱比较特殊，它与学生常见的"妈妈为我做早餐，放学后来接我"等不一样。在教学过程中，我们需要感受母亲的病痛——肝病晚期痛得整晚睡不了觉，还需要感受"我"的生命状态——看着北归的大雁，听着李谷一的歌声，就会把东西砸得稀烂。这是两个生命状态十分艰难的人，一个生命垂危，一个时时刻刻都有放弃生命的可能。在这种情况下，我们来感受母亲的行为：她始终关注着儿子的一言一行，谨小慎微，生怕触动他任何的不快，脸上始终挂着笑，执着地让儿子感受美好——去北海看菊花，始终用最积极乐观的人生态度感染儿子，教会儿子"好好儿活"。我们将上述多维度的情感体验串联起来才能感受出文本表达的独特母爱——委屈、坚忍、深沉的爱，以拓宽学生情感体验的空间。

又如杨绛的《老王》，文中老王曾经给我们家送过鸡蛋和香油，为什么这件事过去多年以后，作者仍然感到愧怍呢？对于这种情感，学生是比较难以体验到的。在阅读文本的时候，我们可以先感受老王到我家来时的生命状态：他的脸上蒙着一层翳，整个人像镶嵌在门框里的骷髅，随时可能被打散似的；再感受在这种情况下香油和鸡蛋对老王意味着什么，进而理解老王为什么到我们家送鸡蛋和香油，并且坚持不要钱呢？他这是要感恩，是把我们一家人当亲人看待了。从另一个维度，我们可以感受"我"为什么一直坚持要给钱，"我"感谢老王的好意，但自始至终与老王要保持一定的距离，我们只是把他当作一个可怜人，并不是一位亲人，以至于老王病成这样"我"竟没有问候和关心，老王去世的消息"我们"也是很久后听别人说的。通过多维度的感受和体验，学生才能明白作者为什么一直对老王有深深的愧怍，进而对自己身边人与人的关系多出许多思考。

再如《阿长与〈山海经〉》，文中阿长为我买来了《山海经》，"我"感到非常"震悚"。为什么呢？如果单从一个角度去体验是很难理解的，我们也

需要从多个角度去感受、体验。我们先要从"我"的角度去感受，这本《山海经》对"我"来说意味着什么？自从远房的表叔那里知道这本书后，"我"日思夜想，最终连阿长都知道了。接下来我们从另一个维度去体验，"我"自己是无法去买的，那么谁可以给"我"买呢？必须是"我"身边的人，与"我"关系亲近的人，有文化的人，比如那个表叔、"我"的伙伴们，然而这些人似乎都不怎么上心，最后倒是当时"我""讨厌"的阿长给"我"买来了，这怎么不让"我""震悚"呢？我们再从阿长买书的角度去感受，阿长怎样会有时间呢？她是利用自己一年中最宝贵的省亲时间；她大字不识一个，怎么去买书呢？我们想她为了买这本书，不知道问了多少人，跑了多少冤枉路，吃了多少苦头，才终于得到这本"三哼经"。通过将这些角度的感受和体验串联起来，学生才能够深刻感受到阿长对"我"真诚的爱和关心，进而理解作者对阿长深深的感激和怀念。

第三节 理性分析与情感体验的相互作用

基于文本的感性和理性认知可以是一体的，也可能相对分离。语文教学的理想状态是将二者结合起来。我们讨论的理性分析与情感体验，二者是互为支撑、互为依托的关系。教学过程要实现情感体验与理性分析的有机融合，才能由浅入深、由表及里、由感性到理性、由外显的知识技能到内蕴情感沉淀，在感知、体悟、升华进而内化的对话过程中实现有效学习。

一、理性分析有助于情感体验

（一）理性分析促进形成深度情感体验

好的文学作品往往能使学生受到感染，引发共鸣。这些情感共鸣中，有些是对学生生活情感体验的强化，有些是要通过理性分析让学生深入体验，才能实现高质量的情感体验。文本的言语结构是表情达意的手段，写作者通过它来表达"意味深长的情感"，对文本言语结构的理性分析将促进形成深度情感体验。

理性分析是逻辑建构的过程。学生在教师的引领下，与教师和同伴对话，与文本对话，与文本创设的情境对话，与文本背后的社会文化对话，在对话中思索，在思索中推进思维向高阶建构。这期间对文本由浅入深的解读又不断生成新的情感体验，进而提升思维品质，形成语文素养。

鲁迅的小说《故乡》叙述了 20 年后"我"和闰土见面，闰土变了，在阶级、社会的观念中讨生活的闰土，一声"老爷"使"我"惊悚得"似乎打了一个寒噤"。我们原来以兄弟相称，现在他叫"我"老爷，"我们之间已经隔了一层可悲的厚障壁了"，有很多隔阂了。人与人之间变化的感情，学生是可以体验到的，情感体验的难点在如何走到"理想被现实打破，美丽的故乡再也寻找不到了"的境地，如何让学生体会作者拯救"国民性"的强烈愿望。下面以工作室老师的《故乡》课例片段来分析实际教学中教师是如何通过理性分析推动更加深入的情感体验形成的。

师：请大家读一下写"我"和闰土见面的第 55 自然段到第 61 自然段，思考：在这场见面中，最让"我"感到悲哀的是什么变化？

（学生齐读、思考）

生：最让"我"感到悲哀的是他说的话。他叫我"老爷"，"我似乎打了一个寒噤"。我们原来是以兄弟相称的，现在他叫"我"老爷，"我们之间已经隔了一层可悲的厚障壁了"，有很多隔阂了。

师：这一声"老爷"，宣告了"我"和闰土关系的改变，这是让"我"最难过的。之前"我"和闰土是怎样的？大家读一读第 16 自然段到第 28 自然段，看一下"我"回忆中的"我"和闰土在干什么。

生：他们在玩。

师：他们是在玩什么游戏吗？

生：不是，在聊天。

师：他们是怎么聊天的？

生：你一句我一句，想到什么说什么，想到哪里说哪里。

师：话都是脱口而出，他们的交流是怎样的？

生：很随意。

师：对，很随意，无拘无束。他们的交流畅通无阻，而实际上他们的身份有差别吗？

生："我"是少爷，闰土是做短工的人的儿子。

师：可是闰土没有把"我"视作高贵的少爷，"我"也没有把闰土看作低贱的短工的儿子。他们之间是怎样的关系？

生：平等的。

……

教学中，师生围绕"最让'我'感到悲哀的是什么变化"展开情感的求索。首先，教师引导学生从回忆中建立情感体验的起点，为理解主人公"惊悚"的状态做好铺垫，"回忆当年'我'和闰土在干什么"是唤醒情感体验，"他们之间是怎样的关系"是以理性判断驱动对话。从学生的回答来看，学生关注到了文本里面人物的情感经历，闰土"脸上现出欢喜和凄凉的神情"，学生由此读到一个有强烈情感却被压迫在深重的等级观念中的成年人形象。

接下来的探究分析中，学生继续在教师的理性引导中进行深度的情感体验：闰土"态度终于恭敬起来了"，"什么东西战胜了内心真挚的感情"——回忆起来的幼时伙伴情谊，最终被等级尊卑的社会文化观念打败了。等级尊卑的社会文化观念最终战胜了人们心中真诚的感情，所以"终于恭敬起来了"，把所有的感情都堵回去了。教师深挖"称呼"的意义，设置问题链，从幼时伙伴情谊温暖到成年后"厚障壁"的隔阂，引领学生结合情感体验探索作者深沉的思考：人际关系改变的原因是社会文化观念对人性的侵蚀，是文化当中的病根，美丽的故乡再也寻找不到了。学生在感性体验与理性分析的交织中，理解了作者对社会观念筑成的高墙使人与人隔膜起来的"不满"，也体验到作者对束缚劳苦大众社会改造的愿望。

当文本与学生的世界有距离，学生与文本"对话"有明显困难时，教师需要设计更多样的情境，唤起学生的情感体验。以黄厚江老师《老王》人物分析教学片段为例，我们将黄老师的教学指令加以梳理，就会发现理性分析对情感体验有很明显的促进作用。

人物分析

情感体验	逻辑分析
明明看见老王的情况，为何还问老王好些了吗？	客套的背后是什么？
如果是作者描写钱先生病了，会这样写吗？	我为什么这样写？
强笑的背后是什么？	我为什么笑？
揣摩"我知道，我知道——不过你既然来了，就免得托人捎了"。	我为什么一定要给钱？
我真的知道吗？	我真的明白了吗？
用简短的话描述老王此时此刻的心情。	

学生在教师的引导下，一步步唤醒自身的情感，并将其代入文本，在体验、体悟、升华进而内化的过程中实现对老王生命的理解。在唤醒学生情感体验的同时，黄老师巧妙地建立思维支架，使学生的情感体验一步步趋向深入，避免表面化。围绕着作者与老王之间情感的不对等，黄老师精心设计问题链，引导学生由感性体验向理性思索过渡，在探寻文本意蕴中增强生活认知，获得审美体验，促进自己对生命新的理解。

（二）理性分析使情感体验更加完整，避免碎片化

情感体验表现为阅读文本的情感自觉，是阅读者自身长期沉淀的某种情感的直接提取；但是，不经过充分准备与酝酿的情感体验往往是情感碎片，有时候仅仅是情感体验的唤醒。借助有效的思维过程，能够帮助学生自主地获取知识、养成能力、形成策略，实现精神成长。

教学中如何避免情感体验的碎片化呢？以莫怀戚的《散步》为例。首

先，梳理一下文中情感体验的支点。《散步》选取三代同堂的家庭一次散步的小事来写，"我们在田野上散步：我，我的母亲，我的妻子和儿子"。一人一停顿，学生能感觉到作者在强调，强调散步很重要吗？对家庭来说，散步很庄重、很认真？这是情感体验之一。"母亲""熬过""信服"等词语比较严肃庄重，作者在讲述一件平常的小小的生活中的事，然而句式与词语的选用上"举轻若重"，作者想要传达什么呢？这是情感体验之二。"太迟，太迟了""挺""总算""熬"，这些词里有对生命的珍爱，散步和珍爱生命之间有什么关联？这是情感体验之三。文章结尾"我背上的同她背上的加起来，就是整个世界"，作者在强化成年人在家庭中的责任，这是情感体验之四。如此丰厚的情感体验，分开来体验似乎都可以独立成章。作者却把亲情、人性、生命、责任几点聚集在同一轨迹上，如何让读者的心灵得到这样一次愉悦而高尚的美的旅行？

让初中学生体验尊老爱幼的情感，是可以做到的，但让学生体验中年人对生活的高度使命感恐怕不容易，体验通过散步传达的对生命的珍重更是难。该文章的语言表达具有明显刻意的大词小用倾向，追求语言表达上举轻若重的"个性"，词语和句式的选择都从这一"个性"特点进行精细的推敲和创造性的搭配，这可以视为情感体验的解码。对词语和句式进行精细的推敲对比能帮助学生更完整地体验情感。下面以郑桂华老师《散步》的教学片段为例。

教学片段分析

教学起点	教学策略	教学落点
注意文章中很"特别"的词语或句式。	以学生平常习惯的表达方式作为参照进行比较。 原文： 我们在田野散步：我，我的母亲，我的妻子和儿子。 通常习惯的表达： 我们一家四个人在田野上散步。 我、我的母亲、妻子和儿子在田野上散步。 ……	发现作者选用句式的匠心。

续 表

教学起点	教学策略	教学落点
发现词语选择的郑重。	通篇查找夸张用词。 发现一：全篇都在以"母亲"称呼。 发现二：熬过了整个冬天。 发现三：我背上的同她背上加起来，就是整个世界。 发现四：母亲已经习惯听他强壮的儿子，儿子还小，他也习惯听从高大的父亲。 发现五：母亲信服地点点头。 ……	用词刻意夸张，大词小用，郑重其事地表达情感。

郑老师采用对比分析的方式，"以学生平常习惯的表达方式作为参照进行比较"，对比后可见作者的用词是刻意选择的，选用的句式有强调的意味，标点符号也是颇有"心机"的。"："是一一展开，试图把场景放大；一人停顿一次，这一顿是一人一个镜头，作者在刻意放慢节奏；在"慢节奏"中展开并且是强化慢节奏，把小事情写得很认真。通过比较，发现句式不同寻常，发现句式的强调意味，在郑重其事地达情，小中见大。这样理性的比较分析，学生碎片化的情感体验可以趋向完整；通过揣摩作者利用庄重的语言、以小见大的手法，可以分析情感表达的语言"个性"；探究标点设计等的理性分析，能够助力教学情感体验活动的创造，使学生获得更多的体验，使情感体验更加完整。

"推选用得巧的词语"教学环节，是依托筛选信息的策略推动有效的思维，让学生发现散落在文章各处的重点词句。结合词语品析，学生又发现文中的重点词句，总有它特定的语言环境，而且上下文往往有某种信息来揭示理解，扩充情感因素。例如，"我的母亲又熬过了一个严冬"，其中"熬"字，体现母亲活得艰难；但是"太迟了，太迟了"中能"熬"过，是揭示生命的艰难；"总算"道出了多少对生的担忧。通过揣摩作者庄重的语言，学生可发现散步事小，但家庭的散步是生命的传承，是生命庄重的旅行。

一个讲好了的故事里往往能够提供意味深长的情感体验，要体验到这种意味深长的情感，需要借助理性分析这架"阶梯"，揣摩"个性"取向相协调的用语，探寻文本意蕴，在审美体验中促进学生对生命的理解，获得更多的尝试性体验。通过理性分析文本激发出来的情感，倚仗言语理智，循着文本内在逻辑的理性去寻求文本与现实、文本与读者的联系，可促进学生拥有更加饱满、更加完整的情感体验。

二、情感体验可以促进理性分析

文本是围绕明确的情感来构建的，想要探求文本的意蕴绕不开情感体验；同时，学生的认识活动是随着情感发生的，在情感体验中建构，因此以情感体验为基础的理性分析更易于建构思维。

（一）情感体验为理性分析做铺垫

阅读教学的对话过程，是在探寻文本意蕴中获得价值判断、促进生命理解的过程。这个过程如何指向学生思维能力的提升，是实实在在的难点。许多文本的奇思妙想及言外之意，是围绕明确的情感来构建的。体验文本中起伏的情感，也就捕捉到了情感之下的文脉。循着文脉，才能厘清作品结构，如《一棵小桃树》《紫藤萝瀑布》《散步》等一系列散文。

学习许多文章，可从情感体验发端，让情感体验为理性分析做铺垫。这种铺垫可用于全篇学习、全堂课学习，也可用于局部。如以《壶口瀑布》为例，文末写"黄河博大宽厚，柔中有刚；挟而不服，压而不弯；不平则呼，遇强则抗，死地必生，勇往直前"，语言丰盈、情感强烈，教师可引导学生诵读与思考：这样写的用意是什么？诵读增加了体验，让学生增强民族自豪感，这是显性的；而追问指向文章结构处理，又引导学生理性分析文章结构层次安排的巧妙。教师以"诵读体验＋理性分析"的方式继续引导学生学习：雨水季节的黄河呼啸而来，奔腾而去，内容丰富，情感饱满，尽情释放，丰富的雨水、丰富的情感，但作者却安排了略写，为什么？枯水季节的黄河也有波澜壮阔的气势，作者在此详细铺展，章节这样安排详略，有什么用意？在感受作者情感起伏的过程中，学生逐渐找出写作结构及作家表达主旨的密钥：略写雨水季节让人惊心动魄的黄河，是为详写枯水季节的黄河也有波澜壮阔的气势做铺垫。作家意图由壶口瀑布透视黄河博大宽厚的雄壮之美，表现出黄河的性格，进而联想到中华民族处于苦难中爆发的压而不弯、遇强则抗、勇往直前的精神。

文本意蕴往往隐含在语言、意象和故事里，文本的言语结构会有"言外之意"，要发现这些秘密，不能纯粹靠理性分析。要引导阅读者在每一次阅读中产生新的感触、新的领悟，再以这些感触与领悟作为理性分析的关键点，在螺旋式的"感悟—分析"过程中推进学习，让情感体验的满足与理性分析的满足水乳交融。

余映潮老师的《故乡》课例，就是情感共鸣促进对理性分析的一个例子。我们来看看余映潮老师在《故乡》"这来的便是闰土……像是松树皮了"这一部分的朗读指导。

朗读指导

师	生
读这一段，要注意重音。比如说"先前的紫色的圆脸，已经变作灰黄，而且加上了很深的皱纹"，注意"紫色""灰黄""很深"读重音。整个语段的阅读，语气要稍微沉重一点，读出叙述的那种语感。	朗读。
读"我这时很兴奋"到"隔了可悲的厚障壁了，我也说不出话"。要注意抑扬，"我这时很兴奋"要扬一点；"他站住了，脸上现出了欢喜和凄凉的神情"读抑一点；"我似乎打了一个寒噤"又稍微要扬一点，表示"我"内心的那种惊讶。	学生各读各的，体会朗读中抑扬的转化。
"我问他的景况"这一部分的朗读要讲究语速，不能读快，中年的闰土，内心充满苦难，这一段是他内心苦难的表白。你们看，"非常难。第六个孩子也会帮忙了，却总是吃不够"。要读出稍慢的语速来。	试一试稍慢语速的朗读。
还是读快了，你看——（非常缓慢地读）"非常难。第六个孩子也会帮忙了，却总是吃不够，又不太平，什么地方都要钱，没有定规，收成又坏。种出东西来，挑去卖，总要捐几回钱，折了本；不去卖，又只能烂掉。"那种凄惨的情形要读出来。	再读——

续表

师	生
文段写中年闰土的，写了中年闰土的什么呢？表现了什么？用一个字概括，写了他哪几个方面？ 　　这就是我们了解课文之后进行的概括。这个概括，首先用了一个"苦"字，然后再细节化。这样的概括方法，叫作"总分式概括"。	一起说……

　　小说是长于思维建构的，如果用情感体验的教学方式会带来什么样的阅读效果？余老师指导学生朗读，体验文本"言外之意"的情感，帮助学生充分感知文本；引导学生进入小说情境后，再推出概括文本的学习任务，充分的朗读引导学生将情感融入探究过程，进而真切感受到家乡变糟、闰土变苦，也顺利地进入理性分析，思考作者为何要在此处以闰土之口写"非常难。第六个孩子也会帮忙了，却总是吃不够，又不太平，什么地方都要钱，没有定规，收成又坏。种出东西来，挑去卖，总要捐几回钱，折了本；不去卖，又只能烂掉"。以情感体验为铺垫，学生很快分析出这是在交代时代背景，而这些背景又体现了作者的写作意图。

　　（二）情感体验支持理性分析的推进

　　教学中，学生思维以情感体验为基础，以问题为驱动，在寻求问题解决的过程中，将思维的发展引向深入。语文课堂应抓住学生的思维规律，重视情感浸润的价值，力求通过有效的情境设置"磨炼"情感，在情感体验的"磨炼"中提升审美能力、文化判断能力。

　　工作室李桂林老师的课例《范进中举》，为学生营造了较为宽广的思维空间，通过设计指向高阶思维的问题，导向情感体验的深入。李老师带领学生从分析范进发疯行为背后强烈的心理动机出发，走进人物的心灵世界，带领学生在体验的基础上探究小说人物群体形象的共同点，聚焦群体心理的共通之处，关注文本群体的读书价值观，进而去思考中国传统的读书价值观，让学生自己去认知、理解、判断不同的读书价值观类型，从而作出自己的文化判断，思维循着一定难度积极推进。学生的情感始终保持在场的状态，为学生情感的深度体验提供了可能。通过对范进发疯背后深层次原因的探究，学生的思维一直处于连贯发展的状态，在有效对话中形成理性认识；在不同读书价值观的对比中，文化判断力得到提升。结合自身读书观及范进等人的读书观来思考读书的意义，这一沉浸式提问让正处于读书黄金期的学生反思，进而促进他们对读书这件事从感性认知升华到理性认识。这种保持情感在场状态的感受和体验，能够让学生提升自己的感知力，认识更多的生活真理和乐趣，促进个性健康发展。

以上分析说明，讲究言语构词、长于塑造意象、故事讲得好的文本往往蕴含"言外之意"，其蕴含的情意含蓄而又丰富、多元，每一次阅读都会产生新的感触、新的体验，情感体验过程的推进将更有利于促进理性思维的发展。

三、情感体验与理性分析的有机融合

教学的价值旨在探寻文本意蕴过程中让学生体验人类共同的文化智慧，接受人文精神的浸染、熏陶，获得审美愉悦并促进自身成长。情感体验与理性分析的有机融合，可以更有效地实现课堂的多元价值，提升语文素养，发展个性。

例如，朱自清的《春》，意象单纯，主题明朗，如果只是解读为一篇"春的赞歌"，我想不需要语文教师引导学生也能自行体会。"盼望着，盼望着，东风来了。"文章开篇推出春天的情境，情感浓烈到没有丝毫的保留，直接地、反复地抒写对春天的渴望。这个情感体验是明显的，学生容易领会。然而，是谁在盼望呢？是作者吗？是一个什么年龄的作者？通过反复的诵读，我们能体会到是一个小孩，是孩子在呼喊对春的渴望和惊喜。借助比较分析，在两个"盼望着"的前面再添加主语，譬如加一个"我"字，韵味顿失。如此设计，学生情感体验到的不仅是孩子在表达对春的渴望和惊喜，更是体验到留白艺术里想象的快乐。

再读"小草偷偷地从土里钻出来，嫩嫩的、绿绿的"，写出小草坚强、

破土而出的艰难，这种情感学生也可以鲜明地感受到。融入炼字揣摩："钻，表达的力量大吗？是谁钻出来？从哪个角度看到的？"揣摩发现"钻"这个字很特别：其一，矮视角，是蹲下身子凝神细看的，而且是蓦然发现的；其二，静态里有生命的律动，宁静春天里不宁静地钻出来的草，充满力量，又贮满诗意。融入理性分析后，这个"钻"字渲染出"春天"宁静之下却又生机勃勃、有"个性"的"春"。这样矮视角里开阔、蓬勃的"早春"情境，突出地展示了在春天的引领下"我们上前去"的主题。理性分析带领情感体验升级，从"春的赞歌"到"贮满诗意"再到"上前去"的人生信念，"早春"里饱含了作家情绪，表达了对理想的追求、对自由境界的向往。

这节课从起点到终点，以情感体验为基，搭建了有梯度的理性分析问题链，经过一步步的推导，才实现文本的核心价值。

再如，鲁迅的《阿长与〈山海经〉》文本脉络清晰，情感是曲折、"不清晰"的。介绍长妈妈，最终却说长妈妈是一个姓名、来历都不能明确的人；介绍长妈妈令"我"厌烦的一系列事情，对长妈妈的感情似乎是负面的；详细叙述"讲长毛""买《山海经》"这两件事情，情感是"敬意"的，走向了正面。这前后两个事件的情感矛盾需要寻找一个合理的说法。把问题聚焦在最后一部分的哀悼："仁厚黑暗的地母啊，愿在你怀里永安她的魂灵！"从这句话的位置来看，它表达的应是全文的情感，也就是对阿长的真实情感。也就是说，全文每一部分的叙述都是为共同完成这最后的情感抒写的。那么，"厌烦"的情感如何解释，讲长毛与买《山海经》而产生的"敬意"是否经得起鲁迅最后如此的深情，那就是语文课堂上要解决的问题。明确问题、聚焦思维指向后，设计有逻辑推进和情感体验的完整的问题链，是教学设计要做的事。

文本里有一只"眼"，把看见的世界与你分享，这是什么样的眼睛呢？情感体验与理性分析的有机融合实现了这样的体验"眼"。下面以郑桂华老师《安塞腰鼓》语言赏析教学片段为例进行分析。我们尝试梳理教学指令，发现逻辑分析和情感体验的有机统一完美地实现了情感充沛文本的教学实践。

语言赏析

逻辑分析	情感体验
怎样排比的？	它跟下面的排比一样吗？"它震撼着你，烧灼着你，威逼着你。"
用词上呢？我们再来看一遍。	教师范读"后生们的胳膊、腿、全身，有力地搏击着，疾速地搏击着，大起大落地搏击着。它震撼着你，烧灼着你，威逼着你"。
这3个"搏击"和下面的"震撼、烧灼、威逼"一样吗？	
比喻怎么能有气势呢？排比有气势我能理解。	
你的感觉很好！我发现你的思考很有特点。你从喻体入手，这是一种很好的思考角度。	为什么这些比喻能突出豪迈的气势呢？你能不能还原得更具体、明确一点？

　　感受安塞腰鼓的磅礴气势，理解排比、比喻修辞手法的作用是本教学片段的教学内容。语言的教学很容易变成语言知识的碎片讲解、画面情境的碎片体验。郑老师抓住了学生思维的规律，通过多次朗读、指导学生还原现场、感受现场等多种方式引导学生进入情境，调动情感体验融入文字情境，借助想象和体会，感受词语变化、排比运用、喻体选择的缘由。学生的情感体验始终与思维过程联结在一起，与理性分析融合在一起，让学生由外显的语言知识入手，逐渐触碰到情感内核，在问题思维链中开展有效学习，不仅明白了安塞腰鼓的特点，理解了安塞腰鼓所代表的精神，理解了排比、比喻修辞手法的作用，更深刻地明白了两者之间紧密相连的关系，提升了自己的语言建构能力。

　　这一章中，我们讨论了语文学习的两条路径的关系，分析了加强情感体验的必要性，提出了情感体验与理性分析的融合策略。我们相信，基于这些认识的有效教学，可实现前几章提出的学科价值融合、学习维度融合，把语文教学带入"核心素养时代"，更好地完成语文学科育人任务。

参考文献

[1] 姜恒权.《河中石兽》主题正解[J].中学语文教学,2020(9).

[2] 池夏冰.核心素养视野下语文课程的价值观教育[J].中国教育学刊,2019(3).

[3] 王崧舟.以我观文 以情悟秋[J].内蒙古教育,2020(28).

[4] 廖昌燕.语文教学中的形象思维与抽象思维[J].中学语文教学,1998(4).

[5] 黄益.解读杨绛《老王》一文中的"愧怍"[J].中学课程辅导·教学研究,2018(6).

[6] 黄厚江.《老王》教学实录及反思[J].语文教学通讯,2012(9).

[7] 郑桂华.《安塞腰鼓》教学实录[J].语文学习,2006(5).

[8] 郑桂华.散步(初中第一册/1)[J].语文学习,2002(7).

[9] 余党绪.理性的反思与开放的理性——语文教学中的"理性"与"合理性"问题[J].中学语文教学参考,2017(1).

[10] 葛维春.中学语文名师经典课例研究[M].北京:现代教育出版社,2016.

第六章

单元教学与综合实践

当学科育人目标指向人的全面发展，语文教材编排及教学研究的重点也随之发生了变化，从单篇教学研究走向单元整体教学研究，是符合学科发展的研究之路。单元教学作为撬动课堂转型的一个支点，有助于学生建立系统的学习观，全面提高素养；综合实践因其指向核心素养培养所提倡的"实现在真实性、综合性、复杂性的情境中培育语文综合素养"的目标，成为当前语文教学不可或缺的学习形态。前者强调对教材内容的处理过程，后者关注学习过程的组织形式。在单元教学中运用综合实践，同时兼顾了语文教学的内容价值和过程价值，更加有助于学生语文学科核心素养的形成。

第一节　单元教学撬动课堂转型

社会的发展进步、文化的传承创新，要求我们强化学科教育的"育人"功能，关注"人"的地位和价值。语文教学的研究从单篇文本教学研究走向单元整体教学研究，也与时代发展需求相符，对单元教学的认知、理解、定位是随着育人目标的深化而不断发展变化的。

一、单元教学认知、理解、定位的发展变化

与语文教育的发展相同,对单元教学的认知也经历了从重知识传授、能力训练再到重素养养成的过程。

20 世纪 80 年代,一些教学者、研究者对单元教学目标、教学实施策略、教学课型设计做了一定的探索,提出了单元课文之间的关联性及各自的作用:讲读课文有示范性、目的性,课内自读课文有指导性、实践性,课外自读课文有独立性、综合性。[①] 这个提法至今仍被沿用,也一直作为教材编排的原则之一。1983 年,《知识结构单元教学法初探》一文介绍了北京景山学校的做法与经验。景山学校各学科均采用单元教学模式,各科把科学知识与技能(语文科分读、写技能)结构作为划分学习单元的依据。这一教学法的推出,对全国产生了深远的影响。当时的单元教学研究多围绕单元教学策略来开展,突出落实知识与技能目标。

20 世纪 90 年代,出现了一轮单元整体教学研究热潮,进一步总结提炼了单元教学实践经验。如聂文升梳理出单元目标教学的五步法,即导引步、教读步、自读步、训练步、检测反馈步。[②] 扬州中学的黄正瑶将教材分为四类——知识迁移类、知能转化类、分析综合类、辐射聚合类,探讨了优化单元整体教学的途径。[③] 其中,分析综合类整体教学是在对单篇课文有一定理解的基础上,对一组课文进行分析比较或概括综合,于分析综合中实现教学目标;辐射聚合类是把一个单元的课文内容、写法向其他学过的课文作多角度辐射,然后收束聚合,概括出有规律性的结论。这两类整体教学的优化途径已经将单元整体教学带到了全学段综合学习的高度。1995 年,肖建民总结了江西九江市初中语文单元教学"三序列·四程序"的教学形式——以"知识·能力·学法"作为纵的序列,以"指导阅读、自学讨论、

---

① 赖学军.语文单元教学及其整体功能的思考[J].温州师范学院学报(哲学社会科学版),1989(3).
② 聂文升.初中语文单元目标教学的初步尝试[J].辽宁教育,1996(11).
③ 黄正瑶.优化单元整体教学的途径探讨[J].扬州师院学报(社会科学版),1992(1):126-128.

单元总结、单元练习和作文"为单元教学的基本程序，建设性地提出单元与全套教材的系统关系及教学策略，富有创见与指导性。北京师大实验中学依据单元整体教学的理念自发研用教材，形成了读写听说训练和语文知识诸元素有机组合的多元而有序的综合型训练体系，体现了教材体系和教法体系的整体性变革。[①] 从这里可看出，单元整体教学在当时已渐渐被认可并推广。

历经20年，单元整体教学的研究已经较为全面，既有单元组合的探索，也有教学实践经验的归纳，还有对应的教材研发案例。研究者推进了对语文教学的系统认识，提出：把由几篇课文和相关的读写训练材料共同组成的一个单元作为一个基本教学单位，进行一体化处理，能将单元内各篇课文的共同点一次性地讲析、训练，避免无谓的重复和浅尝辄止的学习，同时对单元内各篇课文个性的知识，也能有更充裕的时间进行重点突破。[②] 与前文提及的语文教学理论发展变化相一致的是，此阶段的单元教学仍从传授的角度出发进行研究与实施，以知识传导为目的，以训练为主线，强调掌握基础知识与基础能力。

2000—2009年间，随着新课标的实施以及义务教育课程标准实验教科书启用，教材中的人文特点成为新的研究点，一些研究者从情感态度与价值观的角度分析单元内容，研究在单元教学中培养情感的重要性与可能性。

2016年，统编教材开始使用。统编教材的创新点在于采用"人文主题"与"语文要素"双线组元，既考虑文本内容上的关联，体现"人文主题组元"，也相对考虑语文特点，采用"语文要素组元"。它包括基本的语文知识、必需的语文能力、适当的学习策略和学习习惯在内的语文要素，均匀分布在不同的教材单元和教学内容中，保证了语文综合素养的基本要求，使得知识与能力、过程与方法、情感与态度的培养要求更为明确与清晰。其二元组合的单元编写形式为单元整体教学提供了新的研究契机与方向。这一

[①] 沈心天.初中语文教材、教法改革的新尝试——介绍北京师大实验中学编写的初中语文教材及其实验情况[J].语文教学通讯，1991（5）.
[②] 米娜."单元整体教学"论[J].现代教育，2015（9）：34-35.

轮研究以学生的认知为起点,强调学习是"知识的建构",在核心素养视野下重新提出单元教学问题,重点讨论在单元设计中如何基于核心素养整合不同的教学策略。在原有研究经验基础上,研究者探讨单元教学的渐进性、持久性问题,探讨比较教学法等创新性教学方法的操作问题,并在新的育人观之下开展新一轮单元教学模式探索。本轮研究还受到现代课程观影响。现代课程观认为,课程是一个开放的系统,教材并不是课程的全部,它只是课程的一个重要组成部分,一切有利于学生发展的资源都可以成为课程内容。随着现代课程意识影响渐深,教师越来越主动地成为课程的设计者,积极参与到统编教材所倡导的"1+X"多篇阅读等课程资源补充行动中,单元整体教学的广度与深度也常因教师的创新性补充与运用而显出校际差异。

综上所述,语文界对单元教学的认识、理解与定位历经了一个发展变化的过程。初起,它是一种结构化组织的教学方式,综合考虑各篇课文的作用,综合考虑单元内所有材料在知识与能力点的联系,综合考虑听说读写等学习方式,综合考虑掌握知识、理解分析、转化运用的学习过程。进而,这种教学方式带动课程变革,使教材编排更趋向系统性、联系性、运用性。今天,单元教学是一种育人的思路、途径,借助这一途径,更有助于学生建立系统学习观,全面提高素养。

二、单元教学的价值链:从提高效率到培养素养

历经半个世纪的研究,单元整体教学的优势已渐成群体共识。在使用统编教材进行单元整体教学的时候,这些优势得以延续与发展。

(一)单元整体教学有利于提高教学效率

统编教材以单元为基础单位。在教材单元中,阅读和写作、说话和写作、课内和课外形成有机整体,熔于一炉,互相配合。相应地,单元整体教学从整体上把握单元教学的目标、内容、顺序、步骤、方法以及教学时间分配,结构化处理有助于提高教学效率。

从学习者角度看，教材单元强调目标的递进性和内容的循环性，符合认知发展的规律和特点。单元整体教学注重厘清单元整体与各部分之间的内在逻辑结构，有助于学生形成认知体系。单元整体教学以多篇内容、多种方式带动学生对同一问题进行多方位的思考，有利于思维培养，使思维更多元、更全面。

（二）单元整体教学有利于提高语文能力

今天的观点认为，单元设计的重心在于高阶能力的形成，亦即以低阶认知能力为基础，瞄准高阶认知能力。动态的单元学习过程，是持续运用知识与技能的过程，是听、说、读、写等能力得以提高的过程。更要重视的是，单元教学在主题阅读的基础上，形成对问题的综合认识，提高了理解能力；在比较阅读中，提高了思辨能力与评价能力；在读写应用中，提高了分析能力与表达能力等。只有充分认识这些高阶认知能力的重要性及发展的可行途径，单元教学设计的重心才会往此转移，建构综合性解决问题的能力才能得以实现。

（三）单元整体教学更有助于培养学生核心素养

核心素养是在教育过程中逐步形成的适应个人终身发展和社会发展需要的必备品格与关键能力。它指向过程，关注学习过程的体悟。核心素养概念对所有学科的单元教学设计具有导向作用。

从教材角度看，统编教材以"语言"和"人文"双线组元的单元结构，既强调语文素养的训练与形成，也有利于形成文化认识、情感升华。从学习者角度看，语文素养是学生在积极的语言实践活动中积累与建构起来的。如阅读素养培养，不论是学习速读、批注等阅读方法，还是运用关键句段理解课文的策略，不论是单篇阅读还是整本书阅读，都需要学生主动参与。单元教学串联原本分散的知识点、单元内课文以及语文知识与现实生活，这种串联学习有助于学生得到宏观、整体的认识，得到多元、辩证的思维训练，得到丰富的情感体验，实现从知识教育走向人的教育。因此，单元教学更有助于提高综合素养。在核心素养视野下，教师日常教学的运作，应遵循从核心素养到学科素养、单元教学再到课时计划的思考逻辑。

三、单元教学撬动课堂转型：从重构目标到改变教学行为

在核心素养视野下组织单元整体教学，既是对以往研究经验的传承与运用，也是因应新时期育人的实际需求。正如钟启泉教授对单元教学设计做系统论述时所言，单元整体教学是撬动当今课堂转型的一个支点。

实施单元整体教学须处理好以下几组关系。

（一）处理好单元目标与单篇教学的关系

单元目标的设计体现了"整体教学"思想，它是基于课标要求，根据具体的学情，对单元教学的目标达成进行细化并做出预期的行之有效的策划。[①] 在整个教学过程中，单元目标都处于向导地位，单篇教学活动就是不断依据单元目标进行细化、调整和落实，从而不断逼近单元目标的过程。

实施单元教学要处理好单元目标与单篇教学的关系，教师要依据单元教学目标，从整体的高度去研读教材，确立单篇的目标，因为每一个单篇的课时目标都是单元目标的构成元素，每一项单篇的学习都呼应单元目标，并互补地落实单元目标。各个目标元素在发挥最大功能的基础上，有助于使教学过程最优化。但是，单篇教学目标与单元目标脱离的现象普遍存在。如海沧区某校进行八年级上册第五单元的单元教学设计时，将单元教学目标定为"了解说明对象的特征，把握说明文的文体特点""掌握常见的说明方法及其作用""体会说明文语言严密、准确的特点，增强思维的条理性和严密性"，而在设计《蝉》的单篇教学目标时，却将其定为"学习先抑后扬的写法，体味作者的感情变化"，单篇教学目标与整体教学目标未能呼应。经过反思，设计者将《蝉》的教学目标调整为"了解蝉的特点，理解作者对昆虫的情感""学习说明中兼用文学的笔法，体会文章科学性与文学性兼顾的特点"，就较好地呼应了单元的整体教学目标。

---

① 朱浦.教学专题透析［M］.上海：上海教育出版社，2008.

海沧区某校统编教材八年级上册第五单元教学目标设计

单元教学目标	《蝉》的教学目标（修改前）	《蝉》的教学目标（修改后）	《蝉》落实单元教学目标
1. 了解说明对象的特征，把握说明文的文体特点。	1. 学习先抑后扬的写法，体味作者的感情变化。	1. 了解蝉的特点，理解作者对昆虫的情感。	目标1
2. 掌握常见的说明方法及其作用。			
3. 体会说明文语言严密、准确的特点，增强思维的条理性和严密性。	2. 品味文章生动的语言，体会文中所体现的科学精神。	2. 学习说明中兼用文学的笔法，体会文章科学性与文学性兼顾的特点。	目标3、4
4. 厘清本单元文章的说明顺序，学习一些写作技法。			
5. 通过本单元的学习，激发民族自豪感和探索自然与社会的兴趣。			

  单元目标与单篇教学目标的关系，必须是总分关系，是整体与部分的关系。弄清这一点，才能做到以单元主题为引领，优化教学任务。然而，强调单元目标与单篇文本的这种总分关系，并非否认每个文本的独立价值。如《蝉》主要介绍了蝉的特点，是作者长期科学观察和研究的结果，是对此过程的完整记录和客观总结。学习此文，有利于向学生普及一定的科学知识，即上文所述此文本的"原生价值"。特殊的是，《蝉》在行文中兼顾科学性和文学性，具有文艺笔调，语言生动传神，情感色彩浓烈，这又指向文本的教学价值。如果只将单篇文本的教学目标指向"说明方法的学习"，显然不足以体现这篇文章的独特价值。因此，夯实总体目标与课时目标的分合关系，

发现并挖掘单元内部各篇的学习价值,并找出它们服务于本单元教学目标的共性与个性,在遵循整体性原则的前提下,才能达到"立足单元,统筹部分"的目的。

(二)处理好单元内各篇文本的关系

统编教材"教读—自读—课外阅读"三位一体,构建了一个阅读体系。关于教材各篇文本的关系,有观点认为同一单元的几个文本之间是主副关系;有研究者提出教读课文和自读课文是"教与不教、习得与运用、基础与拓展"[①]的关系;有研究者明确了不同课型的功能——教读课重在"训",教方法,养习惯,自读课重在"练",放手让学生实践[②]。我们认为,同一单元中的几个文本之间互为作用,每个文本都具有它的"原生价值"和"教学价值",都独立实现单元目标的部分目标。如北京师范大学厦门海沧附属学校在进行八年级上册第一单元的单元教学设计时,确立了以下几个单元教学目标。

单元教学目标设计

课文篇目	单元教学目标
《消息二则》	1. 了解并掌握不同体裁的新闻作品的特点。
《首届诺贝尔奖颁发》	2. 熟悉新闻采访的一般方法和步骤,并进行新闻采访实践。
《"飞天"凌空——跳水姑娘吕伟夺魁记》	3. 学会新闻写作,选择一种新闻体裁,学会其撰写方法。
《一着惊海天——目击我国航母舰载战斗机首架次成功着舰》	4. 以微信新闻稿写作为拓展,提高写作实践能力。 5. 培养学生关注生活、留心生活的良好习惯。

这样的几个目标包含了学习文体特点、新闻采访、新闻写作、价值观培

---

① 王静.统编本初中语文自读课文教学研究[D].合肥:合肥师范学院,2019.
② 刘菊春.准确解读教材 整体设计教学——谈谈"部编"《语文》七年级教学[J].中学语文教学参考,2017(26).

养，绝不可能通过一节课就全部完成，而是要借助本单元的所有文本和实践活动才能得以实现。《消息二则》和《首届诺贝尔奖颁发》虽都是关于消息的学习，但前者是基础，侧重阅读，后者是提升，侧重写作；新闻特写《"飞天"凌空——跳水姑娘吕伟夺魁记》，侧重文体知识的掌握和写作；通讯《一着惊海天——目击我国航母舰载战斗机首架次成功着舰》侧重理解新闻采访的作用与价值，直接指向了新闻采访的活动；新闻评论《国行公祭，为佑世界和平》侧重学习怎样选择新闻事实来支撑观点……本单元所选文本，包含了4种新闻体裁，彼此互为补充，又有相同点，都指向单元学习目标中的文体知识掌握与写作训练。

（三）处理好阅读、写作、综合学习的关系

《义务教育语文课程标准（2011年版）》强调："综合学习教学应该与阅读、写作教学相联系，强调书本学习与生活实践紧密结合。"在本单元中，阅读、写作与综合学习之间是互相关联的有机整体，需要教师在探求教材内容共性的基础上进行单元统整和设计。

厦门双十中学海沧附属学校八年级上册第五单元的单元教学设计，立足于本单元所学的说明文相关知识和鉴赏苏州园林之美，设计了"生活中的'园林艺术与构图技巧'"和"国风之美我来述"的综合学习活动。

综合学习活动1

活动名称	生活中的"园林艺术与构图技巧"
活动目标	1.能够用所学知识鉴赏现实生活中的园林艺术及相关图片。 2.在欣赏园林之美的基础上理解生活中拍照的构图技巧，提升审美能力。 3.能够将图画美以文字的形式表达出来。
活动类型（选择打"√"）	阅读活动　　写作活动　　口语交际活动　　√综合学习活动

续　表

活动主要过程设计	1. 课前布置学生收集苏州园林的照片资料。 2. 利用学过的《苏州园林》中的园林艺术特点，鉴赏这些照片中所呈现的艺术特点和构图艺术。 3. 选择其中一处景物作为说明对象，选择几种常用的说明方法进行说明。 4. 自己选择几处公园、厦门园博苑等景物进行拍摄，并跟全班学生分享交流，讨论照片中涉及的构图技巧和园林艺术。 5. 联系生活实际，讨论生活照片是否存在构图技巧。 6. 将课堂所得整理成文。				
活动时空	课内活动（选择打"√"）	√一般课堂活动	时间预估（以"分钟"计）	课内活动	45
		专用教室活动			
	课外活动（选择打"√"）	校外场馆活动		课外活动	
		√其他社会实践			
活动成果	研究报告				

综合学习活动2

活动名称	国风之美我来述
活动目标	1. 通过收集及分析资料阐述"国风"二字的含义。 2. 选择一件中国风的事物，用恰当的说明方法写出其主要特点。 3. 学会安排文章结构，注意语言的逻辑性及条理性。 4. 体会国风背后的文化内涵，提升艺术鉴赏力。
活动类型（选择打"√"）	阅读活动　　写作活动　　口语交际活动　　√综合学习活动

续 表

活动主要过程设计	1. 课前布置学生收集有关中国风物品的资料（如团扇、折扇、屏风、中国结等），并说说选择这些物品的原因。 2. 在收集资料的基础上，通过比较这些物品的异同来阐述"中国风"的含义。 3. 选择其中一个物品作为说明对象，根据材料提炼几个主要特点。 4. 围绕主要特点进行说明，可事先列出自己所要用到的说明方法。 5. 思考可以从哪些方面入手增强生动性（如使用打比方、引用等说明方法；运用人格化的写法；风趣幽默的语言风格……）。 6. 画出文章的结构简图，厘清其脉络。 7. 将课堂所得整理成文。				
活动时空	课内活动（选择打"√"）	√一般课堂活动	时间预估（以"分钟"计）	课内活动	45
		专用教室活动			
	课外活动（选择打"√"）	校外场馆活动		课外活动	
		√其他社会实践			
活动成果	学生习作				

上一章节强调语文课堂多元价值融合主要是通过"理性分析"与"情感体验"这两条路径实现的，以上单元教学设计创设了真实的情境，"选择几处公园、厦门园博苑等景物进行拍摄，讨论照片中涉及的构图技巧和园林艺术""讨论生活照片是否存在构图技巧"等，均是根据教学目标，从学生的生活经历和学习需求出发，"理性分析"与"情感体验"相辅相成，力求体现教学过程的认知因素和情感因素，有利于提高学生的理解水平和学习效率，并促进学生的情感成长。在这样的单元设计中，核心素养的四个方面也是以一个整体贯穿始终的，目标、情境与内容在听说读写融为一体的真实任务中构成一个大的教学单位，学生成为这种教学单位的主体，"在真实的情境中体验、习得、内化，强化学习经历必将记忆深刻。而基于自然和学生生

活设定问题情境,学生自然将体悟到学习的意义与切实性"①。这样的学习方式大胆新颖,为写作注入了新的活力,实现了阅读、写作、综合学习的有机融合。

(四)处理好课内文本与课外阅读的关系

第三章提出教师在教学过程中要做到"教教材"与"用教材教"的统一,要求对众多文本进行有效的个性阅读,以实现对知识更高层次的共性把握。这就需要教师站在对教材编排系统了解的角度上,对教学进行高位设计。统编教材"三位一体"的编写体系强调了课外阅读应该被纳入课程体系,主要采用"1+X"的阅读方式,在课文后列出一些课外阅读篇目或设置一定的阅读任务,让学生进行同主题的阅读、延伸性阅读或比较阅读,用以沟通课内外的联系。总的来说,教材是"1",是语文课堂教学的蓝本,而"X"是以教材为基础生发出来的带有课程性质的课外读物,若运用教材只是通过这些"例文"让学生获得基础知识和基本技能,不仅无法帮助学生形成完整的知识体系,还制约了学生语文能力的形成。在这一教学过程中,我们需要面对文本资源丰富而难以选择的困难:第一,所选资源要与课内文本相关联;第二,所选资源要与单元目标相关联;第三,所选资源要符合学情。如七年级上册第二单元的《秋天的怀念》,它与《合欢树》在内容和中心思想、人物塑造等方面均有衔接交叉和互为补充之处。对于母亲形象,我们以往倾向概括为深沉隐忍,而在《合欢树》开头,10岁的史铁生在作文比赛获奖后与母亲的"辩驳"过程,却让读者感受到母亲隐忍形象之下的那份丰满可爱、天真烂漫。《秋天的怀念》以母亲说的那句"好好儿活"作结,作者在母亲去世后如何"好好儿活",与《合欢树》相契合的是"作者内心如何通过外物环境的变化而返回到人自身,体味到生命的意义本身并不在于向外在世界的寻取,而在于向内在本我的重构和建立"②。这样的课外阅读,既丰富了课文中的母亲形象,在中心思想的深化理解上更是起到重要作用,

---

① 张丕峰.单元设计:撬动课堂转型的一个支点[J].现代中小学教育,2017(7).
② 魏媛.《秋天的怀念》与《合欢树》的互文性教学初探[D].福州:福建师范大学,2018.

在增加学生阅读量的同时，对扩大学生的知识面和强化知识迁移能力有重要意义，起到一篇带多篇的良好教学效果。

为贯彻课程标准提出的"多读书，好读书，读好书，读整本的书"的倡议，达到课标提出的课内外阅读400万字的要求，单元整体教学不失为培养学生阅读能力与素养的良好方式。它既有由教师带领学生运用一定的阅读策略学习的过程，又有从课内拓展到课外的阅读训练，还辅以整本书阅读指导。如厦门外国语学校海沧附校教师将《从百草园到三味书屋》与《朝花夕拾》进行关联学习，首先精读《从百草园到三味书屋》一文，理解百草园、三味书屋对于童年鲁迅及成年鲁迅的意义，续而开展《朝花夕拾》整本书阅读，以任务驱动的方式探究鲁迅成长之路，探究鲁迅笔下童年时的人、事、物对其人生的影响，从而明白成年后的鲁迅写作本书的目的。这种持续性的、从精读单篇到研读整本书的过程起到了拓深与拓宽思维的效果。当然，处理好课内文本与课外阅读的关系，在运作策略上，必须坚持纲举目张：以课内为纲，以课外为目，才能有效培养学生的语文素养。

（五）建立单元与单元的联系

单元教学的整体性不仅仅体现在对一个单元的整合上，每一个单元都存在于一学期的整体教学之中，单元之间是相互联系的。如统编教材七年级上册虽然每个单元的主题不同，但一、二单元都强调朗读，三、四、五单元都强调默读，一个单元的结束都衔接着下一个单元的开始。

统编教材编写中的人文主题，即课文选择大致按照内容类型进行组合，如"修身正己""挚爱亲情""科学探索""人生之舟"等，力求形成一条贯穿全套教材的显在线索。所谓语文要素，即将"语文要素"的各种基本"因素"，包括基本的语文知识、必备的语文能力、适当的学习策略和学习习惯等，分解成若干个知识或能力训练点，由浅入深，由易及难，均匀地分布在不同的教学单元和教学内容中。由此，实行单元整体教学还要考虑各册的关联与梯度，要注重单元与单元、册与册之间的目标统整，既看到内容主题的显性线索，又兼顾学生语文素养的提升。我们做单元教学设计，旨在将学生于某阶段内需获得的语文素养按规律分解到各个单元中，以使每个单元找到在语文整体教学中的准确定位，建立起与学期、学年、学段乃至整门语文课程学习的内在联系，在整体视野的观照下聚焦特定部分的语文素养，加以重点培养，完成自身的独特使命，最终实现语文素养的全面提高。

将初中三年六册的教材作为一个整体，我们可以清醒地看到有些单元内在的关联。有些文章虽然分散在不同的单元里，但在完成教学任务中有关联性作用，如七年级上册第二单元的《秋天的怀念》、七年级下册第四单元的《阿长与〈山海经〉》《老王》、八年级上册第二单元的《藤野先生》和八年级上册第四单元的《背影》，这几篇回忆性文章在达成写人叙事手法及抒情手法的学习目标上有异文同效之妙，把它们放在同一个单元来学习也是可行的，但编者在学习任务处理上明显不同。《秋天的怀念》编排在七年级上册第二单元中，重要的教学目标是"理解作者的复杂情感、学习与把握抒情特点"。八年级上册第二单元的教学目标之一是"了解回忆性散文、传记呈现的各式各样的人生经历，从文中人物的生平事迹中汲取精神营养，丰富自己的生活体验"。将此单元的《藤野先生》与七年级所学的《秋天的怀念》《老王》等文章相比较，它们同属生活记忆类散文。七年级的学习让学生对情感类散文有了一定的学习经验，能较快理解文中情感，但根据编者的设计，本单元对文体特点的学习要求高一些，回忆性散文和传记的文体特点是本单元的教学重点之一。它要求学生学习并了解这两种不同文体的相同点：都以记人为主，内容真实，事件典型，同时注重艺术表现。由上述比较可知，对七年级到八年级这两篇文章的学习，有较为清晰的梯度结构，由从对内容情感的感悟延伸至对文体的认识，即从感性认识转向理性认识提升。

任何一种研究，其生命力都在于发展。近半个世纪的单元教学探索，对提高语文教学效率、达成学科育人目标，是功不可没的。基于这些研究，我们开展单元整体教学如同站在了前人的肩膀上。但在使用统编教材实施单元整体教学的过程中，在以单元教学撬动课堂从"重教"向"重学"转型、从单篇教学向整体学习转型的过程中，我们经历了迷茫、冲突、困惑、感悟、发现的过程，并据此拓展、深化与再创造，不断修炼自己的教学行为。

第二节　综合实践培养关键能力

《义务教育语文课程标准（2011年版）》指出："语文课程是一门学习语言文字运用的综合性、实践性课程，应着重培养学生的语文实践能力，而培养这种能力的主要途径也应是语文实践。"2016年9月，中国学生发展核心素养研究成果发布会在北京师范大学举行，提出中国学生发展核心素养以培养"全面发展的人"为核心，分为文化基础、自主发展、社会参与三个方面，综合表现为人文底蕴、科学精神、学会学习、健康生活、责任担当、实践创新六大素养。各学科素养的培育应紧紧把握核心素养的内涵。我们意识到，语文综合实践是学会学习、健康生活、实践创新等素养的重要培育途径，开展相关研究是重要且必要的。

一、语文综合实践学习的内涵与发展

语文学习从来离不开听、说、读、写等活动。但自《义务教育语文课程标准（2011年版）》明确指出在教学中要"努力体现语文的实践性和综合性""语文课堂教学要整体考虑知识与能力、情感与态度、过程与方法的综合，提倡沟通课堂内外，充分利用学校、家庭和社区等教育资源，开展综合实践活动，拓宽学生的学习空间，增加学生语文实践的机会"之后，有关语文综合实践的研究才得到发展。

语文综合实践是带有综合性质的语文实践学习，追求在实践中获得现代社会所需要的关键能力，也是实现语文课程核心价值的重要途径，最终指向学生的生命成长。

（一）语文综合实践体现语文学科的综合性

语文综合实践首先体现在学习内容具有综合性。语文综合实践学习强调学习的过程性、多面性与完整性。相较于原教材，统编教材每单元的学习都强调要达成语文要素、人文素养、学习能力、精神品质培养等多元目标，

又要求这些目标在具体的统合中达成，如将精读《从百草园到三味书屋》与通读《朝花夕拾》结合，通过多篇阅读策略形成对鲁迅散文作品的综合理解。

统编教材在阅读、写作和综合性学习三大板块内容的编排上也更具统合性。以七年级下册为例，其教科书编排体系如下表所示。

统编教材七年级下册编排体系

单元	一	二	三	四	五	六
选文	1 邓稼先 2 说和做——记闻一多先生言行片段 3* 回忆鲁迅先生（节选） 4 孙权劝学	5 黄河颂 6 最后一课 7* 土地的誓言 8 木兰诗	9 阿长与《山海经》 10 老王 11* 台阶 12 卖油翁	13 叶圣陶先生二三事 14 驿路梨花 15* 最苦与最乐 16 短文两篇（《陋室铭》《爱莲说》）	17 紫藤萝瀑布 18* 一棵小桃树 19* 外国诗二首（《假如生活欺骗了你》《未选择的路》） 20 古代诗歌五首[《登幽州台歌》《望岳》《登飞来峰》《游山西村》《己亥杂诗（其五）》]	21 伟大的悲剧 22 太空一日 23* 带上她的眼睛 24 河中石兽
主题	群星闪耀	家国情怀	凡人小事	修身正己	生活哲理	科幻探险
语文素养要素	把握关键字词句段的含义及表达妙处；透过细节描写，把握人物的特征。	体味作品家国情怀；调动体验与想象，把握文章抒情方式。	注意从标题、详略安排、角度选择等方面把握文章重点；从开头、结尾、文中的反复及特别之处发现关键语句。	感受选文体现的中华美德，学习略读的方法；争取在阅读文章时对内容与表达形成自己的心得。	学习托物言志、借景抒情的手法；学习用生动的语言写景状物以寄情思、抒感想的方法，运用比较阅读法，拓宽视野。	感受探险者的精神世界，激发自身想象力；学会浏览，能够迅速提取主要信息；在阅读时要注意思考与质疑。
专题写作主题	写出人物精神	学习抒情	抓住细节	怎样选材	文从字顺	语言简明
综合性学习主题	家国天下		孝亲敬老，从我做起		我的语文生活	

以七年级下册第三单元为例，本单元要落实的人文主题为"凡人小事"，又须随文落实单元语文要素，如《阿长与〈山海经〉》课后第一题"文章围绕阿长写了哪些事情，详写了什么，略写了什么"。《老王》课后第二题"文中多次提到我付钱给老王，试着找出相关语句，想一想：在我和老王的交往中，钱起到了什么作用"，便是在落实本单元"注意详略安排"和"从文中的反复发现关键语句"的语文要素。专题写作主题定为"抓住细节"亦契合了单元人文主题"凡人小事"，写作实践也落实了单元"抓住细节把握人物形象"的语文素养要素，写作导引部分的例子均选取本单元的四篇课文，学生更加熟悉，也容易理解。综合学习主题"孝亲敬老，从我做起"的拟定也是呼应了三、四单元的人文主题"凡人小事"和"修身正己"，令学生阅读、写作学习后，有了一定的知识基础，再进行综合性、实践性的专题活动，通过"综合性学习"这一方式，加强三大板块间的联系。以单元教学目标为主体，将课内阅读、写作训练以及综合学习连接成综合系统，可使学生在学习中层层深入，逐步提高语言文字应用能力。

语文综合实践还体现在学习形式的综合上，除了传统的听说读写形式，还增加了采访、查阅资料、撰写报告等形式。综合性学习中的各学习形式是综合实施的，它们互相作用地呈现在同一活动情境中，共同完成主题学习任务。当然，综合实践的内容设计并不是越多越好，它必须以某个主题为中心展开，以学生为活动的主体，根据学习目标来选择学习形式。例如，以"说不尽的桥"为主题设计学习活动，主要目标是"了解桥所蕴含的丰富文化"和"用准确的语言介绍一座桥"。活动内容包括要求学生围绕主题，就桥的历史、桥的风姿、桥的文化以及对桥的感悟等进行探究，要求学生描述桥的外表到桥的结构，评价桥的实用功能与桥的审美价值，讲述发生在桥上的生活故事等。那么，活动设计就要因需采用查阅资料、社会调查、访问专家、课件制作和成果汇报等方式。

语文综合实践的评价也具有综合性。由于综合实践考虑知识与能力、情感与态度、过程与方法的综合，因此学生完成任务后，就需要从知识掌握程度、学习态度、实践方法以及实践小结等方面进行评价；评价还应将教师评价、学生互评相结合，多角度激发学生的学习积极性。这种关注学习过程、关注实践能力的评价比用一份试卷进行评价，其评价的角度、范围更多元、更综合，也更有利于提高学生学习的积极性。

（二）语文综合实践体现语文学科的实践性

第三章提到语文教材除了知识性、文化性等内容价值，还蕴含了活动性、建构性、启迪性、发展性等指向成长的价值。在语文教学中应引导学生学习体验与实践，提升价值认知水平，通达生命成长之道。

实践学习作为一种学习方式，在语文课堂上经常运用。如学习《我的叔叔于勒》《变色龙》等课文时，通过情境表演来体验人物感受；学习《最后一次演讲》时，模拟闻一多先生的口吻演讲，体会闻一多先生的情绪起伏和演讲气势等。这种实践学习是对讲授式课堂的突破与补充。

然而，课文讲习过程中的单一实践与综合实践在达成效果上是有差异的。综合实践是多个实践连贯开展、知识不断转化运用，在运用中学生认知与能力不断提高与丰富的学习过程。如统编教材将八年级下册第四单元定为演讲活动探究单元，设计了三个任务：一是学习四篇演讲词，把握演讲词的特点；二是撰写演讲稿；三是举办演讲比赛。三个任务连贯向前，既实现新知的学习——学习演讲词，又加强了知识的运用与转化——学会演讲。整个单元学习结束后，学生基本可以获得演讲的知识与能力，并在实践练习中加深演讲体会、积累演讲经验，掌握演讲的基本方法。

脑科学研究表明，一旦学生已经习得知识，下一步一定是对知识进行更深入的理解和真正的学习。延展指导、实践运用，使学生有机会在有意义的、主动的、真实的问题解决任务中创造性地应用他们所学到的技能和知识，有助于使他们的学习经历变得更加有意义和有趣。如在诗歌学习中，采用综合实践的方法，让学生组织"诗歌朗诵会"，在应用情境中经历寻找适合的音乐、图片做朗诵配乐和背景，反复朗诵以寻找情感与内容的最佳融合等过程，创造性地表达对诗歌的理解，在实践中获得更强烈、更综合的审美体验。这种体验建立了课内学习与生活的关联，有助于学生适应未来社会生活。

语文综合实践运用丰富多样的学习活动，如活动探究式、观察访谈式、表演辩论式等，强调学生的主体性、参与性、实践性，凸显完整的学习过程。综合实践不强求活动的丰富性与多元性，而讲究实践的适切性，比如实践形式中的演讲在八年级开始运用，辩论在九年级开始运用，是与教材的学习重点、学生的思维发展点相适应的。脑科学研究还表明，实践活动能够激发发散性思维，产生新的、不同方向自由流动的想法，有助于提升创造性思维。因此，我们还要支持并适当开展辩论、问题探究等实践学习。

综合性学习能集中体现语文学科的实践性，但综合实践不单指教材中的综合性学习，还包括口语交际以及活动探究等以实践为主要学习形式的内容。除此以外，我们在名著导读、单元教学中设计的综合性、实践性的学习任务，也是语文综合实践的重要组成部分。总之，综合实践是以学生主体性地、创造性地体验解决问题为目的，在实践过程中不仅追求智育结果，也获得正确的情感态度、价值观、合作精神、创新意识等经验的重要学习方式，这种方式贯穿在语文课内外学习中，日益为教师所接受。

概言之，综合实践能被迅速重视、推广，正是因这种综合性、实践性学习在教育中不可或缺。这种综合实践学习对应1996年联合国教科文组织发表的报告《教育：财富蕴藏其中》中提出的"学会求知、学会做事、学会共同生活、学会生存"的教育目的，也与今日提倡的核心素养培养紧密关联，能实现在真实性、综合性、复杂性的情境中培育语文综合素养的目标，是实现语文知识转化、能力提升、素养提高的重要方法与途径。前几章在探讨如何实现语文价值时，强调内容价值和过程价值要相互依存并同步实现，用综合实践的方式学习语文，可以提高对语文学科过程价值的认识，更好地实现多元价值融合。

二、语文综合实践的价值：从提高兴趣到发展综合能力

前文提到，为实现语文课程的核心价值，指向人的全面发展，语文教学的内容价值与过程价值缺一不可，二者须相互依存，有机融合。语文综合实践在实现语文过程价值方面作用突出。

（一）在综合实践中提高学习兴趣

我们关注学习效果，也须关注语文学习兴趣形成和发展的过程。语文兴趣的核心，是不断产生新的语言兴趣，获得思维的提升。语文综合实践要求学生开展查阅资料、社会调查、专家访问、课件制作、交流展示等不同形式的活动，这些方式给予学生更加广阔的探究思考的空间，加上形式新颖，学生的语文学习兴趣被极大激发。学生在实践活动中发现问题、解决问题，获得克服、跨越障碍的愉悦，进而产生新的学习动机，语文学习的兴趣也会不断提高。

综合实践还有助于学生克服语文学习的畏难情绪。语言实践设计多以活动链的形式展开，或将前活动作为后活动的资源，或从不同角度构建支架，使学习能逐渐深入，形成完整的体验过程，学生会觉得学习变得容易得多。如疫情期间，北京师范大学厦门海沧附属学校教师结合新闻单元教学目标，设计了"报道身边的抗疫勇士"等新闻采写活动。学生先检索与播报新闻，把相对枯燥的课堂学习转换成口语交际活动，紧接着写亲身经历的采访活动，提升自我成就感。学生从对新闻"没兴趣"到"感兴趣"，甚至在采访、写作过程中喜欢上"记者"这一职业，都得益于实践。综合实践能让学生克服畏难情绪，在于它是一个在实践体验中由浅入深、由低到高、由模糊到清晰的学习过程，而且这个过程是螺旋上升的。

（二）在综合实践中培养学生的思维品质

语文学科是学生思维能力发展的载体，语文学科教学应关注学生思维能力培养和思维品质提升。思维品质包括思维的敏捷性、深刻性、灵活性、广阔性、逻辑性、独立性、创造性和批判性等。语文课程标准在总目标中特别

提出"在发展语言能力的同时发展思维能力",把发展"思维能力"作为培养学生语文素养的一个重要内容。从语文实践活动内容和方式看,学生作为主体广泛地参与实践活动,在活动中运用知识,提高解决问题的能力,同时也有助于培养学生的思维品质。综合实践是个发现事实、探测本质、累积知识的过程。这也就意味着,教师需要发掘课堂过程本身的价值,构建思维链,提高学生的思维品质。经由这个过程,学生实现了一个完整的思维推导,提高了思维的完整性与严密性。

许多学校综合运用任务驱动、主题探究、读写结合等形式推进整本书阅读,这是综合实践在阅读推进中的有益探索与运用,能起到在阅读中有效发展思维能力的作用。以北京师范大学厦门海沧附属学校教师《红星照耀中国》的阅读教学设计为例,该设计将阅读与活动相结合,在学生初读名著后设计读书报告的活动,并开展阅读分享课对读书报告进行点评。为推动学生走向深度阅读,教师提供读书报告的参考话题,让学生围绕这些话题在初读的基础上进行有针对性的精读,进而撰写读书报告,从而转变学生走马观花式的阅读习惯,对学生的阅读思考提出更高的要求,一定程度上培养了学生思维的深刻性。

《红星照耀中国》阅读教学设计 设计人:古勋燕、陈筠等		
阅读目标	1. 通过读序言、目录,初步把握《红星照耀中国》的内容和脉络。 2. 在学习任务单的帮助、指引下,逐章阅读本书,梳理主要人物及情节。 3. 在逐章阅读的基础上,进行"研读人物""解密精神""聚焦纪实"等主题研究探讨,从而感受中国共产党人的理想信念与胸襟气度;把握纪实类作品的阅读方法,学会观察、思考,表达观点。	
阶段	阅读任务	能力指向
第一阶段:通读全书	1. 读目录、序言,制表梳理本书的相关内容,画斯诺行走路线图。	提取、整合信息。

续 表

第一阶段：通读全书	2.按顺序阅读本书，借助学习任务单上的表格，梳理重要人物人生经历。 **行走路线图** | 逃	时期	为什么"逃"？ 从哪里逃向哪里？
---	---	---
第一次	被继母送到旧式学校	
第二次	九岁，很冷的十月	
……				聚焦阅读重点，筛选、概括信息。 借助文本语句，就小说相关内容进行推断。
	3.根据人物形象表格的指引，完成摘抄人物外貌、概括人物典型事件、用关键词概括人物形象等任务。 **对朱德的印象** 	相貌	
---	---
性格特点	典型事件
			筛选、概括信息。 分析、评价人物特点。
	4.每天5分钟课前名著分享，讲述重要情节。	复述。
第二阶段：聚焦大人物	1.在研读课前，围绕某一能够拉近与文本人物距离的问题，撰写小练笔，并在研读课上进行交流分享，最终聚焦到对作者写作意图的探讨上。 如：斯诺笔下的周恩来与贺龙，你更喜欢谁？ 如果你是"红小鬼"，你愿意跟在彭德怀身边吗？	感受、分析评价人物特点。 表达自我情感体验。
	2.在大人物的研读课上，围绕某一核心问题，小组合作探讨，最终聚焦在对作者写作意图的探讨上。 如：在第四章毛泽东自述的人生经历中你能找到哪些童年的影子？ 彭德怀为何而"逃"？	探究人物经历背后的深层次原因。 建立前后文本联系，对具体内容进行合理解释。

		续表
第三阶段：解密精神	1. 自读梳理：根据第五章，画出长征的行进路线图，标明时间、地点、地形、事件，了解红军长征的起因、经过、结果。	筛选、概括信息的能力。
	2. 小组探讨：围绕"长征为何取得胜利"这一问题，进行小组合作探讨；针对问题提出本小组的假设，根据不同的假设回到文本寻找证据进行分析论证，最后得出结论。	科学探究的能力。
	3. 全班交流：各小组从不同角度展示分析论证的过程及结论，最终形成聚焦，完成对于长征胜利根本原因、意义的探讨，深刻理解长征精神的内涵。	尝试从不同角度对同一个问题的探讨进行归纳总结。
第四阶段：专题探究	1. 设计专题：师生共同设计专题，学生根据各自的兴趣选择自己喜欢的专题，分小组进行探究。 如：斯诺眼中的"大人物"；斯诺笔下的"小人物"；"红色中国"的女性；关于"红小鬼"；长征及长征精神；跟斯诺学习发表观点。	合作探究。 自主评价。
	2. 小组探究：各学习小组围绕所选专题，提出问题，进行分工，在个人探究之后进行小组讨论，选择一种方式进行展示。在此过程中，除了根据原著进行探讨，还可以收集、阅读其他相关的书籍和资料。 比如：在探讨长征专题时，可以收集、阅读其他关于红军长征的故事、书籍等资料；阅读《长征》(作者：王树增)；阅读《中国共产党人的第一个长征报告》(作者：陈云)。	
	3. 展示分享：学生以多种形式展现研究成果，如专题小论文汇编，开展主题演讲，编辑专题小报、专题学习成果集，PPT汇报，课本剧表演，辩论赛等，并制作评分量表，对各小组表现打分。	

可研究话题的深广性大大激发了学生的创新思维。在教师提供的阅读支架帮助下，学生思维的独立性和创造性得到发展。阅读分享课就学生所撰写的读书报告进行分享、点评，促使学生就自己与其他学生的研读成果进行整合、比较、审视，这个过程更是培养了学生的批判性思维。

（三）在综合实践中发展学生的综合能力

综合实践因其活动丰富、内容综合、评价多样，在活动过程中对学生能力的要求和培养是综合的。从学习目标上看，不再单纯追求智育目标，而是要特别注重学生认知能力、思维能力、审美能力、创新意识、合作精神的培养，促成学生健康人格的形成、身心诸因素的和谐发展。人们对语文学科达成的能力认识往往停留于"听说读写"。2016 年，《中国学生发展核心素养》报告指出，核心素养主要指学生应具备的能够适应终身发展和社会发展需要的必备品格和关键能力。其中，关键能力包括阅读能力、思考能力和表达能力。语文学科是培养这些关键能力的重要学科。

语文综合实践需要综合运用基础知识能力、阅读理解能力、分析概括能力、语言组织与表达能力等各项语文能力。如开展"说不尽的桥"这一主题综合实践，学生就要运用搜索、整理、分析、讨论、提炼、归纳、表达、书写、编辑等能力，在能力运用过程中，所用的能力和综合思维能力又能进一步得到提高。不同的综合实践中，运用的重点能力可能不同，如以"新闻活动探究单元"为例，在"访谈身边的普通人""写一则校园新闻"等综合实践中，学生除发展了统筹能力、交际能力、写作能力，还能在具体情境中培养观察、感悟、共情的能力。美国心理学家加德纳提出人的智力结构存在多种独立智能，如语言、数学、空间、音乐、动觉、人际、自然、自知等，各人有各自擅长和不足的智能，教育的作用在于弥补不足，也在于强化所长，综合实践有助于每个人达成智能上"扬长补短"的效果。上文提及的综合性学习"说不尽的桥"中，活动的设计要求不仅在于学生认知桥，还要形成各自独特鲜明的研究和成果。那么，学生既需要综合阅读，涉猎文学、美术、数学、社会学、物理等学科中的桥梁知识，也需要统整所读内容，从自己能理解的角度加以归纳，选用图形、表格、文字等不同形式呈现学习成果，如有学生受到"大拱的两肩上各有两个小拱"这句的影响，通过精读细研，自发撰写了一篇文章，解答"桥为什么要有大拱小拱的设计"等问题；也有的学生以桥为背景进行文学创作，讲述桥上发生的故事。如此种种，在这个实践过程中，学生能运用到加德纳所提出的各种智能，搜索、整理、分析、讨论、归纳、提炼、表达、书写、编辑等能力都得到训练，实现认知能力、审美能力、创新能力和合作能力的综合培养。在语文学习中，过程的建构直接决定学习的成效，语文学习实践活动越充分，在综合能力培养上越有效。

综上，综合实践突出体现语文学科的过程价值，有利于提高学习兴趣、培养思维品质、提高关键能力、培育核心素养，因此，在语文学科中实施具有针对性又各有侧重的系统综合实践，是重要且必要的。

三、语文综合实践的实施策略

在综合实践中，虽然是以学生自主探究、亲身体验为主要学习方式，学习主体是学生，但也不能否定教师的作用。教师在激发学生的探索热情、组织学生合作探究的活动方式、提供学习活动的"支架"、改善学生的学习方式等方面发挥着重要的指导作用，是综合实践得以顺利完成的重要保障。

（一）任务驱动策略

任务驱动指学生在教师的帮助下，紧紧围绕一个共同的任务活动中心，在强烈的问题动机驱动下，通过对学习资源的积极主动应用，进行自主探索和互动协作的学习，并在完成既定任务的同时，开展学习实践活动。脑科学研究表明，提前呈现信息或叫学生预先作好准备，能使随后的学习进程更快。当提前向学习者提供任务、问题，再使之学习，大脑会加速理解与掌握。

统编教材的4个活动探究单元都设计为活动任务式，以任务为引导、活动为主体、探究为路径，综合单元目标，形成融听说读写于一体的动态系统。如九年级下册第五单元，围绕戏剧，编者给出的任务单是：阅读中外优秀剧本选段，在此基础上，自主选择合适的剧本，分配角色，合作排练，尝试戏剧演出，给初中生活留下美好的回忆。任务单包含三项任务：阅读与思考，准备与排练，演出与评议。在此，任务驱动作为活动探究的主要策略，每个子任务以不同形式展开，完成部分探究成果，所有任务的探究成果相加为探究成果总和。

从4个活动探究单元可看出，任务驱动策略是活动探究的主要策略，是统编教材编者推行的学习策略。实施任务驱动策略要求有明确的任务目标、具体的探究方法和解决问题的方案。同时，有必要提供体验实践和感悟问题的情境。如学习九年级上册"诗歌活动探究单元"时，单元任务二为"学习朗诵技巧，举行朗诵比赛"。北师大附校、外国语学校海沧附校等学校教师会引导学生观看董卿主持的《朗读者》，欣赏《声动中国》等节目，感受朗诵的魅力，再通过在朗读亭朗读或以"金秋诗会""清明诗会"等形式开展朗诵比赛，为学生提供实践的情境，使学习任务得到很好的落实。

任务驱动策略，可用于其他综合性学习，如九年级上册"君子自强不息"的综合性学习里，可设计"阅读古典诗文，了解君子内涵""采访身边人物，感受君子品质""'谈志向　话君子'专题演讲"等活动任务。这些任务既让学生学习聚焦，又让学生获得学习主动权，维持较强的学习兴趣与内驱力。

任务驱动策略在单元教学、写作实践、名著阅读等学习中，也常常使用。如统编教材八年级上册第五单元，由《中国石拱桥》《苏州园林》《蝉》《梦回繁华》四篇阅读课文及"写作：说明事物要抓住特征""口语交际：复述与转述""名著导读：《昆虫记》"构成。这个单元的四篇文章都是事物说明文，写作的主题和名著导读也与说明有关。

经过对教材的仔细研读，江苏省常州市同济中学贾秋萍老师发现，八年级上册第五单元的这组材料与其说是说明，不如说是对文明的记录。《中国石拱桥》既介绍了桥的特点，也说明了石拱桥是我国古代灿烂文明的重要组成部分，在世界桥梁史上具有重要的地位。《苏州园林》着眼于苏州园林的特点，引领我们体会古代园林艺术的美和价值。《蝉》对动物的习性作了一系列观察和实验记录，表现了人类科学文明的进程。《梦回繁华》介绍的是

《清明上河图》，不仅用通俗又不乏专业色彩的语言展现了画作本身的恢宏，也反映了北宋时期京城空前繁荣的社会文明。作者用严密、精确又不失生动，甚至优雅的语言记录的这些内容，有一个共同特点，就是对人类文明的记录。

贾老师是这样思考的：这个文明的印记里有怎样的传统历史文化价值？作者是用怎样的方式表达介绍这种文明的？学生如何在阅读与鉴赏、表达与交流、梳理与探究的语文实践活动中传承历史的文明？

在整体思维的视角下，她对单元内容进行了整体架构，构建了一个大单元框架。

```
文明的印记      探寻文明的印记  ┌ 任务一  走进人文博物馆
（主题）         （情境）      ├ 任务二  走进自然博物馆
                              └ 任务三  探寻身边的文明
```

这是以"文明的印记"为主题，以"探寻文明的印记"为情境，以"走进人文博物馆""走进自然博物馆""探寻身边的文明"为活动任务，学习者以真实的问题和现实的情境为学习载体，在彼此关联的经验活动中进行主动学习和意义建构。这样的学习过程，不仅能习得必要的说明文知识，更能让学生在主动积极的语言实践活动中发现文本所蕴含的科学精神、思想方法和价值内涵。[①]

概言之，任务驱动策略除了能加速学习进程、提高学习效率外，还能让学生掌握学习主动权，获得更强的学习动力，充分培养自主学习的意识。

（二）主题探究策略

"语文的外延等于生活的外延"，语文学科的生长性在于引导学生结合文本、关注社会与生活问题，运用语文能力，在探索与解决问题中获得成长。当前，时代要求语文学科充分挖掘育人价值，特别强调语文教学活动的融通作用，因此在语文学习过程中，日渐重视以目标为指向、以解决问题为目

---

① 贾秋萍.三维目标融合，在真实情境的大单元教学中实现——以统编本八年级上册第五单元为例［J］.语文建设，2019（11）．

的，进行主题探究的语文学习策略，这一学习策略给予学生更加主动与开放的探索空间。

以北京景山学校周群老师设计的初中语文创意读写活动方案为例。周群老师就2020年年初新冠肺炎疫情这个社会热点话题，充分挖掘其中蕴含的语文课程资源，利用疫情期间的各种信息资源进行综合活动设计。活动包括：阅读微信公众号"新闻实验室"文章，了解专业人士辟谣的方法和流程；阅读《逆行还是缺位？中国主流媒体的疫情报道表现》，理解新闻精神和新闻价值；搜集新冠肺炎预防知识创作童谣或科学童话；阅读"新型冠状病毒肺炎疫情中的普通人"专题系列材料进行写作；从口语交际的角度点评湖北卫视主持人在抖音中呼吁大家帮帮武汉人的视频；评价拟写防疫期间宣传标语；以大自然中某一"成员"的身份撰写公益广告解说词和制作公益短片。周群老师立足疫情这个社会热点设计实践活动，内容涵盖新闻、文学、医学等领域。从语文角度看，它涉及写作、口语交际、宣传标语、公益广告等形式多样的语文活动；从综合素养与社会生活能力看，其中渗透新闻价值、新闻精神、信息传播链条、辨析信息真伪、新闻伦理等知识和人文素养。这就需要学生综合运用信息搜索、筛选辨别、阅读、提炼、归纳、内化、语文生成的能力。

有效的实践探究支架能推动主题学习顺利完成。由于实践活动涉及领域众多，同时对知识积累、技能运用以及能力发挥都具有较高要求，所以教师在语文实践学习中除了为学生创造开放的探索空间外，还应为学生搭好实践探究支架。如周群老师在指导学生了解专业人士辟谣的方法和流程时，特别推荐了丁香医生的"新型冠状病毒感染肺炎疫情实时动态"小程序和微信"辟谣小程序"，即是为学生搭建了支架。

（三）个体自主与分工合作相融策略

综合实践注重活动的过程价值，侧重学生在动态的活动中综合运用习得知识，呈现出以学生为主体的主动探究过程。每一个学生都有自己独特的天赋特性、偏好和优势，也有不同于别人的弱点。综合实践既要考虑发挥学生的个性特长，也要考虑分工合作，培养合作能力，这样才有助于学生适应未来社会生活。这里涉及个体自主学习策略和分工合作策略，个体自主学习是以个体自主进行的学习形式。分工合作策略是通过明确分工、有效对话、互助共进共同完成学习任务的学习形式。

名著阅读教学常综合使用自主学习与分工合作策略。统编教材的"名著导读"部分对 6 本名著进行导读，另推荐了 12 本经典著作让学生自主阅读。名著阅读、整本书阅读往往遭遇"不愿读""读不完""读不好"的困境，又由于学生阅读基础不一，教师很难破解这个困境。设计一些实践活动，以自主阅读＋小组合作的形式推进阅读，不失为较好的途径。以李桂林老师的《钢铁是怎样炼成的》导读为例。李老师首先让学生自选角度、自拟探究问题，完成名著初读，形成个性化阅读思考；再通过合作学习解答系列问题，一步步推进深度阅读。如让各组学生分工探究以下问题：（1）少年时期：保尔和冬妮娅是怎样的男孩、女孩？他们为什么能够相互吸引？（2）你觉得保尔与冬妮娅为什么分手？保尔为什么放弃了对丽达的感情？（3）你怎样评价保尔的筑路精神？（4）写作对保尔的意义是什么？李老师设计的问题兼具趣味性、探究性和开放性，各问题还具有逻辑关系，这就有效地引导学生分享个性阅读体验，共享探究问题的成果。工作室成员刘荣君老师在《骆驼祥子》整本书阅读实践设计中，指导学生自主完成情节图、人物关系图等也属于个性化学习策略，而通过提炼章节内容设计试题、辩论祥子堕落原因等任务则属于合作学习策略。

以上提及的几种综合实践学习策略，在语文教学中，或单一出现，或连贯出现，更多时候是你中有我，我中有你，统整实施。

当今，我们处在一个大数据、云计算、网络化、智能化的时代，国家也进入快速发展的新时代，综合实践能力成为适应这个时代的重要能力。因此，用好综合实践策略，在实践中发展学生个性、培养学生特长，加深学生学习体验，提高学生合作能力，成为教师语文教学的必行之法。

第三节 综合实践在单元教学中的运用

前两节中，我们探索了单元整体教学和语文综合实践的内涵、价值及实施策略，这一节主要探讨二者的关系以及如何共同作用促进人的成长。

一、在单元教学中运用综合实践是一种课程学习形态

2014年，教育部发布《关于全面深化课程改革落实立德树人根本任务的意见》，提出着力推进关键领域和主要环节的改革、制定中国学生发展核心体系等意见和任务。这意味着教育进入更关注综合化、主体化、学生体验、动手实践及创新意识培养的时代，新时代的语文教学也将更注重学生综合素养的全面培育。单元教学和综合实践都指向学生综合素养的培育，但二者既有共性，又有区别。

共性在于，只有充分调动学生的主体性，单元整体教学和综合实践学习才能达成目标——不论是显性的内容目标，还是隐性的能力目标、价值目标。所谓"学生主体性"，是指学生在学习、认识和发展过程中所具有的独立、自觉、能动和创造的特性，学生主体地位的确立就是学生这些特性在教育的实施过程中得到尊重和发挥。[1] 单元教学要以学生现有认知为起点，以学生的精读、自读等学习活动为抓手，以学生在学习中的对比分析、归纳总结等思维过程为学习过程，才能实现真实的学习。在整个过程中，学生是主体，教师是帮助者、引领者。同样，在综合实践中，学生是实践的主体，也是实践过程中需要培养语文实践能力的主体，而教师只是组织者和指导者。

---

[1] 李爽.学生主体地位的确立与启发式教育的创新[J].煤炭高等教育，2005（2）.

因此，学生只有积极主动地实践，才能获得经验，形成能力。

单元教学与综合实践也存在明显区别。单元教学是建立在教材单元上的整体性教学，强调整体性。如本章第一节所述，单元整体教学注重单元整体与各部分之间的逻辑结构，厘清内在逻辑结构，有助于学生形成认知体系。语文单元教学设计旨在将学生在某阶段内需获得的语文素养按规律分解到各个单元中，以使每个单元找到在语文整体教学中的准确定位，建立起与学期、学年、学段乃至整门语文课程学习之间的内在联系，在整体视野的观照下聚焦特定部分的语文素养，加以重点培养，完成自身的独特使命，最终实现语文素养的全面提高，强调对教材内容的处理过程。综合实践，则是以学生的兴趣和爱好以及学校和地区的实际情况为基础，通过学生主体性地、创造性地体验解决问题，从而获得学习效果的一种学习活动。[①] 综合实践强调过程性，关注的是学习过程的组织形式。

厘清二者的共性与区别，有助于我们理解为什么要在单元教学中运用综合实践。

在单元教学中运用综合实践是一种课程学习形态，是以综合实践为重要方式进行单元整体教学的学习形态。这种学习形态有利于将综合性理解单元知识和融通性运用与生活相结合，有利于知识理解、能力提升与素养达成的融通实施，最大限度地促进学生身心和谐统一发展，综合实现语文学科的多元价值，因此有着优于其他学习形态的效果。

二、在单元教学中运用综合实践是发展学生核心素养的重要途径

2018年，在统编教材实施之初，李松林在《学科核心素养的发展机制与培育路径》一文中述及，强大的统摄力与整合性、广泛的迁移力与适应性、持续的影响力与建构性是学科核心素养的三大基本特征。[②] 根据这三大基本

[①] 李芒.论综合实践活动课程与教师的教学能力［J］.教育研究，2002（3）.
[②] 李松林.学科核心素养的发展机制与培育路径［J］.课程·教材·教法，2018（3）.

特征，我们需要树立有三个价值取向的学科核心素养观：整合取向、实践取向和建构取向。在单元教学中实施综合实践符合这三个取向。

如第二章所述，语文教育应该指向人的生命成长，要让学生在接受相应学段教育的过程中，逐步形成适应个人终身发展和社会发展需要的必备品格与关键能力，即"核心素养"。核心素养发展与学习过程紧密相关。就学科属性而言，核心素养并不指向某一学科知识，并不针对具体领域的具体问题，而是强调个体积极主动且具备一定的方法去获得与运用知识和技能。单元教学为学生建立了文本内容间的联系、知识间的体系，综合实践通过引导学生围绕所学内容展开连续且纵深的实践探究，尤其是为培养反思批判精神、创新精神而进行的实践，让学生对结论有所质疑和评论，在联系、发展和对立统一中认识事物，形成对事物更深刻的认识。

有学者认为，单元学习方案应该是一个完整的学习故事。例如学习七年级下册第一单元，如果缺乏统整性的学习设计，学生对邓稼先、闻一多、鲁迅、孙权四个人物的认知将是分离的，但教师通过设计"江山代有才人出，各领风骚数百年"的单元学习方案，改变单篇教学的价值取向，走向多篇、大单元的思路，即"从零为整，由篇达类"，则能实现学科核心素养观中的整合取向、实践取向和建构取向。

七年级下册第一单元综合实践设计

学习目标	综合实践任务	任务流程
了解人物事迹，把握人物特征。	讲述人物故事。	通过课内外阅读与查找资料，了解邓稼先、闻一多、鲁迅、孙权。向同桌介绍他们的生平经历。讲述有关他们的1~2个故事。（交流时，讲述的故事不得重复）
揣摩关键句段，感受杰出人物的非凡气质。	赞一赞杰出人物。	1. 学生自主阅读，摘录评价人物的关键语句，揣摩并分析表达要旨。 2. 串联评价语，以"赞一赞×××"的形式在小组中汇报。

续 表

学习目标	综合实践任务	任务流程
分析人物成功的因素，转化成自己追求理想的动力。	比较阅读与问题探究：杰出人物身上有何共同的基因？	1. 比较阅读，归纳邓稼先、闻一多等人的精神品质，提炼共性的精神品质。 2. 结合人物事迹或文本中的情节，分析这些精神品质的形成原因。 3. 加深体验与写作表达：我敬佩的一个人×××。

以上设计，力求从综合性、趣味性、实践性的角度将单元整体教学与综合实践融合起来，通过阅读、思考、比较、探究等，让学生在充分的感受与体验中，明白本单元所涉及的杰出人物虽然所处时代不同、事业不同、个性不同，但他们身上的优秀品质具有永恒价值。按照李松林的观点，体验—反思机制是学科核心素养的发生机制，唯有将认识与改造事物和认识与改造自我两个学习过程融合起来，学生的关键能力与必备品质才能同时生成，而体验就是融合器。此单元设计强化了学习过程体验，力求通过体验将学习过程内化为学生改造自我的认知，由此达成核心素养目标。

运用综合实践进行单元教学应更多地指向反思批判精神、创新精神以及综合解决问题能力的培养。当越来越多的教师认识到学生是学习的主体，学习过程需要学生自主参与之后，实践助推学习走向深度成为衡量学科综合实践效度的一项新标尺。例如，学习《望岳》时让学生观看泰山的影片，学习《游山西村》时扮演陆游与山西村村民，这样的实践只是为了帮助学生理解文本内容，而对于文本内容本身，其并不难理解。如果我们将观看泰山影片的实践活动改为描绘杜甫去往泰山的行进路线，将陆游《游山西村》和辛弃疾《西江月》等的农村题材诗歌进行比较阅读，这样的实践设计才对推动学生学习走向深度有一定作用。

语文核心素养观照下的初中语文综合实践还强调密切联系初中生现实生

活中的实际问题，高度关注学生在真实的社会环境、自然环境、文化背景下形成的问题意识、解决实际问题的能力和创造、想象能力。运用综合实践进行单元整体教学，可把学生引向社区、社会、自然等更广阔的学习情境，在实际问题情境中分析问题，进而创造性地解决问题。例如写作是语文教学的重难点，但在八年级上册"新闻"单元中，学生经历写新闻稿、访问稿等，并以校园、社会的真实情境，将写作与阅读、生活交际、个性表达紧密关联起来。这样，写作就成为学生参与活动、解决单元学习主要问题、表达个体生命体验的重要手段。

"素养"强调的是语文学习要指向学生终身发展，它提醒人们应超越单纯的某项学习内容和具体学习活动的优劣得失之争，更关注关键的、综合的素养，以利于学生未来的发展。学科核心素养以学科思维为核心，由知识建构、问题解决和自我整合三个层面构成。根据学科核心素养的特性，我们可知促进整体生成的单元整体教学、促进解决复杂情境问题的综合实践教学都是学科核心素养的重要培育路径，而在单元教学中运用综合实践，是综合考虑了单元整体教学的统整性和综合实践的实践性，起到"1+1＞2"的效果。

三、在单元整体教学中运用综合实践的现状与改进建议

核心素养视域下，学习是学生成长发展的生命体验过程。运用综合实践进行单元教学要借由自主能动学习带来的成功体验，使学生对学习由兴趣到责任，从而深入探究发展，较好地解决学习态度和习惯等问题，使学习质量得到切实提高。那么，现实情况如何？

（一）在单元整体教学中运用综合实践尚存不足

1. 缺少在单元整体教学中运用综合实践的思考。

有些教师缺乏对实践性学习作用的研究；有些教师仍把语文综合实践看

成语文课程的附庸，在教学中或让步于其他语文教学任务，或"屈从"于升学压力而不实践或实践过程"缩水"，将综合实践变成可有可无或流于形式的任务；有些教师的单元整体教学设计能力不足；有些教师仍然只关注单元中的知识、技能。种种原因使不少教师缺少在单元整体教学中运用综合实践的相关思考。

2. 在单元教学中片面运用综合实践。

在日常教学中，不乏"假实践"现象，有些教师仅仅把实践活动当作调节课堂气氛、缓解学生学习压力的一种形式，没有为教学目标服务的意识，无益于解决问题。如学习完《中国石拱桥》后，让学生设计一座桥，并说明自己的构思、设计的意图、设计的方案及设计的图纸；学习完《四季的雨》之后，让学生追踪雨丝，用相机跟踪拍摄雨从天上落到地面的过程，听雨声。有些教师在单元整体教学中虽然能开展一些实践活动，但缺乏与单元整体教学目标的联系，活动分裂，难以实现综合性的学习建构。如"思路要清晰"单元写作中，撇开本单元课文和单元目标单独设计一个写作活动，忽略了综合实践服务于单元学习目标这一原则。

3. 仅在教材的四个活动探究单元才运用综合实践。

统编教材在八、九年级设置了四个活动探究单元，每册教材安排一个，分别为学习新闻（八年级上册）、演讲（八年级下册）、诗歌（九年级上册）和戏剧（九年级下册）。鉴于教材提出了明确的目标和要求，不少教师有且仅只在这四个单元按照教材的要求设计和开展综合实践学习，其他单元教学则很少以单元为单位开展综合实践。

以上分析说明，综合实践尚未成为语文单元整体教学的常用形式与重要形式。

（二）在单元教学中运用综合实践的改进建议

正如工作室成员郑志平老师所言："语文教学面对的是有血有肉、充满活力、富有情感的学生，指向核心素养的语文教学给予他们的应该是一种鲜活的语言，一种灵动的实践，一种快乐的体验，一种幸福的生活，一种温暖的生长。"基于以上存在的问题，我们可以从以下两方面改进综合实践在单元整体教学中的运用。

1.转"教"的综合为"学"的综合。

统编教材采用"双线组元"，人文主题与语文要素均衡递进，贯穿整个教材，以体验、实践为学习方式的指向也非常鲜明。以七年级上册第一单元为例，《春》积累拓展板块的第二题为"找出你喜欢的段落，标出语句中的重音和停连，在小组里朗读，互相评价"，本单元写作实践二中的引语为"刚上初中，来到新校园，走进新教室，见到新老师，结识新同学，你一定有许多新的见闻、感受和想法吧"，这段引语将学生带入当前的生活情境，起到联结写作与生活的作用。教材在导语、习题、写作等各处体现出的这些特点提示我们，体验式、情境式等实践学习需要贯穿在单元教学的每个部分、每个环节，单元整体教学必须是"学"的综合。

以下为北京师范大学厦门海沧附校以"学"的综合为要求设计的本单元整体教学活动。

七年级上册第一单元整体教学活动

学习目标	学习内容	学习活动
1.提高朗读水平，体会文章的思想感情。	《春》《济南的冬天》等课文及《春之怀古》（张晓风）、《翠满九寨沟》（周沙尘）、《北戴河海滨的幻想》（徐志摩）、《春趣》（张峻屹）等课外拓展阅读文本。	朗读（自读+比赛），自主练习重音和停连，互相评价。
2.理解比喻和拟人的语文知识，提升语言素养。	《春》等课内外文本中的优美语句。	想象绘图，赏析练习，对话提升。
3.学会抓住环境特征，有层次地描写环境。	《春》等课内外文本中的写景片段，"写作"中的写作实践题。	观察校园，片段仿写，交流展示，连段成篇。

续 表

综合实践运用设计
设计说明：本单元整体教学所运用的综合实践策略为主题探究策略，以"感受自然之美"为主题开展探究活动，以读写结合、对话交流等形式完成。 　　在阅读单元课文的基础上拓展阅读老舍的《济南的秋天》、梁衡的《夏》、郁达夫的《江南的冬景》、张晓风的《春之怀古》、朱自清的《绿》《荷塘月色》、周沙尘的《翠满九寨沟》、徐志摩的《北戴河海滨的幻想》、张峻屹的《春趣》等篇目，围绕"感受自然之美"这一主题进行探究学习，自主探究各篇所绘自然"美"在何处。 　　学生学习形式有以下两种： 　　1.欣赏名家笔下的自然美：诵读品读，圈点勾画，批注整理，分析比较，交流讨论等； 　　2.描绘我眼中的自然美：观察记录，仿写化用，创意表达等。 　　主要学习活动有以下两种： 　　1.朗读比赛。 　　（1）课堂上对学生进行朗读指导。 　　（2）利用晨读、课前三分钟、课后延时辅导时间进行朗读练习。 　　（3）每位学生通过QQ群发一段朗读录音进行分享和交流。 　　（4）每班分小组进行朗读比赛，选出优秀选手（一组）进行年段比赛。 　　（5）七年段（16个班），每班一个节目，进行全年段朗诵比赛，根据朗读评价表进行自评与互评。 　　2.绘美行动。 　　（1）观察校内外自然之美，拍照或画画，并用文字描绘。（片段写作） 　　（2）观察校园一角，仿《春》中"春花图"的手法进行描写。（片段写作） 　　（3）仿《春趣》《春之怀古》《春》的抒情方法，抒发自己对某一季节的感情。（片段写作） 　　（4）结合进入中学的体验，综合运用本单元所学的描写、抒情技巧，写一篇描绘校园景色的作文，根据写作评价表进行自评与互评。

　　以上设计充分考虑"学"的综合，单元整体教学与综合实践的统整性、实践性优势都得到较好体现：主题明确，有利于实现单元目标；多样而适切的学习活动，增强了学生学习的参与感；学习过程充分关注学生的学习体验，有利于学生在实践中运用知识、转化知识。

　　2.转"单项落实"为"综合落实"。

　　运用综合实践进行单元整体教学，不仅是要实现从"重教"转向"重学"，还须达成综合学习效果。所以，我们还可以从优化实践活动入手改进教学，让实践活动更具综合性。

比较以下两稿设计：

七年级上册第一单元综合实践设计

项　　目	第一稿	第二稿
主题	热爱生活，热爱写作	感受自然之美
实践设计	1. 在阅读单元课文的基础上扩读老舍的《济南的秋天》、梁衡的《夏》、郁达夫的《江南的冬景》等篇目。 2. 学生勾画、整理与本单元写作手法共通之处，做好批注和整理。 3. 学生交流、讨论心得和感受。 4. 创作：九月，由夏入秋，天气转凉，昼夜温差增大，自然景物、人们的穿戴都发生了许多变化。同学们，请在生活中细心观察、体验，选取一个场景，描述这些变化。别忘了给自己的作品取个别致的题目。	围绕"感受自然之美"这一主题进行探究学习，学习形式有两种： 1. 欣赏名家笔下的自然美：在阅读单元课文的基础上扩读老舍的《济南的秋天》、梁衡的《夏》、郁达夫的《江南的冬景》、张晓风的《春之怀古》、张峻屹的《春趣》等篇目，通过诵读品读、圈点勾画、批注整理、分析比较、交流讨论等活动，探究各篇所绘自然之美"美"在何处。 2. 描绘我眼中的自然美：通过观察记录、仿写化用、创意表达等实践活动，描绘校内外自然之美，抒发自己对某一季节的感情。

不难发现，第二稿以"感受自然之美"为主题，将课内外阅读、阅读与写作统一在这一主题下，将读、批、析、论与创作也统一在这一主题下，这样综合实践策略、学习形式以及学习方法都有了比较好的统整，第二稿就能较好地实现学习持续推进，读与写也得到较好的融合，避免学习实践活动安排中的碎片式、断裂式、随机化等问题。

随着理念的更新，为了达成综合能力与综合素养发展，我们不断改进运用综合实践进行单元整体教学的方法。统编教材的四个活动探究单元呈现了活动任务单，但如何达成综合学习效果，还须我们细化设计。以下是厦门海沧实验中学针对九年级上册第一单元进行的综合实践设计探索。

"诗与远方"单元综合实践设计（九年级上册第一单元）

项目	第一稿	第二稿
综合实践设计	围绕课内外诗文资源，设计三个贯穿单元的综合实践活动。 （1）诗，是画面。 主要知识：诗歌的"意象"，就是感觉、情绪、理性的形象表现，是寄托诗人主观情感的客观物象。诗歌的意境是通过一个或一组意象的描写所表现出来的氛围。诗歌语言的一个重要特征就是大量运用意象，也就是具体的形象，营造意境，来表现诗人在情感与智理方面的体会和经验。 学习实践：学生自由组合，为自己喜欢的诗选配图画或用意象描绘画面，体会王国维所说的"诗中有画，画中有诗"，也可以用图画来诠释自己对诗歌的理解。 目的：能理解具体诗歌中的意象，能通过画面将诗歌中抽象的意境直观地表现出来；进一步激发学生学习诗歌的兴趣，为下一阶段的学习打下基础。 （2）诗，是节奏。 主要知识：诗歌的分类、节奏、韵脚等知识；朗读的重音、停连等知识。 学习实践：诗歌的节奏，是诗人心灵的节拍。所谓"文采节奏，声之饰也"，选择自己最喜欢的一首诗，用你认为最适合的声音、最适合的情感，还可以配上优美的音乐，为全班同学朗诵或吟唱诗歌。 目的：吟唱是一种娱乐放松的形式，把一些比较简短的诗文配上适合的歌曲来唱，既可以提高学生学习诗文的兴趣，把握诗歌的情感，又可以帮助学生记忆诗文。 （3）诗，是自我。 主要知识：诗歌的语言特点；抒情诗与叙事诗等。 学习实践：以"雨""怀念"等内容创作诗歌。 目的：引导学生在诗意中寻找真正的自我，学习将真实的日常生活转化成诗。	综合实施一个实践活动，在赏读诗歌等活动中，理解诗歌"意象"。运用诗歌节奏、押韵等知识，结合朗读技巧，体会诗歌的艺术魅力。 学习与运用的主要知识：诗歌的"意象"；诗歌的分类、节奏、韵脚等知识；朗读的重音、停连等知识。 实践过程设计如下： （1）品诗意。运用个性化学习策略，为诗配图或吟唱诗歌。学生选择自己擅长的方式，将对诗文的理解通过艺术手段表现出来，起到激趣、加深体验和再创造的效果。 （2）析意象。主要运用问题探究策略。本单元提供的五首诗运用了哪些意象，这些意象起到了什么表达效果？梳理初中所学的诗歌，分析中国诗歌中的常用意象及其作用。 （3）写小诗。运用任务驱动策略，选择"月"或"雨"为意象，融入自己的生活体验，创作一首诗歌。

语文综合实践活动，一方面，强调学生通过自主综合性学习活动学习知识、拓宽视野；另一方面，意在增强学生的探索和创新意识，教会学生科学的方法，培养其综合运用语文知识的能力。两稿设计都让学生从听、读、赏走向创作，不仅使语文与音乐、美术学科之间架起沟通之桥，更是指向了自主、合作、探究能力的培养，但第二稿更具统整性，更有助于学生形成综合思维。同时，"品诗意—析意象—写小诗"三个实践活动层层递进，将学习步步深入。就此，我们意识到，新时代的学习活动只关注活动是否落实是不够的，还需要考虑掌握与运用知识的能力是否提升，探索精神和创新意识是否增强等。

从以上分析中，我们直观理解了以下两点：一是运用综合实践进行单元教学能借由自主能动学习带来的成功体验，推动学习进一步深入探究发展，较好地解决学习态度和习惯等问题，使学习质量得到切实提高；二是运用综合实践进行单元教学要有整体意识，从单元整体的视角来确定活动目标、设计活动、选择教学方法等。同时，要发挥单元总目标对综合实践目标的联结、制约、组织作用，提高单元整体教学质量。

因为核心素养发展与学习过程、学习质量高度相关，我们还建议在单元整体教学设计中增加评价设计，可分别就资料处理、自主学习、合作能力、评价表达等方面评价学生，范围要涵括态度、过程、知识、能力等。或针对单元教学中运用综合实践的情况进行专项评价，评价各种实践活动与单元目标的关联度、各实践活动彼此的关联度以及实践学习的效度等，以评促学，以评促教，不断改进，让教学更为科学、有效。

李泽厚先生说，社会在发展，各种机器不断取代人类的工作，教育在使人掌握技能之余更要帮助人类思考与解答人自身成长与发展的问题。本章反复强调单元整体教学、综合实践学习的作用，以及二者对培育人的综合素养的重要影响，意在提醒我们，人类应该花更多时间去解答人自身成长与发展的问题，去理解教育为何要转型以及素养培养为何重要和如何达成的问题。

参考文献

［1］赖学军.语文单元教学及其整体功能的思考［J］.温州师范学院学报（哲学社会科学版），1989（3）.

［2］聂文升.初中语文单元目标教学的初步尝试［J］.辽宁教育，1996（11）.

［3］黄正瑶.优化单元整体教学的途径探讨［J］.扬州师院学报（社会科学版），1992（1）.

［4］肖建民.牵一发而动全身——初中语文"三序列·四程序"单元教学的实践、成效和探索［J］.中小学教师培训，1995（5）.

［5］沈心天.初中语文教材、教法改革的新尝试——介绍北京师大实验中学编写的初中语文教材及其实验情况［J］.语文教学通讯，1991（5）.

［6］米娜."单元整体教学"论［J］.现代教育，2015（9）.

［7］朱浦.教学专题透析［M］.上海：上海教育出版社，2008.

［8］王静.统编本初中语文自读课文教学研究［D］.合肥：合肥师范学院，2019.

［9］刘菊春.准确解读教材 整体设计教学——谈谈"部编本"《语文》七年级教学［J］.中学语文教学参考，2017（26）.

［10］张丕峰.单元设计：撬动课堂转型的一个支点［J］.现代中小学教育，2017（7）.

［11］魏媛.《秋天的怀念》与《合欢树》的互文性教学初探［D］.福州：福建师范大学，2018.

［12］贾秋萍.三维目标融合，在真实情境的大单元教学中实现——以统编本八年级上册第五单元为例［J］.语文建设，2019（11）.

［13］李爽.学生主体地位的确立与启发式教育的创新［J］.煤炭高等教育，2005（2）.

[14]李芒.论综合实践活动课程与教师的教学能力[J].教育研究,2002(3).

[15]李松林.学科核心素养的发展机制与培育路径[J].课程·教材·教法,2018(3).

第七章

课堂评价与教学改进

课堂教学评价是评估课堂"教"与"学",发现教学中的潜在问题,促成教师对教学的深刻理解,从而进一步优化课堂认知,反思并改进课堂教学行为的一种有效方式。课堂教学评价的维度多样,面向同一节课,可以有不同的评价维度,同一评价维度的观察点也多种多样。为了促成工作室成员的教学改进,我们通过三年的教学研究,根据工作室对语文课堂的共同理解,形成了自己的教学评价方法。

第一节　课堂教学评价的基本维度

基于工作室对语文课程价值双重性的认知,语文学科的多元价值蕴含于内容和过程之中,二者共同服务于人的发展。我们追求的是构建内容价值和过程价值相融合的语文课程。所以,我们评价一堂课是否有效的原则就是是否实现了这双重价值的融合。本书在第三章中已经明确提出,课堂的内容价值和过程价值不是分别实现的,一定是相依相存、同步达成的。内容价值是显性的,是由文本和学情决定的;过程价值是隐性的,是由教师进行设计和课堂引导、学生通过学习的过程来达到的。所以,我们在进行课堂教学评价时,既要审视教师对文本价值的确立是否合适,也要观察学生在学习的过程中是否通过课堂设计和教师引导实现了自我成长。下面,我们将以工作室成员的课堂设计、课堂实录为载体,具体阐释工作室以学生发展为目标的课堂教学评价方式。

一、课堂内容维度价值的确立

课堂内容维度价值的确立主要体现在教学目标和课堂主问题的设计上。

(一)评价文本价值挖掘的合理性

工作室李桂林老师执教《我的叔叔于勒》一课时,将教学目标确定为"感受19世纪小人物的辛酸、苦涩"。导师孙宗良老师在评课时,首先确立了一个前提,那就是文章是以18、19世纪的人和金钱的冲突,以及在金钱的挤压下人性消失这一背景来写作的。因此,要基于这样的历史和时代意识,去评价教学目标的合理性。再如,在工作室进行回忆性散文教学活动研讨时,孙宗良老师在评课时特别强调要注意一对关系,即"我"和文中所回忆的主要人物之间的关系。具体到《秋天的怀念》和《背影》这两篇代表性文本,就是"我"和母亲、"我"和父亲的关系。很多教师会把课堂教学目标重点放在母亲或者父亲的形象上,就回忆性散文而言,这是不合理的。《秋天的怀念》中,语言风格由前期"望着望着天上北归的雁阵,我会突然把面前的玻璃砸碎;听着听着李谷一甜美的歌声,我会猛地把手边的东西摔向四周的墙壁"的凝重,到最后一段"黄色的花淡雅,白色的花高洁,紫红色的花热烈而深沉,泼泼洒洒,秋风中正开得烂漫"的洒脱,长久凝视"北归雁阵"的突然暴怒的背后是"我"内心巨大痛苦的爆发,"望着望着"的静止状态中其实饱含着"我"对自己瘫痪的生命现状的痛苦沉浸。然而到了最后一段,"我"看着秋天中的菊花,同样是在生命萧索的秋天,"我"看到的却是在秋风中生命蓬勃向上的菊花,"黄色""白色""紫红色"的绚丽展现着"我"对生活的态度和对生命的理解在变化。一个人对生命的理解发生转变不是简单发生的，尤其是"我"要跨越的是自身残疾的痛苦。"我"的这种变化产生的原因是文本理解的重要内容。"我"的改变是在母亲的影响下实现的，是母亲用自己面对生活之苦、生命之痛时的奉献和坚韧来帮助儿子活下去。如果只是单独理解人物形象，而不谈母亲对"我"的影响、两人之间的关系，是十分不合适的。因此，在确定教学目标时要注意两种视角的融合。

另外，文本价值还包括了教材意图。因此，我们在评价时还要注意课堂教学目标是否符合教材意图，尤其是能否发挥单元编排体例的育人价值。例如七年级上册第二单元的重要教学目标是"理解作者的复杂情感、学习与把握抒情特点"，那么在《秋天的怀念》一课的教学设计和教学过程中，就必须体现这一目标，进而实现七年级上册第二单元的单元价值。

（二）评价教学目标和学情的契合性

内容价值的确定与学情有着紧密的关系。就文学类文本而言，教师的教学解读要达到怎样的深度，需要充分考虑学生已有的知识与经验，教学深度的确定需要接近学生的最近发展区，这样方能达到预期的教学效果。如果把教材文本当作纯粹的文学文本进行课堂教学处理，教学目标的设计没有了边界，教学效果也会大打折扣。

比如林童老师在《背影》一课的教学设计中，确定了"理解父子情感的错位与隔膜"的教学目标，这一目标的理解牵涉许多背景资料，同时还需要有一定的生活阅历作为基础。而初二学生正处在十三四岁的年龄，正如朱自清当年无法理解父亲一样，学生要理解父子之间的情感尚需要教师搭建台阶，更何况要体悟"父子情感的错位与隔膜"。故而我们认为，该教学目标的确定不够契合学情，该维度内容的确定不够合理。而陈彩云老师在《阿长与〈山海经〉》的教学中确定了"体会细节描写人物，再现真实动人的情境"的教学目标，正是基于初中学生的写作需要而设计的。学生在小学阶段已经学习了用叙述的语言写人记事，到了初中阶段，则要将单薄的叙事语言发展成为对人物、事件过程的精细和有目的的描述，如何丰富描写的语言自然成了写作训练的重点。突破描写能力，首先要培养学生品读优秀作品的能力。陈彩云老师在《阿长与〈山海经〉》一课设计中的重点环节就是"朗读18—29自然段，把最能打动我的句子找出来，说明理由，注意人物的肖像描写、神态描写、动作描写、语言描写等人物描写的基本方法"。这是基于学生已有的知识与经验而设计的环节。此环节的学习是学生所能及的，难点在于细节的品味。在接下来具体句子的品读中，彩云老师注意引导学生关注人物描写的细节，比如"穿着新的蓝布衫"中的"新的"，帮助学生再现了阿长去往集市的心情和情境，为下文"三哼经"的出现以及阿长对"我"的情感做了铺垫，由此让学生理解任何描写都是有意义、有作用的，是为人物形象和情节发展服务的。正是由于该教学目标以及教学引导过程的设计契合学情，学生方能拾级而上，实现自我发展。

（三）评价教学内容和目标的一致性

确立适切的课堂教学目标只是有效实现内容价值的第一步，在课堂教学评价中，合适的课堂问题设计是保证内容价值有效实现的核心，也是过程价值实现的前提。教学内容是否与教学目标契合一致，决定课堂是否有效。

比如工作室游颜榕老师和李桂林老师同课异构的《我的叔叔于勒》，教学目标都涉及多角度评价小说人物，但孙宗良老师在评价时就提到，同样是分析"我们对菲利普夫妇该有什么态度"，但游老师提出的问题是"对菲利普夫妇应不应该有同情"，李桂林老师提出的问题是"如果你是菲利普夫妇，你再见到于勒会不会认他"，前者的"应不应该"是价值判断，后者的"如果你是菲利普夫妇"是感性的体验，问题设计路径不同，指向教学目标的准确性也就有差异。

再如石丹老师在《故乡》一课的教学中，围绕"理解鲁迅先生对现实的深刻剖析和对理想人生的求索"这一核心目标，将"为什么'我'离开故乡却并不感到怎样的留恋"作为主问题，围绕这个问题逐步设计课堂逻辑架构。主问题与目标的一致性，使得内容价值得以有效凸显。

二、课堂过程维度价值的实现状况

课堂过程维度价值的实现状况主要是观察学生的学习过程。

（一）评价学生的情感体验是否得到激发和丰富

课堂的过程设计要激发和丰富学生的情感，这是课堂的隐性价值。学生要在学习中投入自身的情感，获得情感的浸润和体验，在情感体验的基础上理解陌生文本。在评价课堂效果时，我们要观察学生在回答中是否真正地投入了情感，并把自己的情感投射到文本的理解中去，获得过程性的收获。比如李燕玲老师的《登幽州台歌》一课，让学生经历了以下情感体验过程。

师：让陈子昂悲伤落泪的原因究竟有哪些？

师：想想我们什么时候会感觉到孤独？

生：没有人陪伴、没有家人。

师：假如某天来上学，你发现全班没有人记得你，大家的记忆好像都被抹掉了一样，你会怎么样？

生：害怕。

师：假如世上真的有一种魔法，会把你困在这个教室里的另一个空间维度，你能看见这些同学打打闹闹，而他们被魔法抹去了所有关于你的记忆，你会如何？

生：伤心、失落、尴尬……

师：人都有一种心理，害怕消失，害怕被人遗忘——我这么快就消失掉了，可是什么也没留下，什么也没做成，太可怕了……加上人和悠悠天地相比起来，那么渺小，那么脆弱，一旦死去，就什么都落空了。这一切交织在一起，产生了什么结果？

李燕玲老师在接连的追问以及情境创设中，不断调用学生的情感体验，使学生能很准确地通过朗读感悟到诗句所表达的情感共鸣，对"独怆然而涕下"含义的理解也就水到渠成。

在抒情性作品的阅读中，学生情感体验的激发和丰富是教学有效性评价的重要维度。诗歌如此，散文亦然。比如在散文《紫藤萝瀑布》中，篇首"我不由得停下了脚步"到篇末"我不由得加快了脚步"，文章内在的情感逻辑决定了教师应该在课堂设计中让学生联系自身生活，理解作者明明非常喜欢却又释然离开的真正原因。"我不由得停下了脚步"是因为我看到了开得如此之"盛"的藤萝，面对这繁盛的生命，"我"感到欣喜和惊讶。学生可以通过朗读、品读去体会语言中"在流动，在欢笑，在不停地生长""就像迸溅的水花""和阳光互相挑逗"等句子中所体现出的愉悦。再到具体细细欣赏时的好奇、惊讶"那里装的是什么仙露琼浆"，学生在朗读时是否也能对这种惊喜感有所体验。为什么"我"会如此惊喜，一是因为藤萝在濒临死亡后再次开放，二是藤萝的复活带走了我对于生命脆弱认知的痛楚。学生如果能通过阅读文本，情感得到浸润、升华，这节课就是成功的。

（二）评价学生的思维能力是否得到提升

课堂上，学生流畅地回答了教师的问题是否就意味着有效学习的发生？我们认为不一定。学生的回答如果只是针对教师问题做或是或非的简单"回应"，那么这些回应在本质上并没有意义。学生在学习过程中，思维是否得到提升，才是是否真正实现有效教学的考量依据。

比如工作室古勋燕老师在《打开议论文写作的思路》的教学中，创设了新闻评论的大情境，通过一系列的追问帮助学生建立思维支架，学生的思维空间得以拓宽，思维的角度变得多元。针对网上热议的"成都一女大学生举报打饭阿姨事件"，学生在初始只是做出简单的道德评判："我觉得高校这个女大学生是很没有良心的。"在古老师的引导下，学生的讨论由"女大学生没有良心"到"阿姨的做法不合规矩"，再到"食堂制度的合理性"，可见学生看待此事件至少有了三个角度——道德、规则与管理。接着，古老师又设计了"用追问将思考引向更深处"的学习任务，引导学生尝试着通过一步步的追问进一步延伸思维。例如从女大学生的角度看，学生进行了"女大学生是否只是简单的'没有良心'"的追问，得出"作为一名大学生，面对2000元的奖励，女大学生抵制不住诱惑"的结论。还有学生进一步追问：女大学生的行为是否违法？既然不违法，该行为会对社会造成什么样的影响？由此得出"该行为会伤害社会、伤害人心"的观点。经过这样连贯的思维训练过程，当古老师再次抛出"如何看待青少年沉迷手游"的问题时，学生立刻便有了"青少年自身""手机""社会环境""家庭"等多角度的思考，也就不足为奇了。

（三）评价问题链的设计是否促进学生思维发展

课堂上，学生的思维结果与教师问题链的设计紧密相关。只有在教师设计的合理问题链的引导下，学生才能得到逻辑思维的有效训练，从浅层思考到深层思考、从感性到理性、从依照习惯性思维去理解到批判性认知。比如林童老师《背影》的问题链设计为：父亲很忙，为何忙？父亲更应忙什么？父亲这么忙又为什么要送"我"？"我"是什么态度？"我"的态度发生了什么转变？为什么会发生转变？"我"为什么哭？从表层的"父亲因何而忙"的信息提取，到"儿子为什么会哭"的文本理解问题，学生的思维是完整连贯且层层深入的。学生需要在学习活动中先在文本中寻找父亲为生计奔波，为祖母去世而背负债务，进而理解父亲此时承受着心理和经济上的巨大压力。此时，学生就能理解父亲此时细心、无微不至的照顾所饱含的爱，进而在讨论"儿子为什么会哭"的问题时理解到"对自己之前对父亲不耐烦态度的愧疚和对父亲艰辛境遇的体谅和心疼"这一层次。这一系列问题链的设计，使学生对父子之间的深情有了更深刻的理解，学生的思维能力也在问题解决中得以提升。

第二节　课堂教学评价量表的设计和应用

课堂教学评价涉及的因素很多，需要有一个简明、科学的评价框架作为具体观察的"抓手"或"支架"。为了更好地促进课堂教学改进，我们构建了课堂评价量表和单元综合评价量表。

一、语文课堂评价量表设计说明

下表选择了内容价值、过程价值、价值融合这三个维度作为观察视角，它们既各有侧重，又相互联系。课堂内容价值主要关注文本的原生价值，在保留和增值原生价值的基础上发掘、提取文本核心价值，最终在关注过程价值中实现教学价值；课堂过程价值的实现则需要关注学生逻辑思维的养成和提升以及学生情感体验的激发和丰富；理想的课堂最终要走向内容价值与过程价值的相互依存，通过"把握文本核心价值、激发学生情感体验、提升学生逻辑思维、培养语言审美能力"等方式实现多元价值的融合。课堂多元价值的融合统一是教师教学与学生学习的主要目标，也是理想课堂要走向的终点。

课堂评价量表

	观察点/程度 （0：未见；1—5：程度由低到高）							举例/ 说明
把握文本核心价值	1. 全面细致地解读文本价值。	0	1	2	3	4	5	
	2. 教学目标体现文本核心价值。							
	3. 教学目标与基本学情相契合。							
	4. 教学问题设计指向教学目标。							

续表

	观察点/程度 （0：未见；1—5：程度由低到高）						举例/说明
激发学生情感体验	5. 挖掘不同体裁文本的内在情感。						
	6. 营造有效的教学情境。						
	7. 学生在情感体验的基础上理解陌生文本。						
	8. 学生在回答问题时能够找到情感共鸣点。						
提升学生逻辑思维	9. 课堂问题链设计有完整的逻辑结构。						
	10. 课堂主问题能够促进思维聚焦。						
	11. 课堂提问和活动设计符合文本内在逻辑。						
	12. 课堂体验与实践多元丰富。						
培养语言审美能力	13. 采用多种朗读方式。						
	14. 关注多种修辞手法。						
	15. 通过品析意象感受文本意境。						
	16. 在"真"的情感交流状态中培养语感。						

下表是基于单元教学整体性与建构性基本原则和可视性与可操作性实施策略设计的单元教学综合评价量表。本量表主要从实现整体建构、注重实践学习、提升作业品质这三个方面来检测单元教学目标设计和实践运用的合理性。孙宗良老师认为："语文单元教学是以教材的单元为基本内容，以相关主题或专题为导引，着眼于学生综合能力与核心素养的养成，依托语文学科内在的结构与关联性，通过学科内教学内容的诸要素（主要是知识、能力、方法、情意）之间的整合，建立起单元内各部分内容的联系，从而进行单元的整体教学，以实现'整体（单元）大于部分（单篇）之和'的语文学习效应。"单元整体教学与单篇教学比较，对学生思维走向深度、广度更有帮助。

单元教学综合评价量表

观察点/程度 （0：未见；1—5：程度由低到高）		0	1	2	3	4	5	举例/ 说明
实现整体建构	1.关注文本个性与单元共性的关系。							
	2.关注教材各内容之间的建构性。							
	3.关注课与课之间、课内与课外、前课/中课/后课的联系性。							
	4.有专题式阅读探究活动。							
注重实践学习	5.实践学习与单元目标设计相吻合。							
	6.实践学习与社会热点相契合。							
	7.实践学习有利于提升课外阅读能力。							
	8.实践学习有利于提升写作能力。							
提升作业品质	9.单元目标、课文目标与作业目标相一致。							
	10.单向度作业与多向度综合作业分配合理。							
	11.作业的目标分类与难度结构达标。							
	12.专题阅读作业和专题写作作业设计合理。							

二、语文课堂观察量表运用分析

课堂评价量表的设计不仅需要深厚的理论素养做支撑，更需要实践经验的积累。上述量表的开发依据是孙宗良名师工作室践行的教学理论，在此基础上，还要通过具体的课堂观察实践不断验证，力求开发出更多能够促进课堂改进的评价量表。

案例一：《登幽州台歌》

《登幽州台歌》这首诗是失意之人的悲壮之作，它不仅写出了个人的失意，还从个人扩展到全人类，道出了一种人所共有的焦虑和不甘。为了拉近学生与古代文人的距离，引发情感共鸣，李燕玲老师在教授这节课时，重点关注了课堂浸润式的体验感悟。李燕玲老师将本首诗的教学目标设计为引导学生理解诗意、体会意境、体悟诗人情感。为了初步确立学生与文本的关联，李老师在课堂伊始就营造了这样一个教学情境。

师：同学们平时爬过山吧，有什么感觉？

生：清静。

师：那你要是爬到山顶的时候会有什么感受？

生：自豪。

师：假如你在山顶或高处看到一个中年男子流泪，你的第一反应是什么？

生：他发生了什么？

生：他是谁？

生：他为什么要跑到山顶上哭？

生：想帮他解开这个心结。

师：假如这件事发生在古代，又会如何？今天我们要学习陈子昂的《登幽州台歌》，看看他在幽州台上看到了什么，想到了什么。

接下来，李老师通过"齐读、划节奏朗读、译读"等多种朗读方式带领学生把握诗歌文意，继而设问：作为一个现代人，我们登高爬山一般是出于什么目的？

学生能很快联想到散心、锻炼、欣赏风景、瞻仰名胜古迹的生活经验。教师此时再追问：古人又是出于什么目的登高的？为什么在中国诗歌史上，登高类作品特别多？学生联系旧知，结合《九月九日忆山东兄弟》《行军九日思长安故园》作出一番推想：登高是思亲的表现，也可能是为了抒发个人雄心壮志，还可以是为了缅怀古人……到此，李老师继续追问：陈子昂是为了什么呢？他究竟想到了什么，以至于"独怆然而涕下"？学生通过小组讨论，得出"陈子昂是因为无人赏识、孤独寂寞、怀才不遇、在天地之间感慨个人渺小，所以才悲伤痛苦"的结论。为了让学生更加深刻地体悟诗歌背后的情感，李老师再次创设情境，让学生注入个体经验和认知，更好地理解诗人的情绪，并产生共鸣。

李老师的这节课希望用登高感悟这条情感脉络贯穿课堂，找到诗人和学生的情感契合点，从而实现学生对诗人情感的理解和共鸣。

我们使用评价量表对这节课进行了观察。

本节课评价量表

观察点 / 程度 （0：未见；1—5：程度由低到高）		0	1	2	3	4	5	举例/说明
把握文本核心价值	1. 全面细致地解读文本价值。						√	
	2. 教学目标体现了文本核心价值。						√	
	3. 教学目标与基本学情相契合。				√			
	4. 教学问题设计指向教学目标。					√		
激发学生情感体验	5. 挖掘不同体裁文本的内在情感。						√	
	6. 营造有效的教学情境。					√		
	7. 学生在情感体验的基础上理解陌生文本。					√		
	8. 学生在回答问题时能够找到情感共鸣点。				√			
提升学生逻辑思维	9. 课堂问题链设计有完整的逻辑结构。						√	
	10. 课堂主问题能够促进思维聚焦。						√	
	11. 课堂提问和活动设计符合文本内在逻辑。					√		
	12. 课堂体验与实践多元丰富。				√			
培养语言审美能力	13. 采用多种朗读方式。						√	
	14. 关注多种修辞手法。		√					
	15. 通过品析意象感受文本意境。		√					
	16. 在"真"的情感交流状态中培养语感。				√			

通过以上评价量表，我们发现李老师在准确把握文本核心价值的基础上，深入挖掘了文本的情感资源，并通过设计相应的教学情境激发了学生的情感共鸣点。在引导学生理解诗歌文意、探究诗人悲伤落泪原因的教学环节中，李老师通过合理的问题链设计层层深入，促进学生思维聚焦，提升了学生的思维品质。此外，对于诗歌教学，李老师也非常注重培养学生的语言审美能力，在课堂上通过多种朗读方式，引导学生记忆、理解、背诵诗歌。但是李老师在教学过程中放弃了学生对诗歌意境的体验，转而让学生结合自身登高的个人感受体悟诗人情感。这种方式其实割裂了诗歌的意境和情感，对于初中生来说，增加了他们理解诗歌内容和情感的难度。因此，我们在教学设计中，还要关注基本学情，才能在课堂上更好地实现内容价值和过程价值的契合统一。

案例二：统编教材八年级上册第二单元教学设计

北京师范大学厦门海沧附属学校的这份单元教学设计，在整体设计单元教学目标和单元导读课的基础上设计了群文阅读学习活动，并设计了"学写传记"的单元写作实践和《红星照耀中国》的整本书实践。具体设计如下。

● 单元教学目标

单元教学目标设计

	单元教学目标	学习水平
主要目标	1. 积累字词，了解作家生平及代表作品，了解回忆性散文、传记的特点。	了解
	2. 掌握回忆性散文和传记内容真实、事件典型、注重细节等特点，学会运用多种形式的阅读方法。	理解、应用
	3. 学习欲扬先抑的写作方法，尝试把这种写法借鉴运用在学生写作中；体会作品多样的语言风格，对于文中精彩的词句段，有自己的理解并尝试赏析。	理解、应用
次要目标	4. 通过阅读回忆性散文和名家传记，了解作者或传主的人生经历，追寻其思想轨迹，并能从中有所领悟，丰富自己的生活体验。	应用
	5. 阅读传记，了解传记特点，学写传记。	应用

- 单元教学内容安排

单元教学内容安排

课题	课时	课时教学目标	学习水平	落实单元教学目标（写单元教学目标的序号）	教学内容	学生活动
单元导读课	1	1.了解回忆性散文、传记的特点。	了解	1	1.反复朗读、整体感知。（1）勾画文章中人物描写和关于人物评价的句子。（2）反复朗读，初步感知作者的思想感情。 2.议一议：你最喜欢哪一篇课文或片段？小组交流喜欢的理由。	1.学生齐读单元导读，把握单元要点。 2.学生自读课文（限时），利用工具书解决生字词，扫清阅读障碍。 3.再读课文，梳理感知课文内容，小组交流对文章的观感。
		2.反复朗读、整体感知，体会作者的思想感情。	了解	1、5		
藤野先生	2	1.通过分析典型事件，把握藤野先生的形象特点。	理解	2、3	1.学习第37自然段，明确鲁迅对藤野先生的感情与评价。 2.梳理作者与藤野先生交往的几个典型片段，理解藤野先生的形象。 3.梳理作者在日本的经历，理解他的爱国主义思想感情。 4.综合理解：藤野先生的伟大之处。	1.学生复习回忆《朝花夕拾》。 2.了解鲁迅先生到日本留学的经历。 3.画出鲁迅对藤野先生的感情与评价的句子，明确作者的思想感情。 4.梳理作者与藤野先生交往的几个典型片段，以小标题的形式进行概括，提炼藤野先生的品质。 5.梳理作者在日本的经历，理解他的爱国主义思想感情。
		2.学习抓住关键语句，品味文章语言，理解故事内容和人物思想感情。	理解应用	1、2、3		
		3.理解并学习鲁迅先生强烈的爱国主义思想，学习他忧国忧民、以天下为己任的崇高精神。	理解应用	2、3、4		

续表

课题	课时	课时教学目标	学习水平	落实单元教学目标（写单元教学目标的序号）	教学内容	学生活动
回忆我的母亲	2	1.理解文意，概括提炼文中母亲的形象，从作者回忆的具体事例中概括出母亲的品格。	理解	2	1.抓住文章的主线——"勤劳的一生"，感受母亲的形象。2.找出表达作者情感的句子，理解作者对母亲的情感。	1.了解作者。2.概括与母亲有关的事情，提炼母亲的品质。3.理解作者的情感。
		2.理解反复提及的"感谢母亲"，体会蕴藏在字里行间的对母亲的深情。	理解应用	4		
		3.体会文中议论抒情句子的作用。	理解	3		
列夫·托尔斯泰	2	1.把握传主独特的外貌特征，进而探索其精神世界，理解作者的评价。	了解理解	2、3、4	1.整体感知：本文前后对托尔斯泰描写的侧重点有何不同？2.文本细读：课文前半部分对于托尔斯泰的肖像描写，突出了哪两个方面的特点？它们分别对塑造人物形象有何作用？作者为什么要着力描写托尔斯泰的眼睛？	1.了解托尔斯泰。2.按要求阅读课文。3.语言品析。4.讨论。

续 表

课题	课时	课时教学目标	学习水平	落实单元教学目标（写单元教学目标的序号）	教学内容	学生活动
		2.体会细节描写，学习欲扬先抑的写法。	理解运用	3	3.品析语言：（1）比喻、夸张的句子。（2）蕴含深刻含义的句子。4.讨论：课文一方面说托尔斯泰"可以任意支配整个世界及其知识财富"，可见他是幸福的；另一方面，又说他缺少"属于自己的那一份幸福"，这是否矛盾？你认为托尔斯泰究竟是幸福还是不幸？	
		3.品味学习运用比喻、夸张等修辞手法的表达效果。	理解	3		
美丽的颜色	1	1.了解居里夫人工作的环境和提取镭的过程，感受居里夫人的艰辛与快乐，分析居里夫人的性格特点。	理解	2、3	1.说一说居里夫人的故事。2.抓住主要事件，体会居里夫人的品质。3.抓住关键句，体会居里夫人当时的心情。4.自主品析、讨论。	1.说一说居里夫人的故事。2.学生自主学习课文。3.品析讨论。

续 表

课题	课时	课时教学目标	学习水平	落实单元教学目标（写单元教学目标的序号）	教学内容	学生活动
		2.把握本文作为传记的主要特点：体会文中多处引用居里夫人的话的作用。	了解理解	3		
		3.感受居里夫人对科学的热爱之情和孜孜不倦的探索精神。	了解	4		
群文阅读	3	1.阅读文章，增强对课文的理解。	了解应用	1	第一部分：鲁迅的《〈呐喊〉自序》、茨威格的《美丽的坟墓》。第二部分：邹韬奋的《我的母亲》、老舍的《我的母亲》、贾平凹的《回忆我的母亲》、杨绛的《回忆我的母亲》。第三部分：王晓明的《先生传》、艾芙·居里的《居里夫人传》、茨威格的《三大师》，以及林语堂的《苏东坡传》。	1.学生浏览文章，自主思考，勾画、摘抄相关语句。2.小组探究，交流展示，教师点拨。
		2.感受同一题材的不同文本以及作者的情感。	了解应用	1		
		3.体会传记文学的特点。	了解	1		

- 单元活动设计

单元活动具体设计

活动名称	学写传记				
活动目标	1. 自主总结传记的特点，根据自己要记述的对象设计适宜的写作方式。 2. 选择典型的事例来表现人物的个性特点，通过记言述行，展现人物风貌。 3. 通过学写传记，引导学生认识自我，认识他人，思考人生经历，提升人生境界。				
活动类型（选择打"√"）	阅读活动　　√写作活动　　口语交际活动　　综合学习活动				
活动主要过程设计	（活动主要过程包括活动环节、各环节任务、各环节活动组织形式、活动所需资源、教师指导等。） 一、写作环节 （一）片段写作与修改 （二）整篇写作与修改 二、环节任务 （一）片段 1. 摘抄语段：选取摘抄本单元课文中具有特色的语段。 2. 分析语段：对语段中写景的方法技巧进行分析。 3. 情境仿写：仿写中要有特定语境。 （二）整篇 1. 确立选题与选材：选择自己想写的对象。 2. 确定事件：寻找能展现人物个性特点的典型事件。 3. 明确情感：线索明晰，感情富于变化。 三、佳作分享，修改升格 1. 要求每个小组选出一篇认为最佳的文章，按照下面的问题展开交流： （1）事件是否典型，能否展现人物风貌？ （2）文中还有哪些不足，可以做怎样的修改？ 2. 小组成员合作进行全班展示，教师点评。				
活动时空	课内活动（选择打"√"）	√一般课堂活动 □专用教室活动	时间预估（以"分钟"来计）	课内活动	
	课外活动（选择打"√"）	□校外场馆活动 √其他社会实践		课外活动	60分钟
活动成果	学生作文成果展示				

- 名著阅读活动安排

名著阅读活动具体安排

课题	课时	课时教学目标	课时计划	教学内容	学生活动
红星照耀中国	4	1.了解作品的写作顺序和主要内容，体会纪实作品"用事实说话"的基本特征。2.了解中国共产党人和红军战士坚韧不拔、英勇卓绝的伟大斗争，感受他们的革命信仰和长征精神。	第一课时：导读课	1.简介埃德加·斯诺。 2.阅读目录。 （1）了解作品的主要内容及写作思路，激发学生阅读整本书的兴趣； （2）选读报道人物事迹的任意章节，了解人物的故事，初步感受红军的精神。 3.导读设计如下： （1）作者先后报道了哪些红军将领、战士的事迹？请你画出有关这些人物的主要经历及作者的评价的语句，标注最让你感动的故事或细节，批注自己的阅读感受。 （2）苏维埃的政治、经济、工业、教育、文化、生活是怎样的？ （3）共产党认为中国人民的根本问题是什么？党的基本政策、战略是怎样的？ （4）随着采访的深入，作者的情感发生了怎样的变化？为什么？	1.学生自主阅读这篇文章，带着问题，圈点勾画、批注相关语句。 2.小组合作，交流探讨，派代表展示，其余小组补充。
			第二课时：《长征》专题导读。	1.结合原著，画出红军的长征路线图，依次写下红军牺牲的人数、主要故事，了解红军长征的起因、经过、结果。 2.探讨长征胜利的根本原因、意义，理解长征精神的内涵。 3.结合时代背景，理解整本书的主题思想，理解"红星"的象征意义。 4.阅读拓展： （1）搜集、阅读其他关于红军长征故事的资料。 （2）阅读《长征》(作者：王树增)。 （3）阅读《中国共产党人的第一个长征报告》(作者：陈云)。	1.学生自主阅读这篇文章，带着问题，圈点勾画、批注相关语句。 2.小组合作，交流探讨，派代表展示，其余小组补充。

续 表

课题	课时	课时教学目标	课时计划	教学内容	学生活动
			第三课时：举行读书汇报会	学生任选其中一个主题发言。 1. 领袖人物和红军将领的革命之路； 2. 关于长征； 3. 信仰与精神。	小组合作，交流探讨，派代表展示，其余小组补充。
			第四课时：读后感写作指导	1. 指导学生选择自己感受最深的、最有话可说的一个点，可以是红军中的一个人、一个故事，或者战争与生活的一个场景，或者共产党的战略、战术，作为读后感的切入点； 2. 确定读后感的中心，画出思维导图或写作提纲； 3. 当堂写出自己感受最深的那个片段，扩充成篇。	小组合作，交流探讨，派代表展示。

附：每周安排一节阅读课，4周时间完成整本书的阅读。

● 单元作业设计

1. 单元作业目标。

单元作业目标设计

单元作业目标	学习水平	落实单元教学目标 （写单元教学目标的序号）
加强语言的积累与运用	识记	
把握人物形象	理解、应用	
理解作者的情感	理解、应用	

2. 校本作业示例：

《藤野先生》

作业1：

（1）给下列词语中加点字注音或者根据拼音写出词语。

抑扬顿挫（　　）　　深恶（　　）痛疾　　畸（　　）形

匿（　　）名　　　　教 huì（　　）　　　　jié（　　）责

yǎo（　　）无消息　　　油光可 jiàn（　　）

（2）用所学的成语填空。

每当夜间疲倦，正想偷懒时，仰面在灯光中瞥见他黑瘦的面貌，似乎正要说出①的话来，便使我忽又良心发现，而且增加勇气了，于是点上一支烟，再继续写些为"②"之流所③的文字。①_____ ②_____ ③_____

作业目标1

作业目标	语言的积累与运用
学习水平	识记
预估难度	易
预估时间	3分钟

作业2：

【事件概括】

本文记述了藤野先生与"我"交往中的四件事分别是什么，请用小标题概括出来，并说说它们分别表现了藤野先生怎样的品质。

（1）_____，表现了藤野先生_____。

（2）_____，表现了藤野先生_____。

（3）_____，表现了藤野先生_____。

（4）_____，表现了藤野先生_____。

作业目标2

作业目标	通过典型事件，理解人物形象
学习水平	理解
预估难度	中
预估时间	5分钟

作业3：

【人物探究】

文中写道："他的性格，在我的眼里和心里是伟大的，虽然他的名字并不为许多人所知道。"藤野先生的"伟大"体现在哪里？请结合文本谈谈看法。（写成300字以上的小文章）

作业目标3

作业目标	理解分析人物形象，理解作者的情感
学习水平	理解、应用
预估难度	难
预估时间	20分钟

我们运用评价量表对该单元的教学设计进行了评价。

评价量表

	观察点／程度 （0：未见；1—5：程度由低到高）							举例／说明
		0	1	2	3	4	5	
实现整体建构	1. 关注文本个性与单元共性的关系。					√		
	2. 关注教材各内容之间的建构性。					√		
	3. 关注课与课之间、课内与课外、前课／中课／后课的联系性。				√			
	4. 有专题式阅读探究活动。						√	
注重实践学习	5. 实践学习与单元目标设计相吻合。						√	
	6. 实践学习与社会热点相契合。			√				
	7. 实践学习有利于提升课外阅读能力。					√		
	8. 实践学习有利于提升写作能力。					√		

续表

	观察点/程度 （0：未见；1—5：程度由低到高）						举例/ 说明
提升作业品质	9. 单元目标、课文目标与作业目标相一致。					√	
	10. 单向度作业与多向度综合作业分配合理。				√		
	11. 作业的目标分类与难度结构达标。						
	12. 单元阅读作业和写作作业设计合理。					√	

依据观察量表的标准审视这份单元教学设计，你会发现这份设计在实现单元整体建构、注重实践学习和提升作业品质方面较好地体现了"整体教学"思想。本单元教学设计关注到了单元目标与单篇教学的关系以及教材各内容之间的建构性。此外，编者具有整本书阅读意识，在设计单篇教学时，还设计了群文阅读实践学习活动和名著专题式阅读实践学习活动。在提升写作能力方面，编者还精心设计了"学写传记"的写作练习，在阅读、写作与综合学习之间构建一个有机整体。在提升作业品质方面，单元作业设计更加关注基础知识的理解与运用，但针对不同层次的学生，本单元作业的目标分类与难度结构还须进一步细化与完善，从而体现出单向度作业与多向度综合作业的差异性。

第三节　课堂教学评价促进教学改进

课堂教学评价并非简单地对一节课进行评判，其真正的意义在于借助这个诊断促进课堂教学行为的改进。课堂教学评价的关键在于对收集到的课堂现象加以分析，深入挖掘课堂行为背后的根源，针对这些根源，教师对教学活动进行改进。指向教学改进的课堂评价体现了工作室成员对于有效课堂的不懈追求，其意义主要表现在三个方面：优化课堂教学、促进教师发展和推动团队进步。

一、优化课堂教学

课堂教学评价追求教学改进，能够引导教师优化课堂教学行为，使教学目标更加准确地呈现文本的核心价值，教学内容更好地适应学生的需要并促进学生成长。另外，课堂教学不仅是教师教的过程，也是学生学的过程，当课堂教学评价关注课堂教学的过程价值时，过程价值实现的路径能够得到最大限度的重视和关注。这也是课堂教学评价能够优化课堂教学的具体表现。下面将呈现工作室成员的案例加以具体阐释。

（一）课堂教学评价能够推动教学目标的再确立

以《庆祝奥林匹克运动复兴25周年》为例，在磨课阶段，执教教师呈现的教学目标如下。

1.认识奥林匹克精神的实质和它承担的角色意义；

2.通过缩句、整理句间关系等方法理解难句；

3.体会顾拜旦严谨、理性的语言风格。

因为教学目标是教师对文本核心价值的静态化呈现，评价教学目标就要回归到文本的核心价值上。于是，针对本次上课内容，孙宗良老师围绕着教学目标折射的文本核心价值提出了自己的看法。

如何确立文本的价值？一指向文本，这是显性价值；二指向学生，这是隐性价值。如何确立文本的核心价值？第一，要尊重文本的独特个性。知识有三个层次，但是第一层次是固化的，第二层次是类化的，第三层次是文本的独特个性。这第三点才是最值得教授的。第二，要明确学生的已知和未知。已知是学生自己阅读文本就能获得的。语文的重要任务，是要让学生的感情丰富起来，心灵柔软起来。关注学生的已知和未知，不能只从理性的角度，还要从情感的角度。课堂要尽少重复学生的已知，让学生有兴趣，体悟此前没有体悟到的东西。要让学生自己去体悟，这样会有更大的成就感。学生和文本之间，要找到一个契合点，这即是文本的核心价值。从这个角度来看，此篇的文本核心价值就在于追寻学生对这个文本的未知。

这样看来，《庆祝奥林匹克运动复兴25周年》这篇演讲词的文本独特性还要从它能够打动观众的原因上去挖掘。此篇打动观众的原因在于，作者对于奥林匹克认识观念的合理性和前沿性。顾拜旦是现代奥林匹克运动创始人，不只是因为他在奥林匹克运动中的组织行为，还因为他有理论和思想的高度。从这篇文章中可以看出他对现代奥林匹克精神的重新构建。

发现文本独特性之后，我们要尤其关注学生和这篇文本的距离。学生的未知主要来自以下几个方面。

1. 体育背后为什么是自信和平和？我们通常认为体育的本质在于强身健体或者竞争，这个从现代奥运会的口号"更快更高更强"可见一斑。为什么自信、平和是体育的本质？这无法用概念来解释，要用具体的例证阐述、感受。比如，人会因为帮助摔倒的对手，放弃唾手可得的第一名，从而获得一种愉悦、成就感；再比如人在比赛的过程中，对舒展而健美的身体等美好东西的追求超过了冠军、亚军。

2. 奥林匹克运动对当时的社会有什么价值？奥林匹克运动的复兴对人类精神世界、价值系统的重构具有价值。

3. 以自信、平和为本质的奥林匹克运动为什么对社会重构具有重要意义？

首先，战争结束了，大众不再需要被敌对情绪煽动来获取战场上的胜利，可以放下针锋相对的态度和恐惧的心理，自信、平和地来迎接久违的和平。

其次，被束缚的青少年更是需要以平和的心态从失衡的状态中调整过来，不再只是眼盯着进步，追求胜利，而是要以自信的态度表达自我，用平和的心态来享受参与的过程，获得全面发展。

同时，这将是一个毁灭后等待重建的全新世界。大众如果共同参与，怀抱自信，更容易发现全新世界中的机遇，怀揣平和的心态时将有助于大众突破困难。

4.现代奥林匹克到底要创造什么价值观？顾拜旦希望创造一种以自信、平和为基石的价值观，用自信的态度来追求成功，以平和的心态享受这个过程。

通过这次评课，执教老师重新确认了此篇文本的核心价值。首先，《庆祝奥林匹克运动复兴 25 周年》是一篇演讲词。演讲词中传递了演讲者的思想、观点、感悟、情感……这篇演讲词的独特性就在于顾拜旦提出了新的奥林匹克精神。从这点来看，原设计中的"认识奥林匹克精神的实质"与文本的核心价值是相符的，所以在新设计中予以保留。其次，确认了此篇演讲词的文本独特性后，随之而来的便是一个疑问，即顾拜旦为什么要提出新的奥林匹克精神？由这点出发，新的教学目标应该与顾拜旦的演讲意图有关。想要理解顾拜旦演讲的意图，则需要厘清这篇演讲词的思路。这样看来，原教学目标中的"通过缩句、整理句间关系等方法理解难句"只是帮助学生厘清文本思路的一种方法，需要调整。最后，理想的课堂教学目标应该符合学生的成长需求。比起"体会顾拜旦严谨、理性的语言风格"，更应该关注的是学生精神层面的成长，于是教师将第三个教学目标最终确定为"感受自信、平和的力量"。就这样，在评课教师的引导下，执教教师整理出了新的教学目标。

1. 了解奥林匹克精神的内涵和核心；
2. 厘清该演讲词的思路，理解顾拜旦演讲的意图；
3. 感受自信、平和的力量。

（二）课堂教学评价有助于优化教学内容选择

林童老师在初备《背影》这一篇课文时，把"分析把握父亲与'我'之间情感的复杂表达，理解父子之间情感的错位与隔膜"作为教学目标之一。以此节课为例，我们看看工作室老师是如何借助课堂教学评价帮助林童老师优化教学内容选择的。

为了让学生了解朱自清父子之间充满隔膜的爱，林老师设计了以下几个小问题。

1. 作者看到父亲为自己买橘子的背影，那一刻他应该是相当动容的。如果是你们，在这时候会怎么做？
2. 作者是怎么做的？这说明了什么？
3. 父子俩的这种隔阂到他写《背影》之前仍然存在吗？
4. 联系王君老师《生之苦痛与爱之艰难——〈背影〉再读》的部分内容，思考为什么会存在这样的隔阂？

资料：

1915年，朱自清父亲包办朱自清婚姻，朱自清有怨言。父子生隙。

1916年，朱自清上北大后自作主张改"朱自华"为"朱自清"，父亲很生气。

1917年，父亲失业，祖母去世，家庭经济陷入困顿。朱自清二弟几乎失学。《背影》的故事就发生在这一年。

1921年，朱自清北大毕业后参加工作，父亲为了缓解家庭经济紧张私自扣留了朱自清工资。父子发生剧烈矛盾。朱自清离家出走。

1922年，朱自清带儿子回家，父亲不准他进门，只能恨然离开。

1922年，朱自清再次回家，父亲不搭理他。父子开始长达多年的冷战。

1925年，朱自清父亲写信给儿子：大约大去之期不远矣。朱自清在泪水中完成了《背影》。

1928年，朱自清父亲读到《背影》。父子冷战解冻。

1945年，朱自清父亲去世。

——王君《生之苦痛与爱之艰难——〈背影〉再读》

5. 从1915年到1928年，这十几年漫长的时间里，父子之间的情感战争一直在反复拉扯，但爱也一直存在。多年之后，作者在经历了如此种种（屏显资料）后，对于父亲又有怎样的认识？

资料：

1917年　考入北京大学哲学系

1918 年　长子朱迈先出生

1919 年　五四爱国运动（展露诗坛）

1920 年　毕业，任职中学

1925 年　清华大学中文系教授，次子朱闰生出生

6. 作者写这篇文章的时候是 28 岁，他从拒绝父亲，接受父亲，最终走到懂得父亲。现在的你处于哪个阶段？学完这篇文章，你对于父亲又有什么样的理解？请将你的感受与感悟写下来。

听课教师从教学内容的选择这一方面入手，结合文本解读内容和上课具体情况给予了评价。

第 4 个问题所涵盖的内容已经超出了学生当前的理解范围。首先是时代认知上的隔阂，学生从现代价值观出发，无法理解包办婚姻、父亲代扣工资给朱自清带来的伤害。其次是复杂信息的干扰，背景资料跨越时间较长，反而增加了学生的阅读障碍，对理解父子之间情感的隔膜有一定的帮助，但也干扰了学生思维的一贯性。其实，从文章中"近两年来，他终是忘了我的不好"一句就可以推断出父子之间这些年来的情形，此环节可以不作展开。

林童老师重新审视了自己的教学内容，根据教学环节的衔接和学生的接受程度进行取舍，删去"分析把握父亲与'我'之间情感的复杂表达，理解父子之间情感的错位与隔膜"这一教学目标，而将教学重点落在"感知父亲的形象，体会父子之情的含蓄和血脉亲情的力量"上。更改后的教学片段如下。

师：作者终于为父亲所做的一切而感动，此时他做了什么和之前不同的举动？

生：赶紧去搀他。

师：赶紧去搀他，请把"搀"字圈画起来。还有呢？

生：望着他。

生：不仅目送他走出去，而且后面说找不着才停止，说明他一直在人群

里找父亲的背影。

师：很好。大家看，作者作为儿子又是搀，又是望，又是找，但是他的感动就不——

生：不说。

师：不说出来，说明儿子此时对父亲的这种爱也是无言的、含蓄的。这种含蓄不仅存在于这对父子之间，其实还存在于中国大部分的父子关系中。

师：恰恰是这种含蓄，也使得父子之间互相理解的过程变得更加漫长。作者当时的不耐烦也好，感动也好，并没有立刻写下来。直到八年之后，作者才写下了这篇《背影》。请大家一起来看一看，八年之后，在写这篇文章时，作者对父亲又有什么新的感受呢？

生：从"他触目伤怀，自然情不能自已"和"情郁于中，自然要发之外"两句中的"自然"可以看出来他现在开始懂得理解父亲了。

师：两个"自然"表现了对父亲的理解，请把这两个"自然"圈画起来。此时作者理解了父亲的什么？

生：父亲的坏脾气。

师：朱自清在八年之后才变成了这样，那八年之间他的哪些经历（屏显），促使他有这种转变？

屏显资料：

1917年　考入北京大学哲学系

1918年　长子朱迈先出生

1919年　五四爱国运动（展露诗坛）

1920年　毕业，任职中学

1925年　清华大学中文系教授，次子朱闰生出生

生：变成了父亲。

师：他自己变成了一个父亲，也就是家庭的顶梁柱。现在，我们一起来看看第七自然段的开头："近几年来，父亲和我都是东奔西走，家中光景是一日不如一日。他少年出外谋生，独立支持，做了许多大事。哪知老境却如

此颓唐!"他这时候是从父亲的哪些方面来考量的?

生:父亲的经历。

生:家中的处境。

师:前半节课,我们曾推断出父亲背负的巨大压力和身处的艰难处境,此时作者再以一个父亲的身份去考量他父亲的经历和处境时,他可以设身处地地为父亲着想,贴近父亲的想法,才能包容父亲的坏脾气,理解他艰难的处境。

师:朱自清对父亲的情感变化,从不耐烦到感动再到理解,历经八年的时间。解读父亲,可能是一生要完成的课题。

(三)课堂教学评价能够帮助教师明晰教学路径,更好地呈现课堂过程

例如《昆明的雨》,章倩文老师一开始教授这篇文章时,呈现了如下的教学环节。

1. 导入:以昆明独有的事物引出《昆明的雨》。

2. 初识昆明雨季:离开昆明四十年,说起昆明的雨季,汪曾祺十分想念昆明的雨。他还想念昆明的什么?

3. 品味昆明雨季中的趣味、情味:在他所写的物、人当中,找出你印象最深的、最感兴趣的、觉得最有意思的一个景物和一个人,批注并品读。

4. 体会汪曾祺的独有韵味:

(1)大家想象一下,汪曾祺当时在昆明的生活是什么样的?真实情况是这样吗?请结合文章的写作日期以及第7自然段对于西南联大的描述,说一说汪曾祺当时的生活境况。

(2)对比当时汪曾祺的处境以及他所写的文字,大家会发现汪曾祺的文章有什么特点?

在听课教师看来,这堂课第三环节的设置内容并不理想,和前后环节存在逻辑断裂的地方,未能实现良好的课堂逻辑建构。同时,在这堂课的品读

环节，教师想要调动学生的情感体验，但是在实际操作中却用理性分析替代了学生的情感体验。如品读房东送花的片段时，教师使用了追问的方式，问题包括"为什么给各家送花？可以看出房东对花是什么态度？一般怕被摘会怎么做？可以看出房东一家有什么特点？"等。虽然学生在追问之中也能得出"房东惜花、爱花，生活充满诗意。房东没有严令制止，反而送花给人，善良质朴"的结论，但这个结论是通过分析得来的。

针对听课教师提出的第一个问题，章倩文老师重新梳理出本节课的教学思路，完成了新的课堂逻辑建构。

——汪曾祺离开昆明四十年，他对昆明有什么样的感情？（想念）

——既然想念昆明的雨，为何不写雨，反而写了许多雨季中的景物、人？（是想借助昆明雨季中的这些景物和人呈现昆明的独特生活。）

——昆明雨季的生活是什么样的？（平淡的、真实的、温暖的）

——置身其中，人会拥有一种怎样的心境？这种心境集中体现在雨中午后的酒馆小酌片段，品读片段，感受汪曾祺的心境。（闲适的、悠然的、宁静的）

——小结：汪曾祺想念的不只是昆明的雨，更有昆明独特的生活，还有对于那段生活经历的感悟。

——那段生活到底给人带来什么样的感悟，让汪曾祺和他的朋友宁坤念念不忘？

——那段生活是怎么样的？出示一句话背景介绍：1944年抗日战争。（战火纷飞：人本该是恐惧不安、惶惶不可终日的。）

——可西南联大当时的学生是如何表现的？出示《无问西东》西南联大学生在炮火声中听雨的片段。（恬淡的、关注生活的、欣赏生活的美）

——为什么包括汪曾祺在内的西南联大学子能够这样表现？（生活里永远都充满了美感，他们热爱生活，选择看向生活中的美好。）

同时，章老师充分运用情感体验的路径，选择了想象、对比、角色扮演等方式，如对比赛场里的斗鸡和酒店里的鸡的形态，感受小酒店里宁静、悠然的氛围等,取得很好的教学效果。

二、促进教师的发展

在有效课堂评价标准下的评课,对于执教教师而言,能够在评课中发现自己教学过程中的优势以及存在的问题,并能够针对性地解决问题,通过思考和研讨,不断修改,从而提高执教能力。

比如《桥之美》这一课,毛佳玲老师呈现了如下教学过程。

1. 展示与桥有关的古诗文语句,请学生为这些句子配上插图;
2. 引入《桥之美》,通过寻找表现作者爱桥原因的句子,整理文章段落与爱桥原因关键句的关系,厘清文章思路并且品味语言;
3. 借最后一段,思考桥之美的实质。

评课教师认为,从课堂教学过程来看,授课教师想教的内容与实际在教的内容保持了一致性,教学内容相对集中,可以说授课教师达成了自己的教学目标,即引导学生理解"什么是桥之美"。但是美中不足的是,选择的教学点和文本核心价值之间存在一些偏差。这篇《桥之美》的亮点不仅在于"什么是桥之美",更在于作者对桥之美的呈现。对于评课教师的点评,授课教师表示认同,并在教学反思当中再次思考了这个问题。

在教学设计上,与上一次公开课《木兰诗》相比,这次公开课满足了目标明确和环节清晰的基本要求,还有所提升:一是目标的落实程度有所提升,二是对小结给予了足够的重视。而主要的不足之处则有两点,其中孙老师指出的涉及教学点选择的问题,我觉得是迫切需要重视和谨慎思考的。孙老师指出我在课堂上一直都致力于引导学生理解"什么是桥之美",其根源在于"什么是桥之美"这一问题既是我原本确定了的教学设计的出发点,或者说是我读完这篇课文之后着手备课的思维起点,也是贯穿在我整堂课的中轴线。孙老师认为,更重要的是应该引导学生认识到作者是如何呈现"桥之美"的。也就是说,作为语文课,应该关注语言本身,即作者怎样调动一字一句，用了怎样的方法将其组织起来，去说明"桥之美"。这再一次提醒了我，让我想到俞发亮老师在一次讲座上提及的，语文课要上出语文味，不要为别的科目打工之类的话。语文课要有"语文味"，这样的观点并不新鲜。但是这一次的公开课让我认识到，知道这一点和在具体的备课、教学过程中真正做到，时时注意，并争取更好落实，是需要付出更多的耐心和更深入的思考的。第二点不足则是对于课堂练笔的设计，无论是我自己，还是评课教师，都明显能察觉到仿写所放的位置比较突兀，若放在课堂的最后可能更加合适。

从授课教师的反思中不难看出，课堂教学评价能够帮助授课教师回顾自己的教学内容和教学过程，使教师审视自己想教的、该教的、所教的和学生想学的、要学的、所学的之间的关联，关注语文专业研究方面的问题，提高教师专业水平。

更重要的是，有效课堂评价标准是基于当前语文教学变革而整理制定的，这个标准下的评课不但从教学手段和方法上帮助授课教师，更能够从教育理念上引领教师梳理自己对语文学科、课堂教学的理解。

步根海老师在上示范课《老王》时，向学生提出的主要问题如下。

1.作者的写作目的是为了表达一个幸运的人对不幸者的愧怍，请问文章是否一开始就写出了作者杨绛的愧怍之情？

2.老王是一个怎样的不幸者？

3.老王是一个怎样的善良者？

4."我"和老王的关系如何？

5."我"对老王是否有足够的关心？

孙宗良老师围绕《老王》这节课的逻辑建构点评了步根海老师的这节课。

步老师通过自己的课堂，传递了一些深层的关于语文学习的思考，比如课堂逻辑建构。今天的课堂从"愧怍"两字开始，这是课堂的起点。同时，这节课从头到尾始终紧扣着"愧怍",它也是课堂的终点。我们在课堂开始的时候,常提的问题是"老王是一个怎样的人",这就没有了逻辑的层次,只是简单的概括和归纳,对学生思维无法起到线性推进的作用。而步老师则完成了一个课堂的逻辑建构。步老师先提出"愧怍",给了学生思考方向。接着提问"他是一个怎样的不幸者",这个问题比起"老王是一个怎样的人"来说,为下面"老王是一个善良者"做了铺垫。同时,仅仅意识到"不幸者"和"善良者",学生仍然无法理解"愧怍"。在这个过程中,学生不断地产生着思维冲突。步老师把这几个思维冲突累积起来,再回到文章开头引导学生思考。然后,他引导学生得出一个观点:"我"对老王的优越感。再来分析哪些是显得多余的话,并让学生从这些话中进一步体会"我"对老王的优越感。接下来,有学生说出了"老王实际上没有得到自己想要的东西"这样的观点。分析完这些观点之后,步老师再带学生理解作者由"不安"到"愧怍"的心理。接下来,对作者的反思的理解就顺理成章了。这就是课堂的思维逻辑,而每个环节都是逻辑过程中的必要环节。

要形成这样的课堂逻辑,不仅需要教师对学生思维进行建构,也要让学生在这一过程中建立起完整的思维。建立思维逻辑的过程,无论是信息采集、处理,还是引发学生思考,都要基于文本的语言。

听完孙宗良老师的评课之后,步根海老师进一步介绍了自己本次课背后的思考。然后,他从学生逻辑能力这点出发,向听课老师们阐述了一些自己对于初中语文教学的想法。

语文需要培养学生的逻辑能力,而这种能力从语言感觉而来。我认为初中阶段对语言的理解,主要包含对信息的提取、整合、阐释。在备课的时候,我们需要明确学生哪些读得懂,哪些不懂。而课堂中最重要的是在学生看似读懂实则不懂的地方进行讲解。语言是有两个层面的,表面是信息,背后是思想,而学生能够理解的就是显性层面的东西,不懂的是隐性层面的东西。我愿意把它称为反常的语言现象。当引导学生关注语言的反常处时,就不再只把理解文章内容作为语文课堂的出发点,更是让学生理解文章的语言形式是什么，透过语言背后的文化是什么。比如《背影》中有对父亲背影的具体描写，其实在前文叙述过程中，已经有了背影的形象，但是作者没有察觉。当父亲在和脚夫讲价、嘱托茶房时，背影在哪里？实际上，通过作者认为"自己当时实在是太聪明了"这样的语言，我们已经能够发现作者在叙述背后的背影形象了。再比如《老王》，叙述描写老王这样一个不幸者、善良者，固然是为了表达作者的愧怍之情。但不仅是这样，更重要的是，通过这种愧怍，作者在反思自己的行为。作者认识到自己应该给予老王这样的不幸者不只是物质上的帮助，还要有心灵上的关怀。而且，从社会的角度来说，当时除了杨绛一家，还有谁关心老王？并没有。事业上没有人帮助老王，生活上也没有人关心他。老王无论是生理还是心理都得不到关心。所以，《老王》不只是简单抒发了作者对老王的愧怍，也不只是呈现了作者的一个认识、思考的过程，它更是在提醒社会去思考，怎样来对待生活在社会最底层的劳动者。在平静的叙述下，其实掩藏着作者不平静的情感态度。

课堂教学评价的关注点不再局限于具体教学方法的使用、执教者的教态和教学语言，而是基于当前语文学科的特点、语文教学的理念进行思考。本次评课便是从语文学科的思辨维度出发的，认为本节课聚焦于思辨，通过激发思辨，学生向下可以得到更好的认知，又向上进入文化层面。这样的课堂教学评价会激发执教者重新审视自己的课堂，进一步思考思维逻辑建构的基础。这比一般意义上的评课更深入了一层，展现了执教者对课堂教学的宏观把握。

三、推动团队进步

课堂教学评价标准的确立，有助于工作室教师形成共同的语文教学观，统一对语文教学的认识，每一次研讨活动都聚焦课堂上现实而具体的问题作出合理的诊断与分析，促进团队教师水平的整体提升。

以《小石潭记》的课堂研讨活动为例，本次课堂教学评价以学生在课堂上的获得为主，观察学生知识、能力、精神三方面的成长。

一开始，执教教师预设的教学环节如下。

1. 介绍柳宗元和永州八记，引出《小石潭记》。
2. 齐读一遍，正字音。再齐读一遍，正节奏。
3. 提问：文章围绕小石潭写了哪些内容？请概括每段的内容。
4. 提问：小石潭的景物有什么特点？请结合文章中的写景句来品析。
5. 提问：坐在如此凄美、清幽的小石潭边上，作者有什么感受？
6. 提问：为什么前面提到"心乐之"？
7. 结合背景思考：文人游览山水时的情感和景物之间的关系是什么样的？

听课教师结合课堂环节和学生的课堂所得对本节课进行了评价。在上述流程中，导入环节介绍柳宗元和他的代表作品，让学生对柳宗元有一定的了解，以便积累文学常识；第二个环节纠正字音、划分句子节奏，能够让学生积累语言知识；接下来，让学生把握文章大意，是为了训练学生的概括能力，这样在课堂上学生才能进入赏析景物特点的环节；通过欣赏写景句，教师试图引导学生关注文本的语言特色，激发学生语言鉴赏的兴趣，同时也帮助学生建立景物和柳宗元情感之间可能的关系；再分析柳宗元的情感，引导学生理解柳宗元的内心。文学常识的积累、文本内容的归纳、语言特色的鉴赏、景物的赏析、人物形象的分析，前五个环节的设计都围绕教材内容展开，指向的是学生知识的积累以及简单概括能力的训练，但却忽略了对学生逻辑、文化判断能力的培养。课堂上的最后一个环节虽然想要拉近学生和古代士人之间的距离，让学生能够领会古代士人的生命状态和理想，但是因为前面的环节未能建构良好的思维过程，最后一个环节如空中楼阁，过于突兀。

在评课过程中，听课教师剖析了学生课堂收获方面的缺失，同时也给出了一些建议。

在李燕玲老师看来，课堂首先要确定学生最应该得到什么。比如，本节课中，学生可以感受柳宗元怀抱理想意志实现的渴望却惨遭生命不可承受之痛的悲切。当然，想要了解古代士人柳宗元的内心世界，最需要关注的是《小石潭记》中景与情的关系。

同为永贞革新失败的逐臣，命运加诸柳宗元身上的打击似乎远比其他人更沉重——母亲病亡、妻子过世、未有子息、身染疟疾，被贬永州的岁月更是他人生中最痛苦的日子，孤苦伶仃，无事可为，而他又不像刘禹锡那般有着对盛衰变化的通达看法，困顿之中，内心的压抑、苦楚可想而知。他唯一能做的就是偶尔出去游山玩水，排遣忧伤。但是，因为他的痛苦实在太深重，他在永州所写诗文均有一个特点：表面的超脱冷静掩饰不了内心的孤寂、苦闷，景物呈现的亮色掩盖不住幽暗、悲凉的忧伤底色。《小石潭记》也是如此。

李燕玲老师认为在《小石潭记》中，情决定了景。因为柳宗元对小石潭的发现，不是无心之举，而是有意寻找。由"从小丘西行百二十步"一句可知，柳宗元是在刻意寻找排遣忧伤的办法。他对小石潭充满期待，渴望能从中找到希望、发现惊喜，来祛除自己内心淤积了太久的痛苦。

在李燕玲老师的启发下，张福超老师由文本过渡到课堂，阐发了构建学生思维逻辑链的想法。他认为想要将《小石潭记》景与情的关系转化为课堂上学生的思维链，势必要重构文本，找出文本的思维逻辑。

《小石潭记》的开头暗示了柳宗元寻找山水排忧抒怀。而且，永州山水没有让柳宗元失望，清灵的水声激起了柳宗元的兴奋。柳宗元调动了各种感官去感触小石潭中的奇石、清水、密林、游鱼。在这清幽的小巧美景中，柳宗元感触到美的愉悦。但从"坐潭上"开始，柳宗元的悲伤又占据上风，最终无法从山水中得到解脱，因为解脱太难。一方面，环境触及人的伤心处，鱼儿自在悠游，而自己不得自由；小石潭美丽却幽僻无人造访，自己也被弃置在边远之地；竹树环合，自己内心也凄冷孤独……另一方面，自身遭遇实在令人心悲。自己背负着家人深厚的期望，却未能重振家风，出息子息；21

岁中进士，本以为前程似锦，却接连遭贬；怀抱立德立功之心，参加永贞革新，却被弃至永州，志不得行。

当文本的思维逻辑转化为课堂上的问题链时，学生获得的不再只是概念化、归纳概括的知识，而是一个完整的思维链条，提高了自己的思维能力。

授课教师在听完评课教师的想法后，从学生的课堂获得角度出发，重新梳理了自己的教学设计，将推动学生的品格培养和精神成长作为课堂最重要的指向，决定结合古代文人的价值追求，让学生理解柳宗元的痛苦与挣扎。并且，在课堂上，注重培养学生思维，通过品景悟情，感受作者的情感变化，进而探求变化的原因。具体的修改如下。

1. 题目中的"记"指什么？
2. 结合背景思考：作者为什么要去小石潭？
3. 作者游览小石潭，是否得到了解脱？
（1）我们先品一品文章的1—3自然段，读一读作者所写的景，感受其中的情，在品景悟情中碰触他当时的想法。
（2）小石潭其实谈不上精致，那么作者为何觉得它如此美丽？
4. 作者真的得到解脱了吗？你从哪里读出来了？
5. 作者为何努力地寄情山水，努力地寻求解脱，却始终不能得到解脱呢？
（1）再次结合背景，联系柳宗元与友人的交流。
（2）联系中国古代文人的普遍价值追求。
6. 既然作者是无法从悲伤沉重中解脱出来的，那为什么全文花费大量笔墨去描写"乐"，而写到自己的"悲"时却只是寥寥几笔呢？

从上课教师的调整来看，当课堂教学评价广泛运用于工作室内部的教学研讨时，团队成员间会不断产生思维碰撞，大家相互启发，聚沙成塔，好课的形态得以逐渐显现，同时也督促着团队的每一位成员不断改进自己的课堂教学，追求理想的语文课堂。

不仅如此，课堂教学评价还带动团队后续的深入教研。如 2016 年 12 月的研讨活动，李桂林老师和游颜榕老师同课异构了《我的叔叔于勒》一课，呈现出两个风情迥异的课堂教学形态。

这次评课主要围绕课堂教学的实施路径展开，在场的听课教师分为 4 组，其中第 2 组的听课教师认为游老师更注重冷静的评价思考，李老师更注重体验与感受。第 3 组的听课教师针对李老师的"体验、感受"说出了自己的具体分析。在他们看来，李老师的课堂展现了促成学生情感体验的一个好的策略，那就是角色转换。通常上课的时候，教师提出来的问题可能是：你会对菲利普夫妇说什么？或对若瑟夫说什么？而李老师提出来的问题是：如果你是菲利普夫妇，你会认于勒吗？如果你是若瑟夫，你会认为父母是可鄙的吗？让学生置身这个角色去思考，这样的思考会更深刻、真实。李老师讲课的落脚点在于角色的转换、角色的代入；在于理解人物的角色、做法；在于理解，而不是我们平时用到的对于人物的批判。

在这次评课过程中，团队成员发言思考的成分明显增多，而且步步深入。不仅如此，在这次评课结束后，团队成员在各自的教研组还掀起了新的教研浪潮。工作室成员古勋燕老师由这次评课先反思了自己关于《我的叔叔于勒》的日常教学，同时将反思成果推广到其他小说的教学上。她在之后教小说的时候，有意识地尝试着让学生能够更好地走近小说的人物，去感受这个人物的喜怒哀乐。也就是李桂林老师给自己评课时所说的，回到人物生命的起点。比如在上《智取生辰纲》的时候，教师不再满足于分析杨志的性格特点以及探究其失败的原因，而是花了不少时间去讲押送生辰纲之前的杨志，让学生回到杨志生命的起点，然后去感受这样一个有身份、有理想、有才能的优秀青年抓住生命中的最后一根救命稻草去证明自己，实现自己梦想时的心路历程，去感受他所有安排的动机以及一路上的紧张与失常，然后再去感受最后被逼落草的无奈。在古勋燕老师看来，这比学生记住杨志是一个细心谨慎、精明能干、脾气暴躁、急功近利、刚愎自用的人要好得多。她深深地感慨，分析之外，还有感受。在小说教学中，她想尽可能地带学生去感受别样的生命。

因工作室成员的带领，北师大厦门海沧附属学校的其他语文教师也参与了关于小说教学的讨论。张福超老师回忆，评课回来之后，他和熊传凤老师、古勋燕老师又讨论了几篇小说和几个作家。比如，《范进中举》的作者吴敬梓在《儒林外史》中极端冷酷地讽刺了科举制度，对科举制度下的人物是不带有任何同情和怜悯的，这也说明吴敬梓是极端痛恨科举的。契诃夫和吴敬梓有相同之处，也是不带同情的讽刺，不留情面，对切尔维亚科夫是如此，对奥丘梅洛夫也是如此，对别里科夫也是如此。但是在对作品中人物的情感态度上，莫泊桑显得宽厚得多，对菲利普夫妇虽有批判与讽刺，但是也有很多的同情与怜悯。他认识到他们都是社会大潮中的一条小鱼而已，对菲利普夫妇如此，对玛蒂尔德也是如此。最后，张福超老师总结了他们的讨论成果。

何谓作家的个性？是指作家的性格，还是指作家的写作风格？我想，应该是作家看待外部世界及看待自己而内化到自身并经自己的心灵和思想进行加工之后外化出来的文学观吧。

作家的风格也许和国家的社会环境有关，如契诃夫生活的俄国和莫泊桑生活的法国。俄国有很强的专制传统，社会气氛更加紧张，令人窒息。但是在此之下，不少作家怀有浓厚的"沙皇情结"，对这种专制体制有些近乎病态的"斯德哥尔摩病症"。正因为如此，俄国社会也弥漫着一种"尖锐的玩笑"气氛，人们表面上对领导、对沙皇、对专制体制俯首帖耳，实际上则是默默地不屑和不耻，以致陷入一种犬儒的状态。在这种环境下成长起来的契诃夫则是对窒息的专制社会环境异常敏感，所以能把生活中的现象信手拈来，并且不断地加以嘲讽。

但是法国社会有所不同，经过启蒙思想和法国大革命的洗礼，从先驱者到民间再到国家，理性和博爱的价值观已经深入人心，所以即使有专制也不会持续太久。所以，莫泊桑会比契诃夫饱含更多的慈悲之心。更重要的是，在莫泊桑生活的年代，资本主义趋势下的价值观成为大潮，尤其是对金钱的追逐更是不择手段。在此情况下，每个人都可能是可怜之人。

还有就是在作家写作中的情感流露上,也是值得思考的。比如马尔克斯的《礼拜二午睡时刻》、托尔斯泰的《太贵了》、海明威的《白象似的群山》等,都极少流露出作者的情感态度,在此我们不妨称之为克制型。还有就是如莫泊桑、鲁迅等则是暗含在小说之中的,可以多层面解读,在此不妨称之为暗含型。还有就如吴敬梓、契诃夫等人,不少是明确地表露在小说中的,解读的角度往往不会太广,但是会很有深度。

当然,还有很多在叙述艺术上推陈出新的作家,比如欧·亨利意外之外的结尾、卡夫卡的荒诞、马尔克斯的魔幻、博尔赫斯的迷宫等,这些都值得我们去探索。

一次课堂教学评价,其作用可能远比我们想象得要隐秘且深远,因为它推动的可能不只是一位教师,还可能是一群具有教学热情的人。

成长篇 ◇◇◇◇◇ 在问题与使命中前行

第八章

教师成长：寻找自我的美丽倒影
——海沧区名师工作室的实践与探索

2016年10月9日，作为厦门市海沧区引进的第一个上海名师工作室，海沧区孙宗良中学语文名师工作室成立。成立伊始，工作室便确立了共同愿景：探讨核心价值，建构逻辑课堂，提升思维品质，促进全人发展。

几年来，在孙宗良老师的带领下，工作室成员共同读书、研读文本、探究课堂教学，或者务虚，或者求实，但实际上只做了一件事，让每个人都重新思考语文教育，都变得更有思想。

本书呈现出的所有关于语文认知的重构，均源于工作室团队数年的探索与努力。语文认识的建构过程也是团队的成长过程，在系列研讨与主题螺旋式推进的过程中，我们尝试建立起教师发展的支持系统，实现工作室成员的自主成长，构建了区域工作室发展的有效样本。

第一节　应对挑战：学科育人对语文教师的新要求

"育人"是教育的根本职责和使命，也是学科教学的根本价值，所以基于核心素养的各学科教学，都要凸显其育人价值。这打破了以知识传授为主的教学传统，对于教师来讲，既是重大的挑战，也是实现自我成长的机遇。因此，教师需要不断更新理念，再造能力，增强底蕴，以此应对学科育人对语文教师提出的新要求。

一、理念重构

（一）学科价值重构：从以知识为本走向以人的发展为本

于漪老师说，"教育是培养人、塑造人、提升人的精神世界"。从新中国成立初期的"双基教育"，到2001年提出的"三维目标"，再到今天热议的"核心素养"，不难发现，时代与社会对学生的要求正逐渐提高，这就要求我们重新审视甚至重构学科价值——从"知识本位"走向"学科育人"。

叶澜教授对"学科育人价值"有过这样的描述："任何一门学科的教学，都要认真分析本学科对于学生而言独特的发展价值，它除了指该学科领域所涉及的知识对学生的发展价值外，还应该包括服务于学生丰富对所处的变化着的世界的认识；为他们在这个世界中形成、实现自己的意愿，提供不同的路径和独特视角；学习该学科发现问题的方法和思维的策略，特有的运算符号和逻辑；提供一种唯有在这个学科的学习中才有可能获得的经历的体验；提升独特的学科美的发现、欣赏和表现的能力。"[1]可见，学科教育不仅仅是为了传授某种知识与技能，更应该把学生作为鲜活的生命个体加以关注，培养学生适应社会的能力与品格，激发学生的创造力，为学生的终身发展考量。

如今，教育的主要阵地仍然是学校，因此课堂成为实现学科育人价值的重要载体。育人价值的实现，有赖于教师课堂理念的更新，再由理念进一步指导具体的教学行为。就语文学科而言，语文教师应该充分挖掘教材的价值，利用灵活多变的教学方法，提供多元的教学评价，推动课堂改变。例如：在讲授议论文写作时，我们以往更多地向学生传递议论文的相关知

---

[1] 叶澜. "新基础教育"发展性研究报告集[M]. 北京：中国轻工业出版社，2004：21.

识——如何确定论点,怎样使用论据,可以利用哪些论证方法。工作室古勋燕老师在讲授《打开议论文写作的思路》一课时,改变了"重知识传递、技能训练,轻思维提升"的做法,从社会热点中寻找突破口,激发学生阐发议论的热情,根据学生各有侧重的发言,引导学生多角度、全面地看问题,利用追问,引导学生深入思考,挖掘社会热点背后有价值的东西。课堂的最后,学生由青少年沉迷手游的话题,思考到了教育方式,人应该如何面对孤独,以及在某些特定情境下人该如何选择的问题。学生在一次次的引导和追问中,不仅打开了议论文写作的思路,还学会了如何从不起眼的身边事中提出问题,进行深度追问,进而得出有价值、有意义的结论。又如,毛佳玲老师在《谈生命》一课中分析文中的"春水"和"小树"时,学生提出这两个比喻:"一个指向生命的长度,一个指向生命的高度。"对此,毛老师进一步帮学生梳理,指出学生"能找出这种差异,并联系到生命,对应到人的出身",这样的评价既帮助了其他学生理解发言的精彩之处,充满启发意义,又是对发言学生的一次精神激励。

这些看似波澜不惊的课堂行为背后,实则是教师教学理念的重构——从关注知识到关注学生的个体生命。教师无论是在课前的教学设计中,还是在课堂教学中,始终考虑学生的学习兴趣、思维特征和对教学内容的接受程度,知识传授从目的退位成为手段,为学生的全面发展服务,最终实现教学的育人目的。

(二)文本价值重构:以单维价值为主走向多维价值的融合

教师要实现学生的自主发展,要落实在课堂上,语文教师要实现学生的自我发展,最终还是要落实在语文课堂中。目前,语文教学主要以教材为依托,因此充分挖掘教材价值,是利用课堂实现育人目标的起点。以往我们更多地关注教材(也可以说是文本)的认知价值,因为认知价值是文本最基础的价值,学生只有在"知道"的基础上,才能实现其他的价值。随着时代的发展,社会对人的要求已经不仅仅是"知道",更是"领悟"和"创造",因此在实现认知价值的基础上,挖掘文本的丰富内涵显得尤为重要。

以《关雎》为例，我们需要知道它是写青年男女恋爱的诗歌，也是《诗经》之首篇，而《诗经》是我国第一部诗歌总集，其中常用重章叠句的手法……除此之外，我们还需要关注《关雎》背后的时代特征以及编者孔子的意图。《诗经》是周王朝五百年间社会生活的写照，而《关雎》是这广阔社会生活中青年男女恋爱的代表作。诗中青年男子因为心上人而辗转不安，想方设法求得女子的倾心，这样的感情热烈奔放又纯净美好，让我们从中感受到这应该也是一个自由的、烂漫的时代。进而，编者把这样的文本作为《诗经》之首，不仅仅是提倡这样单纯美好的爱情，更是在呼吁这样的时代风气——自由表达内心情感。至此，我们也明白了孔子为什么认为《关雎》是表现"中庸"的典范。从诗歌的情感体验入手，走向审美，走向文化，在《关雎》中，文本的认知价值、审美价值、文化价值其实都是和谐统一的。

又如《老王》这篇文本，对"愧怍"的理解不能简简单单停留在愧疚上，还须引导学生思考：面对老王的善意付出，杨绛如何对待？杨绛给老王钱的做法并没有错，为什么她还觉得不安？决定她思维方式的是什么？在那个时代，劳动者对知识分子有天然的敬畏，因此老王对杨绛的付出，并不是以求得钱财或者乞求温暖为目的。而杨绛体谅老王的难处是人之常情，给钱也是体谅的表现，这么做大概是出于知识分子的自觉。知识分子所受的教育及在长久生活中形成的观念告诉她是应该给钱的，正是这种自觉的观念让她久久不能释怀，文本的思辨价值隐藏在文本的矛盾之处。因此，真正意义上的"愧怍"不仅包含着对自身行为的愧疚，更深层次上还指向对文化的反思。

类似《关雎》和《老王》的文本还有很多，仅仅停留在文本的认知价值上，便无法深入挖掘文本的丰富内涵，不仅文本的魅力大打折扣，学生也无法在这种单维价值中实现自我发展。而实现文本的多维价值，需要语文教师自身有良好的语言敏锐度，能够体察文本的共性，挖掘文本的个性，以引导学生实现文本多重价值的融合。

（三）教学主体重构：从教师主体走向学生主体，由"教"走向"学"

"知识本位"走向"学科育人"是一个隐性的蜕变过程。也就是说，课堂内在的理念逻辑必须靠显性的教师课堂行为才能得以呈现。从课堂构成来看，这实际上是课堂由教师主体走向了学生主体。以往教师处于课堂的核心地位，决定了教学的一切走向，学生只是作为被动接受知识的容器，他们的课堂困惑以及提出的看法往往被忽视，并不能对课堂的走向产生实质性的影响；而学生主体的课堂，学生能积极主动参与到课堂教学中，在"师生"、"生生"、"师本"（教师与文本）、"生本"（学生与文本）的互动中发现知识，养成能力，实现生命个体的发展。

苏霍姆林斯基说："只有激发学生去进行自我教育的教育，才是真正的教育。"提出学生主体正是对以往课堂"教师教授，学生聆听"的一种反思，它最终要实现的不是知识的讲授，也不是教师对自己预定教学流程的完成，而是让学生学会学习，进行自我教育。

值得注意的是，学生主体的课堂并不是毫无限制地让学生在课堂上信马由缰，这个过程必须有教师的参与和引导，教师应鼓励、引导学生思考，激发学生的创造力。那么，教师如何才能真正激发学生的学习欲望，让学生从被动接受到主动探索呢？一方面，要"目中有人"，认识到学生才是学习的主体，教师的教学活动始终要考量"能否促进学生学习"；另一方面，落实到教学上，教师要根据学生的"已知"，充分考虑学生的阶段特征、兴趣爱好、认知水平等因素，调整教学内容、教学方法、教学评价等，带领学生探索把"未知"变成"已知"的方法和路径，并把这种过程内化成学生所具备的素养与能力，这样才能真正"不断提高受教育者的主体意识，并使其能进行自我教育，成为自主发展的社会主体"[1]。

---

[1] 张涛，王振存．论我国学生主体性缺失的文化背景及教育的应对策略［J］．河南师范大学学报（哲学社会科学版），2006（3）：195-197．

二、能力再造

(一)文本解读能力再造

再造文本解读能力,需要教师首先树立文本意识。但是教师阅读教学的指导往往过于碎片化,使得学生仅仅处于感知文本基本内容的层面,并没有深入文本的"灵魂",了解其独特的价值。这是因为教师在确定教学目标的时候,没有树立文本意识,没有搭建学生走向文本的桥梁。

每一类型的文本具有共性,同时单篇文本又有其独特的个性,教师在进行文本解读时,必须把握其共性特征,善用其个性特征。以同为表达亲情的回忆类散文《背影》和《秋天的怀念》为例,在进行文本解读时,教师要思考如何基于两篇文本的共性特征,找到这类文本教学的有效路径。孙绍振老师在解读《背影》时指出,情感的失衡是这篇文章的动人之处,在亲情的天平上,父亲的付出总是比那时候的作者要多得多。同样,《秋天的怀念》也是如此,多年后作者那种难耐的悔恨和遗憾交织,也是源于年少时对母亲关注太少。母亲身患重病,整夜整夜"睡不了觉",作者则沉浸在自己的痛苦中,全然没有发觉。多年后,史铁生能够体察母亲当时承受着双倍甚至更多倍的痛苦,愧悔当时的自己未能给予母亲任何关心。在教学中,教师可以带领学生品味相关语言,去体味这种情感失衡带来的悔恨和遗憾以及所赋予的力量。同时,教师也需要关注到两篇文本的个性特征。《背影》中有两条贯穿文章的线索:一是意象"背影",二是作者情感的变化。朱自清和父亲的关系经历了"年少冲突—买橘子时的感动—工作后全面坍塌—为人父后的理解"的过程,这是文本的个性特征,可以作为教学设计的突破口和创新点,带领学生由文本内容的表层走到文本灵魂的深处,去感悟生命和亲情的美好,这样可以更好地实现这类文本的育人价值。

同时,教师还需要关注到不同类型文本个性特征和共性特征的关系。品读散文需要理解作者在字里行间所蕴含的自身独特的经历、体验和情感,品读小说则需要把握其人物特点,理解独特的思想内涵,这是由其个性特征决定的。但是散文和小说也有相通之处,比如对人物的刻画、诗意般的语言和深刻的主题等,鲁迅的《社戏》虽为小说,但是读者读起来感觉非常真实,这就是源于两种不同类型文本的共性特征。所以,教师在确立《社戏》的教学目标、设计教学过程时,必须同时兼顾小说和散文的共性特征。

最后,教师还需要关注文本的文化价值和时代价值。孙宗良老师在指导《我的叔叔于勒》的文本解读时,建议语文教师一定要在大的社会文化背景下去解读这篇文章,而不是将主旨简单定义为批判人与人之间赤裸裸的金钱关系。这篇小说创作于资本主义萌芽时期,反映了金钱和人性之间的关系,但这并不是资本主义社会萌芽特有的现象,而是每一个社会阶段都有的现象。正如董劲老师所说:莫泊桑的这篇小说创作于法国资本主义萌芽不久时,但而今再读经典,结合当代背景挖掘经典的现实意义是为教者的重任。① 教师在阅读这样的经典时,应该有这样的时代思考:在人人都追求物质财富的同时,我们怎样才不至于迷失自己?每个时代都在呼唤"若瑟夫",我们是否可以做那个单纯、善良、坚守、有悲悯情怀的"若瑟夫"呢?在潜移默化中,教师应该对学生们进行世界观、人生观和价值观的教育。

再造文本解读能力,需要教师整体把握文本。文本的碎片化处理可能造成教学效能低下,导致学生思维链条的断裂,这不利于学生思维能力和逻辑建构能力的提升。因此,教师在进行文本解读的时候,首先就要树立整体的意识。比如《紫藤萝瀑布》,我们需要抓住第一段"我不由得停住了脚步"和最后一段"在这浅紫色的光辉和浅紫色的芳香中,我不觉加快了脚步",在放慢和加快中,作者经历了怎样的心理变化?在这样的建构中,它不仅提高了学生的逻辑分析能力,也加强了学生的情感体验。

再造文本解读能力,需要教师增强语言敏感度。语言要素是解读一篇文本的基本要素,往往也是最为重要的要素,教师在解读文本时应该尽可能使用文本的语言要素而不是一些外围的资料。教师在解读朱自清的《背影》时可以找到很多的背景材料,讲述了父子关系曾经是如何的不好,不能否认这是一种有效的引导方式。但是教师如果可以抓住文本的关键语言要素,或许

---

① 董劲.《我的叔叔于勒》之三思[J].课外语文,2009(31).

可以带领学生向文本的深处溯游。这篇文章开头第一句话写道:"我与父亲不相见已二年余了。"教师在读这句话时要抓住两个副词"不"和"已",这两个看似无关紧要的副词背后其实折射出的就是父子之间那种复杂的矛盾。一个"不"字,将父子关系的剑拔弩张体现得淋漓尽致,父子不相见不是因为某些客观的环境,而是因为主观上都不想见到对方,父子交恶已久。但仅仅是交恶吗?这时候教师要抓住"已",明显感觉到这是一个较长的时间段,两年其实也不算太长的时间,但是有些东西把两年在时间的纬度上拉长了。是什么?其实是思念,或许他们是彼此思念的,彼此挂念的,这是一种中国式的父子关系———一切尽在不言中。他们都羞于表达出那份思念。教师如果抓住这些关键的语言要素,不仅可以让文本立体化,也可以潜移默化地影响学生对于现实生活中父子关系的思考。

　　再造文本解读能力,需要教师把握文本解读的起点。教会学生准确地读懂文本,明确文本价值取向,是语文教师必须完成的任务。但是,在实际教学过程中,很多案例表明我们其实并没有很好地完成这个任务。原因来自各种确定或不确定的因素,但是有一点值得我们探讨:我们是否确定了文本阅读的起点?所谓的文本起点,是学生进行有效阅读的开始,没有确定阅读起点而是随意选择切入点,一般很难引导学生顺利地完成阅读的过程。林温云老师在其文章《确定文本解读的起点是有效阅读的基础》中明确了确定文本阅读起点时教师需要关注三个角度:文本的"本体性"、读者的审美体验和文本的语言文字。我们既要关注文本的个性价值,又要尊重文本的规定性。尽管我们认同文本有多元解读的可能,所谓一千个读者眼中有一千个哈姆雷特,但不管我们如何解读,也不能将其解读成哈利·波特,因此,准确无误地读出作者寄寓于文本的思想情感是我们理解文本的第一步。

　　再造文本解读能力,需要建立读者意识。任何一篇文章的解读都要有读者视角,读文章实际上是在不同的时空中和作者交流。教师在确定文本起点的时候应该有一种边界意识,而不应该把文本的外延和内涵随意地拓展,将主题模糊化。孙宗良老师在指导《登幽州台歌》时强调,该文本的解读不要只停留于"怀才不遇"这一抽象概念层面,这首诗的动人之处并不仅仅是诗人政治上的失意，还在于他以"念天地之悠悠，独怆然而涕下"写出了人类普适的生命孤独感。对于第一重的意蕴，学生结合课下注释和相关背景很容易读出来怀才不遇，但是怀才不遇后是愤慨，是茫然，还是孤独呢？这就需要教师从学生实际的阅读体验和人生经历中去感受。"前不见古人，后不见来者"，在"不见"的反复诵读中，学生就能较好地读出诗人的孤独。对于第二重的意蕴，学生也会有相关的感受，但是由于年龄尚小，其实很难有那么深切的生命感受，这时候就需要教师调动学生的阅读体验，运用其直接经验和间接经验，建立有效理解文本的抓手。

再造文本解读能力，还要关注文本的语言文字，词、句、句式和标点符号乃至更小层次的韵脚都有助于我们理解文本。以《茅屋为秋风所破歌》为例，工作室老师在教授第一遍的时候犯了一个错误，解读第一节的"秋风破茅"时，由于诗人在诗歌中用了几个很有力度的动词，比如"怒号""卷""洒"等，茅屋在风雨中摇摇欲坠，形势如此紧迫，他就认为诗人想必一定非常焦急，学生也点头称是。但是在带着学生读的过程中始终读不出焦急的感觉，一直不明白问题出在哪里。通过深入解读发现，面对自然的风雨，诗人的内心是非常平静的。该教师试着联系上下文再读第一节，却始终不解其意。后来查阅了歌行体和歌行体用韵的特点，才恍然大悟：这一节中几个很有力度的动词是写风雨的，其实和诗人的感情无关。而作者感情的表达是通过这一节的韵脚来体现的，"遥""迢""辙"这几个韵脚所要表达的情感比较平和，终于明白第一节作者面对自然界的风雨时，确实带有一种"静观风雨"的平静。

（二）逻辑建构能力再造

逻辑建构能力的再造需要教师采用主问题推进的课堂螺旋上升式教学模式。孙宗良老师在指导我们进行课堂建构时，提醒我们务必要有问题链意识，即在确定了教学内容之后，应确定一个主问题，主问题贯穿整个课堂，指向文本的核心价值，其他问题应该围绕主问题展开，层层递进，逐次展开，引领学生走向文本的核心价值，并且问题与问题之间应有内在的逻辑关系。这样长期的训练和熏陶，会极大提高学生的思维能力。下面以《邹忌讽齐王纳谏》为例进行详细阐述。

教师在确定好主问题"邹忌讽谏为什么能够成功"后，孙老师建议，问题链的设计可以围绕"讽"，首先提出问题：为什么要用"讽"的方式进谏？以此让学生了解，在特殊的时代背景下，君主的绝对权威决定了臣子进谏的委婉方式。然后着重分析问题：邹忌是如何讽谏的？引导学生由浅到深理解邹忌的说话艺术以及臣子的家国情怀。之后提问：既然"讽"的方式可以成功，且在文中来看效果很好，那么为什么齐王下令重赏的又是另外的"面刺""谤讥"等劝谏方式？让学生深入理解齐威王的智慧所在，也是讽谏成功的根本原因：君臣理想的高度一致——强国愿望。综观这三个问题：

1. 为什么要用"讽"的方式？
2. 如何"讽"？
3. 既然"讽"可以成功，为什么赏赐其他进谏方式？

每一个问题都围绕"讽"展开：第一个问题引导学生关注时代背景对人物言行的影响，为理解全文打下基础；第二个问题是基于第一个问题，分析"讽"的艺术，也是讽谏能成功的直接原因；第三个问题针对第二个问题发出质疑，引导学生理解文本表达的显性矛盾，找出讽谏成功的根本原因。三个问题既紧紧围绕核心问题"讽谏为何能成功"展开，又各自指向了文本的不同方面，带领学生逐步走向文本深处。

在课堂的建构上，随意发问只会使学生的思维走向散乱、无序，如果问题的设置都是有逻辑地展开，问题与问题之间始终有一根隐形的线牵连，那么学生思维的形成就会有方向，久而久之，这样的思维就会变被动为主动，形成学生思维的习惯，这也是我们所追求的目标。

逻辑建构能力的再造需要教师对文本的理解实现由静态向动态的转变。孙宗良老师谈道："现在的语文课堂习惯于把文本静态化。静态化的文本比较好读，动态的文本可以抓住一些串联文本整体的词句，如时间词，逐层推进，实现思维的动态建构。例如《秋天的怀念》中'双腿瘫痪后''那天''又是秋天',这背后隐含着的是'我'的心理变化过程。抓住这些词,文本就动起来了,他的心灵情感是不断变化的。这需要教师在进行教学设计的时候注重形成课堂思维链条,有内在的逻辑在推进,这首先需要教师提升自己的逻辑建构能力。"

逻辑建构能力的再造需要实现求同思维和求异思维的有机融合。在我们理解一篇文本的时候,比如《我的叔叔于勒》,批判菲利普夫妇唯金钱是图的行为,采用了求同的思维方式,这是大家很容易得到的结论。但是当我们把这些人物放到时代背景下,这些人物就更加丰满了。资本主义萌芽时期,金钱概念变得越来越重要,对物质财富的迫切追求造成人性严重的扭曲,这样我们对菲利普夫妇就会多出一份理解和同情。在这样的现实下,坚守美好人性显得越来越重要,所以作者塑造了若瑟夫这样的一个人物形象,呼唤人们去坚守美好的人性。这其实是一种求异思维。求同思维可以发现文本的普适价值,有助于教师引导学生理解文本的基本内容和价值;求异思维可以发现文本的个性价值,有助于教师引导学生聚焦思维,进行独特的阅读体验。

(三)判断能力再造

判断能力再造需要教师增强文化价值判断的意识,提高文化价值判断能力。任何社会都有多重的价值,至少可以分为经济、社会、审美和伦理几种价值。教师不能仅仅是从文学的角度,或者从语言的角度去理解文本,应该是站在更高位的文化角度去理解一篇文本,才能挖掘文本背后最具意义的要素。比如《猫》,不能简单地将其定位为"对弱小生命的同情",这不是文本最独特的价值。肖培东老师在执教《猫》时,最后提出一个问题:"'那个不知名的夺取我们所爱的东西',那么猫的什么东西被夺取了呢?"学生首先说是猫的生命被夺走了。肖老师接着问:"猫除了生命,还有什么所爱的东西被夺走了?"这时候,学生在课堂上掀起了又一个高潮:尊严,信任,想要的温暖等。所以,这篇文章的独特价值在于以猫写人,写人性。肖老师有很强的价值判断能力,正是这种能力让他打造了一堂堂很有质感的精品课。

判断能力再造需要语文教师有一双敏锐的眼睛,关注到课堂的整体走向才可以对课堂效果进行初步判断,发挥教育机智,将教师的主导作用和学生的主体性充分发挥出来。工作室李桂林老师执教《我的叔叔于勒》时,整堂课的主体是解读一封信,由于是借班上课,学生对教师不熟悉,课堂开始时反应比较平淡。李桂林老师迅速调整自己的教学策略,在课堂中间插入了一小段互动的语言,学生们慢慢放松下来。这时候一个男生高高举起了手,并给出了有质量的表达。李桂林老师抓住他的闪光点来表扬。当学生坐下的时候,你可以发现这位学生眼中的骄傲和对课堂的享受。毫无意外,这个孩子不仅活跃了课堂气氛,而且激发了更多的学生给出很多令人惊喜的创见。在教学过程中,教师适时评估课堂教学效果,评估学生的思维层次,都可以增强教师的判断力,展现教师的教育机智。

判断能力的再造需要语文教师的课堂评价更加多元化。但是对在语文课堂上学生呈现的思维作出合理评价也是有一定难度的,所以我们一般会采用定性评价。面对不同层次的学生,如果教师进行单一的定性评价,这样不仅会损害学生的积极性,也不利于学生个体的成长。评价多元化意味着判断可以做到有针对性,有的放矢,这样才可以更好地引领学生思维。比如对于《走一步,再走一步》这样相对易懂的文章,我们应该如何去评价学生对于这个文本的认知和思维成果呢?对于基础比较好的学生,可以引导他们掌握文中细腻的描写,并且学以致用,迁移到写作中;对于学力较弱的学生,只要能够概括文章的大致内容,教师就应该给予肯定。

(四)增强底蕴

1.学科底蕴:教师须建构起对语文学科的系统认识。

教学是一门专业技能,必定要求教师在专业方面有较好的造诣。教师应该对语文学科知识和能力有更为系统的认识,认识到这个系统是语言要素(字、词、句和篇章)和文学文化要素的有机融合。

语文是一门重情感体验的学科。在教学中,教师往往带着学生由表及里深入感情层面了解抒情主体的情感脉络,所以我们常常将重心放在这个情感脉络上。其实，我们更应该思考文本是通过怎样的语言形式最恰切地表达作者寄寓其中的思想和情感的。孙宗良老师在指导记叙文教学时强调，语文教师可以非常巧妙地用几个副词把文章串联起来，梳理出文章的情感脉络，这样的抓手有利于教师进行有针对性、有效率的指导。比如我们在讲授律诗或者歌行体诗歌的时候，会重点强调哪个地方是押韵，但是对于这个地方所使用的韵脚，以及这种韵脚的作用，我们却没有过多研究。就如上文提到的《茅屋为秋风所破歌》，我们关注到的只是用韵读起来朗朗上口，有一种节奏美和韵律美，但没有关注这些温和的韵脚折射出的诗人当时的心境和情感。

在汉语中，我们要考虑语言的各个要素。如词语具有时代性，不同时代，一些词语的词义会发生变化。如"涕"的本义指的是眼泪，现在指的是鼻涕，词义发生了转移。语文教师只有对词汇具有敏感性，才能带领学生体会到"独怆然而涕下"背后那不可言喻的孤独。又如《孙权劝学》一文，语文教师必须了解文本中表示称谓的词语，这样才可以更好地了解孙权劝学的效果和吕蒙的学有所长。文中有两个称谓词需要教师注意："卿今者才略，非复吴下阿蒙"。"阿"从古至今都是吴地表示亲人之间亲昵的称呼，只有关系亲密的人才可以这样称呼，鲁肃此时称"阿蒙"，可见除了大惊外，也有拉近彼此距离、主动交友之意，从侧面体现了吕蒙进步之大，体现了孙权劝学的效果。"士别三日，当刮目相待"中的"士"，也是我们不能忽略的一个词。我们读《吕蒙传》可知吕蒙一般是称自己为蒙或者子明，在这里自称为"士"。"士"为何意呢？士在古代汉语中有一个义项是"读书人"，可见当初那个直接拒绝读书的将军，此时不仅学有所进，而且转变了学习态度，将被动学习变为主动学习，可见变化之大，也能体现孙权劝学效果之大。抓住了这些词，了解了这些词义，教师不仅可以使学生更好地理解文本，也可以使学生更好地理解文本蕴含的文学意蕴和文化价值。

文言文或古诗词中经常会出现倒装句，语文教师应该增强对语法的敏感性，除了教会学生倒装，更要带领学生从这种语法形式探寻更深层次的意蕴。比如《陋室铭》中的"何陋之有"，这是一个宾语前置句。为什么要把宾语前置，这样做有什么作用呢？这些才是教师需要讲解的内容，而不仅仅是告诉学生这是一个宾语前置的现象，"之"是宾语前置的标志。这里用倒装句既和前面写"环境之雅""交往之雅"和"情趣之雅"一气呵成，同时也体现了刘禹锡的性格和风度，"前度刘郎今又来"，何等洒脱，何等旷达！

文学作品的一些表现手法也是教师要时刻关注的，也是进行个性解读的重要抓手。我们都知道，《诗经》的一个特点就是大量使用重章叠唱，这是指文学作品中，在不同段落的同一位置，相同或相近的语句重复出现的一种表现手法。我们在讲解的时候会告诉学生使用重章叠唱的手法会增添诗歌的韵律美，读起来朗朗上口，可是却忽略了重章叠唱对感情的推进作用。比如《蒹葭》讲述了一个很简单的故事，寻找伊人而不得。这个故事可以用第一章讲清楚，但是在这首诗中却用了三章，只是替换了其中几个词。为什么要反复地诉说求而不得之情呢？实际上，正是在反复求索中，它渲染了一种距离之美。在距离的阻隔中，它营造了一种遗憾之美。

2.文化积淀：语文教师要有"史"的意识。

当关注文本的个性成为常态时，我们有时会忽略文本在时间维度上的价值变化。针对这一阅读现象，孙宗良老师提出要建立"史"的概念。如若将文本放置于"史"的背景上来解读，可以挖掘出更多的文本价值和时代价值。中学语文的很多篇目包含着历史与文化的积沉，有的和学生的生活相去甚远。我们除了关注文本书写时的社会情态外，还需要关注这种思想或情感的历史走向，这样才可以让文本焕发出新的生命和活力，有效引导学生真正理解文本内容，并和文本的作者进行有效对话。

无论是西方文学还是中国文学，其实都有一条清晰的路线，这既和文学反映社会现实相吻合，也是总结文学理论的依据。比如，西方文学史上有很清晰的文学分期，如中世纪文学、人文主义文学、古典主义文学、启蒙主义文学、浪漫主义文学、批判现实主义文学和现代主义文学等，每一个阶段都带有一些共性，这些共性的东西就是我们要讨论某一部或者某一类文学作品时的大背景。只有在这样的大背景下，我们才能更好地深入文本。比如莎士比亚的《哈姆雷特》《罗密欧与朱丽叶》、拉伯雷的《巨人传》、塞万提斯的《堂吉诃德》都是文艺复兴时期的作品，反映了人的觉醒，以及人对自身价值的认同。尽管主角不同，故事内容不同，但是这些故事和人物都反映了人文主义的思潮。中学语文课本也选了很多西方的作品，如《变色龙》《项链》《我的叔叔于勒》《欧也妮·葛朗台》等。它们同属批判现实主义作品，批判了资本主义扩张时代金钱对人性的腐蚀和扭曲。把握这一时期文学作品的共同点，可以更好地理解内容，认识人物，把握主题，也可以带领学生领悟西方文学在情节推进和人物塑造上的独到之处。

教师在进行文本解读时，不仅要了解文学作品在其创作时代的价值，还要了解其对当下青少年成长的意义。《卖炭翁》是白居易创作的一篇新乐府诗，通过对卖炭翁这一形象的把握以及对背景的了解，教师很容易把学生引向对"宫市"制度的批判上去。除了这一点，语文教师还应该引导学生学习什么呢？白居易，作为那个时代文人的代表，虽然居庙堂之高，也把悲悯的眼光投向那些劳苦大众，这是文人的悲悯和善良。这种情怀是不过时的，也是这篇文章的当下价值：教会学生对万事万物都怀有一颗悲悯之心。教师要带领学生感知卖炭翁的失望、希望和绝望，激发学生的同理心，培养学生的共情能力，引导学生将目光投向所处时代的小人物群体，给予他们基本的生命尊重。

语文教师只有具备了以上各种能力，才能形成自己独特的教学风格，提升自己的课堂魅力，最终才有可能引导学生走向更广阔的舞台。这是时代的要求，也是我们工作室的追求。

第二节　团队修炼：工作室运行策略与实践

有效的合作研修需要具备三个基本条件：良好的研修机制、整体的顶层设计以及有效的实施策略。顶层设计是前提，有效的实施策略是关键，良好的机制是保障。如此，内部有动力，外部有支持，才能更好地提升名师工作室的实效性。

一、研修机制的建立：教师发展的支持系统

（一）团队合作机制：从"我"到"我们"的协同发展

彼得·圣吉在《第五项修炼：学习型组织的艺术与实践》中阐述了创建学习型组织的"五项修炼"：一是自我超越；二是改善心智模式；三是建立共同愿景；四是团队学习；五是系统思考。这要求从整体出发，系统观察事物变化过程，把握事物间的内在联系，不断反馈、调节，最终解决问题。

孙宗良名师工作室，事实上就是这样的一个学习型组织。工作室成立之初，采用教师自主申报的方式选拔成员，不仅考察教学能力与发展潜力，更看重是否真正热爱语文教学，而且定期吐故纳新，吸纳有不断超越自我愿望的优秀教师进入。团队成员需要对自我作出分析，正视自我的不足，制定自身的发展规划，明确发展目标，不断改善自我的心智模式。在个人愿景的基础上，工作室确立了共同愿景：探讨核心价值，建构逻辑课堂，提升思维品质，促进全人发展。通过团队的学习，系统的思考、研究、探索，最终实现全体成员的共同成长。

正如《第五项修炼：学习型组织的艺术与实践》中所说："如今已经不再是个人修炼的时代，而是集体修炼的时代。"在这个世界上，任何一个人的力量都是渺小的，只有融入团队，与团队一起奋斗，才能成就自己的卓越！名师工作室的价值不是完成对名师的简单复制，而是通过名师的引领，团队成员之间共同学习、相互协作、共同成长，其研修过程就是一个集体修炼的过程。在这个过程中，每一位教师都有着向上发展的愿望，每一个个体的发展成为团队发展的基石，"我"的发展变成了"我们"的协同发展。同时，工作室成员又组成区域学科研究的核心团队，每一位成员是每一个活跃

的细胞，同时又是一个个领衔人，在学校教研组、备课组团队中发挥着引领作用，从而实现全区更大范围的语文教师的共同成长。

（二）辐射合作机制：工作室与区域、学校研修三级联动

名师工作室要真正发挥作用，需要建立起能够发挥专业服务作用的辐射合作机制。海沧区孙宗良名师工作室在完成工作室成员共同研修的基础上，将工作室的活动与海沧区区域教研活动有机整合，与各校的校本研修有机整合，导师孙宗良老师先进的教学理念得以在海沧区贯彻执行。研修过程中，海沧区初中语文学科构建了"1-3-8"团队研修模式："1"代表孙宗良名师工作室，"3"代表初中三个年级团队，"8"代表海沧区8个初中语文教研组。导师作为掌舵人，重在方向引领，负责理论指导和名师工作室的整体规划，具体的案例研修则由海沧区教师进修学校、各校教研组在区域研修活动及校本研修活动中落实。数年来，本工作室的探索与思考带动了全区语文教师的发展，充分发挥了工作室的辐射作用。

2019年9月起，孙宗良名师工作室活动进入单元教学主题研讨，海沧区初中语文教学研究也随之开启了指向语文素养的"单元教学"的探索。

第一阶段：孙宗良老师在全区作"语文的使命与培养完整的人——谈单元教学与语文学习的整体性建构性特征"主题讲座，工作室成员进行了"可爱的生命——统编教材七年级下第五单元单元教学构想"的研修案例分享。该研修活动界定了单元教学的概念，明确了海沧区的语文单元教学研究内容，同时形成海沧区语文学科从"教课文"走向"教语文"的教学共识，明确了单元教学设计的具体策略。在充分学习、参考上海《单元教学设计指南》的基础上，工作室成员修改形成了适合海沧区情的单元教学设计模板，供各校开展校本研修使用。

第二阶段：各校分年级备课组开展单元教学校本研修活动，主要内容为围绕单元教学组织主题学习及教学设计实践，并将研修成果上传至"海沧教育公共服务平台"，分年级组织线上交流。

第三阶段：由进修学校分年级组织开展线下初中语文统编教材单元教学

设计研讨，各校自选一个单元，分享单元教学设计成果。本次研讨活动旨在通过实践进一步厘清单元教学与篇章教学的区别，在研讨中相互学习、借鉴。

第四阶段：各校开展教学实践活动，通过组内研修反复修改单元教学设计。

第五阶段：以统编教材八年级第一册第四单元散文单元为例，开展区域单元设计交流及教学研讨活动。活动分三个环节，首先由北京师范大学厦门海沧附属学校八年级语文备课组交流本单元的教学计划。计划涵盖单元整体说明（单元教学价值、单篇教学价值）、单元教学目标、单元教学内容安排（课时安排、课时教学目标、课时教学内容）、单元活动设计、单元作业设计等内容。接着由该备课组、孙宗良名师工作室成员章倩文老师执教研讨课《昆明的雨》，观课者围绕课时目标的实现集中观课。最后，观课教师就本单元的单元教学设计交流，并提出修改意见。在三、四、五三个阶段，工作室成员全体介入，发挥核心作用。

第六阶段：孙宗良名师工作室入校指导，在各校指导备课组成员实践。

第七阶段：区域召开统编教材八年级上册第五单元（说明文单元）单元教学设计交流研讨活动，由双十中学海沧附属学校、孙宗良名师工作室成员谢雨丽老师与华中师范大学海沧附属中学八年级备课组分别交流本单元的教学构想。

第八阶段：孙宗良名师工作室入校指导，在各校指导备课组成员实践。

第九阶段：各校进行单元教学作业设计，提交至海沧教育公共服务平台。

第十阶段：开展单元教学作业设计交流活动。

在这个单元教学主题的研讨过程中，名师工作室采取问题聚焦、区域教研的集体攻关、各校教研组的校本进阶等形式，形成了三级联动的研修机制。工作室的研修聚集于"点"的突破，在明晰单元教学理念的前提下，研究设计出单元教学设计模板，形成供全区共享共用的研修成果，并完成单元教学案例分享；区域教研贯通七、八、九年级三条"线"，以某一个单元为例具体研讨单元教学的实施策略；各校教研组的校本研修形成"面"，结合校情解决单元教学实施过程中的实际问题。如此点、线、面相融合，构建出单元教学设计的三维研修网络，确保工作室研修成果在全区域的应用。

一个人可以走得很快，一群人才能走得更远，一群有着共同追求、共同梦想的人能走得更远。数年来，孙宗良名师工作室不仅提升了工作室内部成员的素养，也影响带动了区域每一位语文教师的成长。孙宗良名师工作室与海沧区初中语文区域教研、校本研修的三级联动机制，为其他学科提供了可参考借鉴的研修范式，海沧异地名师工作室犹如星火，逐渐有了燎原之势。继中学语文孙宗良名师工作室之后，中学数学、中学英语、小学语文、小学数学、小学英语等学科以及教育科研项目也拥有了异地名师工作室，工作室领衔教师走进海沧，在理论与实践、教学与研究等方面为海沧教育注入新的动力，极大地发挥了鲶鱼效应，星星点点的火光在工作室成员与成员之间、成员与全体教师之间蔓延，映照得越来越高、越来越远。

（三）行政保障机制：从"行政驱动"走向"生命驱动"

名师工作室突破了传统的教师培训模式的束缚，满足更多样、更高层次的教师专业发展需求。其良好的运行既需要工作室内部的努力，也需要区域行政、教研部门等外部的支持与帮助。内外均有共同的愿景和行动，才能更好地为教师的专业发展搭建平台。海沧区异地名师工作室的良好运行得益于海沧区教育局以及海沧区教师进修学校的大力支持、异地名师的指导以及各校的配合，多方形成合力，才有了健康、持续的发展动力。

谈及引进异地名师工作室的初衷，海沧区教育局局长田云慧说："跨地区引入名师组建工作室，不仅是出于在专业上引领海沧教师成长的考量，更重要的是希望具有不一样生命质量的教师走进海沧，让我们的教师也能追慕这样的生命质量。当越来越多的教师有了这样的生命质量时，好的教育就出现了。"

海沧区教育局副局长孙民云高度赞扬了异地名师工作室在海沧区教师培养中所起到的作用。他认为："引进名师到海沧组建名师工作室，实现了资源效益的最大化，同时对本土名师工作室起到了'刺激'作用，激活了本土名师工作室的活力。工作室的领衔老师都是在理论和实践、教学和研究各方面皆有精深造诣的专家学者型教师，无形中提升了海沧优秀教师的标高，这无论是对处于瓶颈期的本地名师，还是对年轻的教师而言，影响都将是深刻和深远的。"

孙宗良名师工作室正是因为有了教育行政、教研部门的肯定、支持与各校的积极配合，有效地解决了成员"工学矛盾"的问题，工作室活动有了固定的时间，保证了每月一天的集中学习研讨频率。同时，因为有了外部行政力量的有力支持，工作室成员得以走出海沧，走进上海、深圳，与先进地区学校的名师工作室开展联合研修活动，实现了跨区域的联动以及优质教育资源的开放与共享。久而久之，越来越多的工作室成员醉心于课堂，常常为自己课堂上的某个发现而惊喜，也会为自己的某个行为后悔不已。随着在工作室活动中成就感与获得感的逐渐增强，工作室成员获得了更高程度的职业认同，主动牺牲休息时间，将周六上午作为固定学习活动时间，教师成长的内驱力得到进一步激发，生命自觉得以唤醒。此时，工作室开始逐渐淡化行政，让教师的生命自觉成为推进工作室持续发展的源动力，从"行政驱动"走向"生命驱动"的美丽愿景变为生动的现实。

二、整体的顶层设计：由"凭经验带徒"向"以机制培育"的转变

（一）整体规划：建立坐标系

北京教育科学研究院数学特级教师吴正宪指出，名师工作室的方案规划一定要在前，要先想明白方向和定位，想明白了才有可能做明白、定位准、走不偏。

规划，是"造梦"，是描绘蓝图。名师工作室活动能否取得实效，关键在于工作室的顶层设计能否回应新时代对教育的要求，能否对学科教学的发展做出精确的价值定位。工作室需要有长远规划及每一个阶段明晰的目标任务。每个阶段有明确的研修主题或专题，不同主题指向语文教师的不同能

力,各阶段主题与主题之间、能力与能力之间相互关联,形成语文教师素养提升的培养体系。

孙宗良工作室的良好运行,取决于工作室成立伊始便确立的明确的培养目标:工作室成员能进一步提升课程意识,准确理解课程标准,把握初中语文课堂教学核心价值,拥有较好的教学策略,全面提升教学能力;掌握听课、评课的基本理论、方法和技能,并能运用于实践,帮助所在学校教师改善教学行为,提升课堂教学效益;能从具体教学实践中发现问题,提炼问题,深入研究,解决问题,成长为具有一定研究能力的名教师,形成一定的研究成果。从这一目标出发,着重围绕语文课堂教学,以影响语文课堂教学效果的一些关键性问题为横轴,以语文教师成长规律和教师走向成熟必须养成的基本能力和素养为纵轴,建立了工作室活动专题的坐标系。

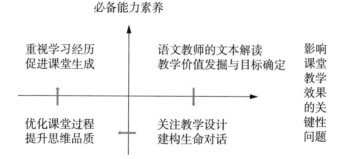

（二）研修计划:碎片化、无序的指导走向整体有序、逐层推进的成长路径设计

过去的教师培养体系多数为"师带徒",学校为每位新教师或青年骨干教师配备一两名带教教师,带教教师与徒弟之间局限于一对一的学习方式,徒弟往往局限于模仿师父,力求完成对师父教学经验的复制,不易做到海纳百川、兼收并蓄。同时,"师带徒"多以相互听课、评课为主要研修方式,研修缺乏总体的规划,目标也不够明确。由于徒弟在教学过程中遇到的问题多样,所以师父的指导往往有较强的随机性,以解决当前教学中遇到的问题及困惑为主,这就造成指导的无序与碎片化。年轻教师无法构建系统的教学

体系，从而局限了他们的专业发展。倘若工作室成员不属同一学校、同一备课组，工作室成员与师父之间更加难以做到和谐共进。而孙宗良名师工作室，因为有了整体的顶层设计，便有了明确的教师培养目标，从教师培养坐标系出发，合理确定分阶段发展方向、培养目标、研修内容，科学设计研修过程。

孙宗良工作室研修规划

研修内容：

带教内容着重围绕语文课堂教学进行，辅之以一定的相关理论学习与研讨。课堂研修着重于在理论指导下的实践操作原则，以专题的形式开展，前期的专题着眼于影响语文课堂教学效果的一些关键性问题，通过这些专题的实践探索旨在正确认识语文课堂，正确理解语文教学。在前期研修取得成果的基础上，将重点转移到相对具体的课堂教学策略与方法上来。

按照前期确定的教师指导坐标系，分为七个专题循序推进。

专题一：语文教师的文本解读

内容举隅：文本解读的角色定位与视角选择。

文本的主体性与客体性；

文本的多元解读；

文本的多层次性解读；

把握文本的核心价值。

……

专题二：教学价值发掘和目标确定

内容举隅：文本价值的多元性。

多元价值的有机融合；

教学目标确立的基础与关注点；

教学目标与教学内容的一致性；

关注学生的学习起点。

……

专题三：关注教学设计，建构生命对话

内容举隅：课堂教学中教师、学生、教材的地位、关系与作用。

课堂中师生对话的各种形态及其适用范畴；

课堂教学设计的基本原则和要求；

课堂教学设计与课堂形态研究；

课堂教学设计的评价；

提供学生学习的空间；

激发学生的探究意识；

正确处理预设与生成。

……

专题四：优化课堂过程，提升思维品质

内容举隅：课堂核心目标统率下的整体性构架。

课堂教学过程的核心关注点；

课堂教学的起点和终点；

课堂的导入与各环节的切入；

课堂教学过程的内在逻辑与线性推进；

课堂诸环节之间的流畅性，课堂教学的问题链设计；

课堂教学的过程性指导，学生学习策略的指导。

……

专题五：重视学习经历，促进课堂生成

内容举隅：正确理解三维目标的"过程与方法"。

教学过程与学习经历的内在联系；

认识预设和生成的各自作用及内在联系；

预设对课堂生成的促进作用，生成的形成及应对；

教师的课堂预案能力、应变能力与教学机智；

课堂拓展教学的预设与非预设。

……

专题六：做好课堂评价，提升整体效益

内容举隅：课堂评价的理解，其对于教学的作用和意义。

对学生课堂学习状态和表现的合理评价；

教师的评价语言和思维导向；

课堂评价中的对话与互动；

课堂即时形成的课程资源的捕捉和使用；

课堂评价与学生学习心理优化。

……

专题七：单元教学设计

内容举隅：单元教学价值与单篇教学价值。

单元教学目标与课时目标的确定；

单元教学内容的确定；

单元教学活动设计；

单元教学作业设计。

……

这七个专题中，每一专题的研讨并不各自独立，而是相互联系的。每一专题的研讨均经历文本解读、目标与内容确定、教学过程设计、课堂实施等语文教学全过程，只是在不同的专题中研讨的侧重点是不一样的。

孙宗良名师工作室，在每阶段有一主题研讨，分阶段有序推进，对工作室成员的指导不再是零散的、无序的、无关联的，而是围绕主题进行整体的、有序的、逐层推进的成长路径设计，实现了凭经验带徒到机制育人的转变。

（三）有效的研修策略：实现"被发展"到"自觉发展"的转变

特级教师窦桂梅在反思自己成长经历时说，教师成长固然有赖于好的环境，但更重要的在于自己的心态和作为。社会是课堂，实践是砺石，他人是吾师，自身是关键。只要务实肯干、积极进取、开拓创新，就会在现实生存的土壤中找到自己的生长点,并以自己的成长影响周围。从这个意义上说,谁来给教师提供良好的成长环境?是教师自己。海沧区引进异地名师领衔工作室,意在给教师营造更加优良的专业成长环境,但只有每一位教师都在异地名师工作室这一优质土壤中找到自己的生长点,建立专业发展的自觉,工作室的研修方能真正突破"师带徒",走出"接受式学习"的局限,走向自觉发展。

为了实现工作室成员由"被发展"到"自觉发展"的转变,孙宗良工作室在研修过程中,逐渐形成了"项目驱动—专家指导—课堂实践—同伴对话—自我反思—成果表达—整体提升—新的任务驱动"的研修流程,在各环节的循环和研修主题的螺旋推进中,教师的内在思想力、内在学习力、内在创造力得到不断激发,自主发展、自觉成长的意识得以唤醒,完成了一场工作室的集体修炼。

1.项目驱动,解决实际问题。

名师工作室是一种以名师为引领、以项目为抓手的教师专业发展共同体,如何选好这个抓手至关重要。

孙宗良工作室选择的研修项目聚焦于影响语文课堂教学效果的关键性问题以及海沧区语文教师在教学中存在的实际问题。在前期调研中,我们发现,多数语文教师较多关注技术层面的操作,对于语文教学的本质理解不清,对于教学文本的内容价值与过程价值认识不够到位,文本的教学大多关注共性而忽视文本的个性等。工作室在选取研修项目时,便弱化技术操作层面的内容,强化对语文教学本质的理解。

文本解读是语文教师的第一基本功,于漪老师指出:"解读文本到位,这是上好课的第一步。"[1] 钱梦龙老师指出:"一篇课文教什么、怎么教、是否教到点子上,能否让学生真正受益,很大程度上在于教师解读文本的功力。"[2] 可见文本解读在语文教学中举足轻重,然而如何读出文本背后所隐藏

---

[1] 于漪.语文三十年岁月不寻常[J].语文教学研究,2009(3):8.
[2] 钱梦龙.教师的价值[M].上海:华东师范大学出版社,2015:204.

的深层次的思想内涵，恰恰又是长期困扰一线教师的难题，故而工作室第一年的研修首先聚焦"语文教师的文本解读"，提升成员细读文本、深入解读文本内涵的能力；接着，围绕"教学的目标和内容的确定"项目，引导教师建立适合学生发展的目标，确定与该教学目标相匹配的教学内容；然后，基于所确定的目标和内容，以"如何进行教学过程设计"为主题，激发教师的教学智慧。通过这三个主题项目的研修，形成语文教师专业的教学能力。

2. 主题聚焦，小切口，深层次。

有效的项目研修，需要遵循"小切口、深层次"的原则。小切口，指的是入口要小，要将学科教学的关键问题进行细化和分解，形成一系列小主题；深层次，指的是就细化分解的主题开展深度的主题序列化研究，通过深度研究和持续实践，解决教学中的实际问题，提高教育教学质量。孙宗良名师工作室的每一个专题研修均遵循这一原则开展。例如"语文教师的文本解读能力提升"专题研修，对每一篇文本的研究都聚集一个小主题，按照一定的流程开展主题聚焦的深入研讨：课前工作室成员开展文本解读的交流研讨，形成文本共识—执教教师进行课堂教学实践—课后工作室成员就课堂呈现的文本解读的合理性进行评价—执教教师完善课堂设计重新上课—达成文本解读需要建立的认识。下面以李桂林老师在两岸初中语文精品课堂研讨会上执教《范进中举》一课为例，呈现"挖掘文本的内容价值"这一主题的课例研究过程。

【课前解读，形成文本共识】

《范进中举》一文，以明清科举考试为背景，讲述了读书人范进中举前承受种种压力，中举后发疯并马上完成蜕变的故事。吴敬梓借范进中举这样一个突发事件，将人物打出常轨，让人物本来潜在的情感得以层层深入的显现，让读者看到，人物似乎变成了另外一个人，而这另外一个人和原来的那个人精神本质高度一致，完成了人物形象从表层到深层的立体化塑造。文本中，范进中举前的唯唯诺诺和中举后的虚伪世故、以胡屠户为代表的社会人物的变化反差都集中反映了当时读书人和社会对读书价值的认识——读书就是为了追逐名利。

本文的教学可引导学生通过文本细读来把握范进的人物形象，同时，通过围绕核心问题"范进为什么会发疯"的问题链设计，实现学生阅读的思维建构，引领他们认识范进扭曲的读书价值观的悲剧性，引发他们对读书意义的文化思考。

【执教教师授课】

李桂林老师执教《范进中举》时的问题链设计如下。

1. 中举对范进意味着什么？（命运的改变）

2. 中举本是好事，范进为什么却发疯了？（个人极度渴望通过读书改变命运）

3. 通过分析范进发疯，我们发现范进读书的目的是什么？（范进的读书价值观）

4. 这是范进一个人的读书价值观吗？

5. （研读张乡绅与范进的初次见面）群体读书人的价值观是什么？

6. 另外一些读书人（范仲淹、欧阳修、苏轼……），他们与范进的区别是什么？

小结：《儒林外史》在这里批判的不单单是某个人，更是一种扭曲的读书价值观对读书人、对整个社会的荼毒和伤害。

【工作室成员评价】

李桂林老师另辟蹊径，尝试从人物表层行为的改变来分析其深层的心理和价值观，并追本溯源，联系社会生活和历史文化，分析人物群像，以此作为深入解读文本的读书价值观的主要路径。

这一课基于小说中容易引发高阶思维的主问题——"范进为什么发疯"来构建问题链，探究其发疯背后深层次的原因。带着对主问题的思考，李老师带领学生层层深入文本，去分析范进发疯行为背后强烈的心理动机。范进发疯背后的心理是想通过读书升官发财，改变命运，这是他读书的最主要目的，也是范进个人的读书价值观。

在对范进行为背后的心理以及读书价值观做出充分分析后，李老师从个人走向文本群体，进而探究文本群体的读书价值观。在这个环节中，李老师带领学生品读文本第十段，并提出两个问题："张乡绅与范进两人初次见面有些不合常理，你们发现了什么？""张乡绅最后两句'深情的告白'，你们发现了什么？小组间讨论交流。"学生在分角色朗读张乡绅和范进的对话过程中，能够发现通过科举这件事，二者之间的关系发生了改变。接着，小组讨论张乡绅最后的独白，理解本文的人物群体对于读书的价值观是高度一致的。而群体的读书价值观正是范进发疯行为背后的社会土壤。李老师的问题设计十分巧妙，很多教师在这个环节设计的问题指向的是人物的形象，但李老师设计的两个问题给了学生更大的思维空间，让学生自己去反复揣摩、讨论交流，发现文本群体人物形象的共同点，感受他们读书价值观的高度一致性，从而形成自己独特的价值体验。这种对于人物群像共性的分析，比把一个个人物形象独立开来碎片化分析更加接近文本的核心价值。（厦门外国语海沧附属学校谢晓清）

以上三个环节呈现了孙宗良工作室活动所遵循的"小切口、深层次"研修策略，无论是课前文本共识的形成，还是授课过程中问题链的设计，抑或是课后教学评价，均紧紧围绕着"深入剖析读书价值观，关注文本独特价值"展开，保证了项目研修的效果。

3. 成果表达，呈现探索过程。

任何研修都期盼"新见"。哲学家诺齐克（Robert Nozick）说："我对人类智慧所能做的贡献，不是去阐释或维护自己先前的观点，而是提出新的观点。怡悦我，激发我的，是去思考新的问题，提出新的看法。"不断思考新问题，提出新看法，这是研究的一种境界。孙宗良老师鼓励工作室的成员们不固守成规，倡导老师们不断反思，在反思中产生点滴的"新见"，并将这些点滴"新见"及时进行成果表达。

孙宗良老师认为，成果表达是研修成果凝练与教师能力培育的重要环节，它的意义不只在于表达成果、交流思想，更在于促进教师进一步思考与行动。所以在工作室活动中，孙老师不断帮助教师树立成果表达的意识。

四年的研修，工作室成员撰写了近 60 万字的成果，汇编成五辑工作室成果集——《春风化语》。为了让成果表达能够持续为工作室成员的自我发展赋能，我们在成果表达方面严格做到以下三个方面。

一是成果表达专题化。孙宗良工作室的研修以解决教学中的实际问题为主要内容，每一项内容的研究均形成专题。我们共读《美国语文》，比照两个国家在学科理解上的异同，形成读书成果；开展专题研修，鼓励教师围绕探究专题，撰写教学案例、教学反思、教学论文等。通过这些研修成果的专题化表达，将实践经验提升为理论认知，而这些理论认知又转化为解决问题的方案，接受教学实践的检验，如此循环往复，工作室成员对所研究专题的认识逐渐深入。

二是成果表达系统化。实践基础上总结出来的研修成果，往往是研修与教学的汇聚点，对改善全区域的教学有着很强的指导意义。工作室要求成员在进行成果表达时注意呈现各成果间的有机联系：读书成果、课例研究、教学反思、教学论文与研究课题之间，或为印证，或为阐释，或为评价，或为点的深入，或为面的拓展，各种形式的成果间相互参照、彼此相连，最终形成关于某一专题的成果体系，形成成果链，使得每一个专题的研究具有相对完整的体系，有利于研修成果在全区域的应用与推广，提升全区域的语文教学水平。

三是成果表达过程化。成果表达贯穿工作室活动的全过程，这些成果如同一个个足迹，真实地记录成员的点滴思考与收获，较为全面地呈现了工作室在日常探索中跋涉的过程。这一过程的梳理，有助于成员从教学实践走向理性思考，也有利于工作室研究的系统推进。

本书的形成过程，正是回顾这一个个探索的足迹、完整地梳理工作室探索轨迹的过程。工作室成员在整理点滴"新见"的过程中，对于这些"新见"有了更深入、更理性的思考；在梳理、总结研修成果时，对于成果间的联结有了更深刻的认识，零散的成果在写作过程中渐趋系统、完整。

第三节　共同愿景：工作着是美丽的

我们摆渡于语文教育之海，心无旁骛，奋力扬帆，有风急浪高惴惴不安之时，有大雾迷蒙前路茫茫之时，也有精疲力竭无力支撑之时。但当云开雾散、蓝天重现、前方道路豁然开朗之际，耳边总会响起陈学昭先生的那句话："工作着是美丽的。"

一、心向天空，努力拔节

歌德说："人不光是靠他生来就拥有一切，而是靠他从学习中所得到的一切来造就自己。"通过学习获得相应的能力是人提升自己的必要途径。对于语文教师而言，文本解读、课堂建构等能力的提升，依靠的也是学习。因此，学习能力是获得其他能力的基础。

当时代的快速发展要求相应的高效学习与之适配时，对学习能力的关注度被提升到了前所未有的高度。搜索相关研究，如"锻造教师学习力""教师学习力提升途径探究"等，"学习力"即指教师的"学习能力"，具体可细化为阅读力、反思力和专注力等能力。

哈佛商学院工商管理系的柯比教授在其《学习力》一书中，对"学习力"有新的阐释。他将"学习力"定义为包括学习动力、学习态度、学习方法、学习效率、创新思维、创造能力共六个方面的综合体。其中，"学习动力"可培养学习兴趣，是其他几个方面的"源头活水"："我们要搞清外界输入的哪些信息可以使人们发生兴趣，或者说产生兴奋及愉快的感觉，哪些信息又可以使人抑郁或者感到厌烦。有意识地输入前者，排斥后者，则是培养学习兴趣的根本原则。""心情能制约学习效果。谁能够有效地控制住自己的心情，始终保持愉快轻松的状态，谁就能取得更好的学习效果。"

也就是说，学习动力，即学习内驱力，能够在教师专业的自主发展和内在精神的自觉成长方面为其提供源源不断的前进动力，从而为其他能力的发展打下坚实的基础。因此，关注教师的"学习力"，不仅仅要关注学习能力，学习动力也需要得到相应的关注。

鉴于教师学习动力对其他能力的激励作用，以海沧区教育局"滋养、激活、赋能"的教师培养理念为依托，工作室的各项工作在"赋能"的同时更加注重"滋养"和"激活"。

教师在工作多年后，很容易产生职业倦怠、满足现状、知识老化等不能适应教育发展要求的现象。因此，需要通过不断更新教师教育理念、补充能量，保持他们的工作激情，激发他们的学习动力，不断追求卓越，此之谓"赋能"。

在孙老师的带领下，工作室先后开展了"共读《美国语文》，思考中国教育""科幻作品教学探讨""回忆性散文教学探讨"等活动；对一些具体文本也作了细致的分析，如《秋天的怀念》《老王》《变色龙》《背影》等，这些活动无疑都促成了不同思想的碰撞，以及教学理念的更新。

如果说"赋能"更侧重从能力层面提升教师的素养，那么"滋养"与"激活"则通过提升教师的职业幸福感来实现教学动力的不断累积，从而让教师的生命焕发新的光彩。

"滋养"即以人为本，始终关注教师生存状态，营造和谐协作的工作生态，通过"滋养"，增强教师职业尊严，累积教师职业认同，激发教师的人文情怀，提高教师的生命质量，让教师感受持久的职业幸福感。"激活"则是要将教师从一种安于现状、甘于平庸的生活和工作状态中解放出来。通过有效"激活"，他们释放出生命的能量，对教育工作充满热爱和激情，进而产生自觉学习的积极愿望和乐观向上的工作状态。

工作室举行的一些团队对话式研讨会正有"滋养""激活"之效：由孙宗良老师指导的上海团队与海沧团队对话，彼此分享团队研修与语文教学的经验；工作室成员走进上海，参加由上海市静安区教育学院与厦门市海沧区教师进修学校共同主办的"对话教学与教师成长"教学展示活动……这些活动，既是教学经验之间的交流，也是教育生命之间的碰撞。当教师在一片全新的天空下有了独特的生命体验，便能够对自己的职业产生极大的认同感。

教师认同自己的职业，在日常工作中萌发出幸福感时，生命的能量也随之被激发。孙宗良名师工作室活动能够持续发展的内在的、稳定的动力因素，便是教师专业发展的自觉，即教师能够以专业人员的视角审视自身的实践，主动认识自身专业发展的意义并为之努力。

如工作室成员游颜榕老师在梳理自己学习所得时这样写道：

悄然改变的是我的学习意识。且学且知己浅，工作室活动中，孙老师每每评讲时都能将我脑中模糊杂乱的思考梳理清楚，总能带来深刻的解读和思考；活动交流讨论时，同组老师们焕然一新的见解和富有智慧的认识，让我"柳暗花明又一村"。崇拜艳羡之余，更加坚定了我要不断学习的意识。回想工作室活动中，我开了公开课，交流对文本的解读，点评了观摩课，跟着老师一起筹备成果集，一步步走来，其中掺杂紧张和惶恐。这种紧张惶恐时刻提醒着自己还不甚充分的学习。撕开紧张惶恐，我需要用学习武装自己。从个人到教学，从思考到实践，从方法到理论，我需要沉下心去钻研文本，需要沉下心去思考，需要沉下心积聚知识的力量。

孙老师精到细致的讲解与点评与同组老师独特的观点激发了游老师不断学习的动力，让她能够在"艳羡"与"紧张惶恐"的交织中通过自主学习逐步实现自我提升。

谢晓清老师则从专业理想方面谈了自己的成长感受：

记得孙老师带我们探讨过"你认为什么是理想的语文课堂"这个话题。那次的研讨可以说是再次点亮了我的专业理想。这样的专业理想，大学时代有，入职后疲于应付各种教育琐事，逐渐被遗忘。但是孙老师带着我们去勇敢地畅想，去坚定自己的教育信念。确实，一个优秀的语文教师对于"理想语文课堂"这个问题要不断求索，最终要在心中形成一个清楚的图景，这样才知道一节好课是什么样子的，也才能备好一节课。在孙老师的带领下，我明确了语文课堂上多向互动的重要性，明确了重视学生思维品质提升的重要性，明确了个体独特体验的重要性。理想语文课堂是一座圣殿，既高远，又非遥不可及。它存在于每个教师的内心，犹如一盏明灯，总在不远的前方召唤着我们。而这次研讨，就让我心中对于理想语文课堂的图景不再模糊，更加清晰，也让我之后的教学设计有了方向。

明确了自己心中理想的语文课堂图景，体会到了语文学科的价值所在，前行时便不再迷茫，便有了无尽的力量。

正如姚文文老师所说："丰富多彩的工作室活动，让我不断享受着专业提升的快乐；与工作室成员的交流，让我见贤思齐，找到努力的方向与目标，发现并改正自身的不足。"心向天空的拔节，一定会带来最让人期待的成长！

二、磨砺蜕变，幸福成长

教育的内涵包括以人去影响人或改变人，这决定了教师不应是一个"自我消耗的实体"，而应将教育视作创造性的教学劳动，在不断的生命体验和精神重塑中创造与享受幸福，以此实现对学生人格的影响或改变。也就是说，只有获得幸福的教师才能让学生明白幸福的真谛。

亚里士多德认为，人的幸福可以划分为三类：来自肉体的幸福、来自心灵的幸福和来自外面的幸福。即人在生命、精神和社会三个维度所能领悟到的幸福。于教师而言，其幸福感既来自生命的活力，也来自其坚定、完善的个性品格，以及独特的价值体现。当教师在职业生涯中感受到了生命的价值与意义，成长之路的坎坷并不能成为其前进的阻力，反而可以成为实现人格塑造与幸福创造的途径之一。

对于工作室成员而言，许多成员在一开始进入工作室时，除了满心期待，还有对未来规划的迷茫以及对自我能力的反思。工作室许淼老师这样写下她初入工作室的心得：

当时其实没有考虑过会有什么样的成长，未来的路要怎么走。当我踌躇满志地进入这个工作室的时候，刚开始一见到工作室的各位伙伴，我是很有压力的，觉得自己能力跟大家差很多。因为在工作室里，我是教龄最短的，最没有经验的，常常怕自己跟不上大家的脚步。所以完全是抱着学习的心态,做了大量的笔记,听了很多的课。尤其是每一次工作室活动,跟大家一起聆听孙老师的讲话和解读的时候,笔记记了一页又一页,近来更是用上了录音等各种现代化手段,但仍感觉自己没有办法把孙老师传授的精彩观点和自己被激发出的所有想法都保存下来。恨不得自己多长出几只手,恨不得自己能够过目不忘、过耳成诵,总感觉自己还有更多东西可以学习。

前行的途中,有困惑,也有奋进;有不安,也有期待。当成长在一次次磨炼中悄然来临,许老师体会到的,是一种"神圣"的幸福感:

让我十分欣喜的是,我能够清晰地感受到自己的成长,尤其是在第一年和第二年,我分别开了两次区公开课。其中还有一次是机缘巧合下,临时到上海去借班上课,这是我人生当中可能绝无仅有的一次尝试和体验。不管是授课前时间紧迫导致几乎零准备的焦灼烦躁,甚至是茫然焦虑,还是在这样的情况下,孙老师、林老师、郑老师等诸位老师给我的指导和鼓励,都让我获益良多。这份珍贵的际遇是我永远都无法忘怀的。

工作室成员林童老师对此则有她的另一番体验。在一次工作室活动中,林童老师承担了教授《我的叔叔于勒》公开课的任务。拿到课题后,以主题探究为出发点,以现有相关资料为基础,结合学生已有的知识与经验,林老师对本节课的教学目标作了大概的构想:梳理小说情节,深入剖析菲利普夫妇的形象,理解其代表的社会阶层,理解小说的主题之一——金钱关系下人与人关系的毁灭;分析若瑟夫这一形象的意义,感受作者对人性的希望和期待;拓展《欧也妮·葛朗台》,发现本篇文本的独特价值。

通过全面思考和精心设计教师的导与学生的学,课堂环节也逐渐清晰:以小说三要素与画于勒的人生轨迹图导入;通过探究菲利普夫妇是否为"恶人",思考人性的复杂;分析若瑟夫人物形象,明确人性的坚守;最后,拓展《欧也妮·葛朗台》,在比较阅读中发现文本的独特价值。

有了较为完善的教学设计后,林老师开始进行课堂教学。但是在实施设计的过程中发现,有一个小环节不是很顺利——在引导学生思考菲利普夫妇是否为"恶人"时，林老师有如下设计。

（师）我们似乎达成一个共识：菲利普夫妇是"恶人"。这让我想起《了不起的盖茨比》中很有名的一句话——

我年纪还轻，阅历不深的时候，我父亲教导我一句话，至今念念不忘。每逢你想要批评任何人的时候，你就记住，这个世界上所有的人，并不是人人都有你拥有过的那些优越条件。

根据以上资料思考问题：菲利普夫妇的"恶"是否有因可循？你还能从文章中读到他们到底是怎样的人？（他们经历了怎样的生活？）

本环节的目的是引导学生发现菲利普夫妇生活的心酸、痛苦与可悲，但由于引入了《了不起的盖茨比》中的一段话，学生需要先理解这段话，再去分析文本。这样一来，就舍近求远了，学生在这一环节所花的时间也比预期要多。

虽然这是一段非常有深度、很有思考价值的文字，删掉很可惜，但经过再三考量，林老师还是决定将其删掉，改为直接提出问题来引导学生思考。

在随后的磨课、修改教学设计、再磨课、再修改教学设计的过程中，林老师还发现了很多问题，比如课堂小结过于简单，指向性不明；课外拓展环节所用时间过久，有喧宾夺主之嫌；环节与环节之间的衔接过于生硬，没有一条线索贯穿……一次次的修改与讨论，带来的是一次次的改变，教学设计向着好的方向在变化。

当设计修改到第六稿，正式上公开课的前一天磨课时，学生对若瑟夫的一句评价让林老师重新审视了自己的教学设计，并思考：是否可以将"以若瑟夫的视角观察菲利普夫妇"作为课堂的环节之一呢？这个想法给了林老师很大的激励，于是她大胆删改原来的设计，并加入"对比众人与若瑟夫"与"若瑟夫眼中的菲利普夫妇"两个环节，由若瑟夫对父母的态度过渡到菲利普夫妇的心酸，进而引导学生走进当时那个被金钱异化的社会。

做这么大的修改是很冒险的，因为前五次的磨课都是以之前的教学设计为基础，并且教学设计与课堂生成的契合度已逐渐提升。而第二天就要正式上课，现在要修改的话等于放弃了之前铺就的平稳之路，而要走一条未知艰险之路……但是，这次用了解读文本的，是一种不同的视角，课堂上会不会有其他精彩的生成，这一点也让人非常期待。

怀着满腔的期待，林老师走进课堂，以新的教学设计为载体授课。课堂上，学生思考问题的深度与广度确实有所拓展，但是教学的顺畅度却远不如之前，环节与环节之间甚至出现了断裂的情况。此时的林老师非常沮丧，连日的疲惫涌上心头，她甚至开始产生怀疑自我的情绪。

针对这一情况，教研组的老师们进行了集体评课。孙老师也给出了建议：要更加重视问题的设计、提出、引导、探索，注重培养学生的学科能力和学科素养，也就是要有全局观。以若瑟夫的视角来解读文本固然新颖，但是缺少了相应的客观性。

收拾好失落的心情，林童老师再次出发了。这次，她结合教研组老师们以及孙老师所给的建议，站在更广阔的视角之下，将之前的教学设计进行了新一轮的打磨，又在第二天上公开课之前临时借班进行了磨课，取得了不错的效果。

当天的公开课取得了各位听课老师的一致好评。在公开课结束后的发言中，林童老师说了这样一句话："在磨砺中蜕变的痛苦，是与成长的幸福相伴相生的……希望在未来的日子里，我依然能够主动成长，创造和享受属于我自己的幸福。"是的，成长的过程，是自我认知与完善的过程，亦是追求幸福的过程。

三、使命：一肩挑现在，一肩挑未来

当教师在自己的工作岗位上积极创新，以学生的发展为核心任务，努力提升学生的语言、思维、审美以及实践等能力，并取得良好的效果时，由此滋生的，有无穷无尽的幸福感，有对教师这一职业的无上荣光，更有发自内心的责任意识和使命意识。正如于漪老师所说，教师这一职业是"一肩挑孩子现在，一肩挑国家未来"。

在这种责任意识和使命意识的感召下,教育教学中的学生便不再是"抽象的人",而是一个个有思想、有个性、鲜活的生命体,教育行为则是一种人格对另一种人格的影响,一个灵魂对另一个灵魂的滋养,一颗心灵对另一颗心灵的启迪。工作室成员施睿老师在她的工作手记中这样写道:

进入工作室学习至今,已近一年。一年中,大多是以听课及其评课听讲座的方式进行学习的。学习的课型众多,但最有感触的还是活动过程中一直弥漫的生命意识。

一堂好课应该是生命和生命的对话,一朵云摇动另一朵云,而这里的生命既指学生、教师,也指教材或教材所代表的课程这三个生命体。

……

初入工作室,一切都还在学习消化、感悟理解,领悟不多,但生命意识的确立,一定会对今后的教学大有裨益。毕竟,教育是心灵与心灵的沟通,教育是生命与生命的对话,教育是思维与思维的碰撞,教育是智慧与智慧的启迪,教育是以智慧之"笔"饱蘸情感之"墨"创作的优美动人的诗。

因此,在教学中,当学生能够品读出《紫藤萝瀑布》字里行间那浓浓的对生命的热情时,当学生由《出师表》中的君臣关系去探索一个国家的兴亡因素时,当学生从《伟大的悲剧》中分析出悲剧的真正内核时,当学生从《老王》中读出小人物的辛酸悲苦并能够付诸实践去关怀他们时,学生的生命意识已被唤醒,这确确实实是生命与生命交往和沟通的过程。

对学生有强烈的责任感与使命感,同时意味着教师要以教育工作者为立足点做好教育事业。当教师把对生命的思考作为自觉思考教育的出发点时,便能在教育过程中感受到教育的价值意义,从而收获荣耀感与使命感。工作室成员陈彩云老师以"以文化人"来描述自己在工作室活动中的所得所思:

时光里沉淀了什么?孔子《中庸》言:"富润屋,德润身。"孙老师教我们"以文化人",领着我们去历练语文教师该有的样子,建造语文该有的课堂。

工作室以文化人，强调的是文化对人的影响，我以为是优秀文化人用优秀的文化来影响人，塑造人。名师的深厚底蕴、热心教育的文化，引领着工作室伙伴们孜孜以求、勤于实践、勇于探究。同时，我们也有责任，将"以文化人"融入课堂，引领学生看见更美好的世界。

拉丁美洲有一句谚语——时间是一条金河，莫让它轻轻地在你指尖溜过。从"以文化人"，到历练语文老师该有的样子，到建造语文该有的课堂，工作室的时光精致地走过，留下闪亮的雨滴在指尖跳跃。很幸运，我有机会与名师同行，在书山上攀登，在教海中泛舟！

工作室石丹老师则在追寻理想语文课堂之路时愈发感受到肩上育人的重担，却也因此而倍感欢欣、愉悦：

追寻语文理想课堂的路，是不断超越自我之路，也是身负使命前行之路。每个月的相聚，是我在所有工作日之后，在所有泪水和笑声之后，最充实愉悦的时刻。我们倾听着，一场场春雨过后，生命迎着智慧的喜悦在生长。孙老师从来不曾停下探索的脚步，我们也没有满足于已有的状态。几年下来，我时常为自己见识的贫乏而羞愧，但同时又变得更加自信了，因为我在一次次的思维碰撞中、在不断的教学实践创造中体会到了自己的价值。

我想：有了改变，那是我们跑在目标的前面。同时，我们又是在还乡，回到真正以人为本的教育之乡，头无冠冕，两手空空，但好在心尚年轻。

苏丽璇老师因逐渐拥有语文实践探究的自信和热情而感到"任重而道远"：

在名师工作室的日子也不短了，但这个过程绝对不会是重复，因为我慢慢有了一定的经验积累，有了一定的理论指导，有了语文实践探究的自信和热情，更有了履行教育使命的自信。我开始主动改变语文教学的状态，主动建构、探究、实践、思考、运用。因为语文教学不是固化的，而是随着时代逐渐变化的。语文教学正是因为如此，才会一直都充满生机和活力。我们要将这充满生机活力的语文世界，真真切切地展现在学生面前。任重而道远，以此作结语最恰当不过，相信今后在名师工作室的一项项"任务"中，我们还有更长远的成长。

郭碧微老师这样总结自己在工作室中的收获：

教师不仅仅是教书，更要育人，在努力教好专业的同时，还要传递有利于学生成长的正能量和价值观。当我看到自己的学生在慢慢成长为一个个具有独立人格的人时，一种成就感便油然而生。这种成就感不仅仅是一时的喜悦与激动，更多的是对学生美好未来的欣喜。此时内心满溢着的，是一种生生不息的力量。在以后的日子里，愿我们能够尽自己所能，完成对语文教学使命的承担。

工作室让我们思考、成长，并幸福着。正如孙老师所说："教师应该是思想者，语文教师尤其应该是思想者。工作室正成为我们不断产生新的思想火花的智慧空间，并在思想中提升我们课堂的价值，丰富我们生命的意义。我也呼吁更多的语文教师参与进来，来思考我们语文教师、语文教学的昨天、今天与明天。"确实，不断地探究、思考与实践，我们都能成为幸福的人。

萧伯纳说："人生不是一支短短的蜡烛，而是我们暂时拿着的火炬，我们一定要把它燃得十分光明灿烂，然后给下一代一个交代。"当教师对教育有一种发自内心的使命感之后，教育境界的创造便真正开始了。使命感与责任感可以提升教育生命的价值，让每一个学生的世界开出美丽的花朵来。不管怎样，工作着，一定是美丽的。

参考文献

［1］叶澜."新基础教育"发展性研究报告集［M］.北京：中国轻工业出版社，2004.

［2］张涛，王振存.论我国学生主体性缺失的文化背景及教育的应对策

略[J].河南师范大学学报(哲学社会科学版),2006(3).

[3]董劲.《〈我的叔叔于勒〉之三思》[J].课外语文,2009(31).

[4]于漪.语文三十年岁月不寻常[J].语文教学研究,2009(3).

[5]钱梦龙.教师的价值[M].上海:华东师范大学出版社,2015.

后 记

2016年10月9日,厦门市海沧区成立孙宗良中学语文名师工作室,这是海沧区试行引进异地名师带领本区教师发展而迈出的第一步。自此,海沧区一批优秀的中学语文教师在导师孙宗良老师的引领下,围绕语文教学进行系列探索,在对语文学科价值的追问、重构与探究性实践中,逐渐达成了对语文教学本质、语文育人目标与价值重构的共识。这种共识,既包含对语文理论的深入理解,也包含对当下语文教学及面向未来的创新思考。围绕语文教学逻辑的确立、语文多维融合的准则与策略、语文情感体验的价值确立、单元整体教学与综合实践策略等研究范畴,工作室结合研究实践提出了自己的理解。在此基础上,团队试图全面梳理与表达这些理解,并以之为区域语文教学指南,这就是写作这本书的初衷。

本书的撰写历时两年,七易其稿。这几易其稿的过程,是工作室全体成员对语文理解渐深渐明的过程,是基于共有理解的对语文学科教育共同追问与重构的过程,也是全体成员自身发展与提升的过程。

作为一本集体创作的书,整个团队先充分研讨,统一认识,形成全书的整体架构,再分领任务进行撰写、合成研读,如此再三,才最终定稿。撰写的具体分工如下。

第一章

第一节　许　森

第二节　郑志平

第三节　兰林强

第二章

第一节　王晓容

第二节　范　睿

第三节　古勋燕

第三章

第一节　李燕玲

第二节　陈　筠

第三节　毛佳玲

第四章

第一节　谢晓清

第二节　姚文文

第三节　石　丹

第五章

第一节　吴　凡　施　睿

第二节　陈彩云

第三节　李桂林　苏丽璇

第六章

第一节　付成雪　郑一徽

第二节　游颜榕

第三节　林秋雁　李伶俐

第七章

第一节　吴　珣

第二节　吴　丹

第三节　章倩文

第八章

第一节　刘荣君　郭碧微